KB166984

이해의 공부법

이해의 공부법

초판 1쇄 인쇄 2020년 11월 5일
초판 1쇄 발행 2020년 11월 20일

지은이 헤닝 벡
옮긴이 강민경
펴낸이 유정연

책임편집 조현주 **기획편집** 장보금 신성식 김수진 김경애 백지선 **디자인** 안수진 김소진
마케팅 임충진 임우열 이다영 박중혁 **제작** 임정호 **경영지원** 박소영

펴낸곳 흐름출판(주) **출판등록** 제313-2003-199호(2003년 5월 28일)
주소 서울시 마포구 월드컵북로5길 48-9(서교동)
전화 (02)325-4944 **팩스** (02)325-4945 **이메일** book@hbooks.co.kr
홈페이지 http://www.hbooks.co.kr **블로그** blog.naver.com/nextwave7
출력·인쇄·제본 (주)현문 **용지** 월드페이퍼(주) **후가공** (주)이지앤비(특허 제10-1081185호)

ISBN 978-89-6596-410-0 03190

• 흐름출판은 독자 여러분의 투고를 기다리고 있습니다. 원고가 있으신 분은 book@hbooks.co.kr로
 간단한 개요와 취지, 연락처 등을 보내주세요. 머뭇거리지 말고 문을 두드리세요.
• 파손된 책은 구입하신 서점에서 교환해 드리며 책값은 뒤표지에 있습니다.

이 도서의 국립중앙도서관 출판예정도서목록(CIP)은 서지정보유통지원시스템 홈페이지(http://seoji.nl.go.kr)와 국가자료
공동목록시스템(http://www.nl.go.kr/kolisnet)에서 이용하실 수 있습니다.(CIP제어번호: CIP2020045781)

이해의 공부법

생각의 패턴을 바꾸는 공부의 비밀

Das neue Lernen

헤닝 벡 지음
강민경 옮김

흐름출판

인터넷과 스마트기기가 공기처럼 자연스러운 환경이 된 21세기, 정보를 대하는 방식도 백과사전식 암기에서 검색과 편집으로 달라진 오늘날, 우리는 어떻게 세상을 배우고 지식을 내 것으로 만들며 이를 통해 유익한 가치를 만들어낼 수 있을까?

유용한 지식을 머릿속에 집어넣는 능력은 생존에 필수! 따라서 진화는 우리를 가장 뛰어난 '학습 기계'로 변모시켰다. 그럼에도 불구하고, 자연의 진화 원리조차도 이렇게 무지막지하게 쏟아지는 정보의 홍수를 예견하지는 못했다. 그러다보니 자꾸 잊어버리고 실수하는 '학습 불량'인 것처럼 느끼는 현대인들. 우리 모두는 자신의 부실한 뇌를 탓하며 정글 같은 사회 속에서 살아가고 있다.

하지만 제한된 용량의 뇌는 온갖 방법들을 통해 쓸데없는 정보는 망각'시키고', 중요한 지식은 장기기억으로 넘겼다가 중요한 순간에 정확히 인출하는 최적의 '학습 기제' 또한 탑재하고 있다. 최신 뇌과학이 가장 몰두하고 있는 주제 중 하나도 바로 이 '배움의 원리'다.

이 책은 바로 그 배움의 원리를 일목요연하게 정리해 놓은 책이다. 한 마디로 표현하자면, '공부 잘 하는 법을 알려주는 책'이다. 과학적인 근거를 바탕으로! 지식을 천천히 반복적으로 학습할 때, 머릿속으로 시각화하고 다른 지식과 연결시킬 때, 제대로 묘사하고 다른 지식과 대조할 때, 무엇보다 설명의 과정을 통해 깊이 이해했을 때, 비로소 지식은 나의 것이 된다.

배움의 원리를 깨달아야 하는 것은 청소년들만의 숙제가 아니다. 평생 학습을 해야 하는 우리 모두의 화두다. '뇌과학이 우리 삶에 얼마나 유익할 수 있는가!'를 과학적인 연구와 구체적인 적용사례를 통해 직접적으로 보여주는 이 책에서, 배움의 원리를 한 수 배워보시길.

— 정재승, 뇌과학자
『과학콘서트』『열두 발자국』 저자

이해가 선사하는 공부의 즐거움!

공부란 뭘까?

배움이란 뭘까?

사람들이 배움에 대해 어떻게 생각하는지 궁금하다면 우리의 행동 패턴을 들여다보면 된다. 우리는 무언가를 단순히 배우는 것이 아니라 주입식 교육을 받고, 암기를 하고, 공부벌레처럼 파고들고, 복습을 반복하고, 프린트를 뒤적인다. 억지로 학습하며 귀가 따갑도록 지식을 전달받는다. 그러니 배움이란 끔찍하고 무시무시할 수밖에 없다. 적어도 공부란 A라는 지식에서 B라는 지식을 만들어내야 하는 기계적 과정이라고 생각하는 사람들에게는 특히 그럴 것이다.

배움은 언제 어디에나 존재한다. 우리는 학생일 때든 사회인일 때든 새로운 위치로 나아가기 위해 계속 배워야 한다. 배움에는 엄청난 발전이 따르기 때문에 직업상 늘 무언가를 배우거나 누군가를 가르쳐야 하는 사람들도 계속 배우지 않으면 한없이 뒤처지게 된다.

전 세계를 돌아다니는 정보의 양은 숨이 막힐 정도로 빠르게 늘어난다. 내가 이 문장을 쓰고 있는 순간에도 페이스북Facebook에서는 22테라바이트 정도의 데이터가 발생하고, 구글Google은 120만 건의 검색 결과를 내놓으며, 유튜브YouTube는 100시간 분량의 새로운 동영상을 업로드한다. 그렇지만 내가 쓴 문장은 고작 210바이트 정도다. 인터넷을 떠도는 데이터 대부분은 쓸모없는 것이지만, 어쨌든 이렇게 빠른 속도로 늘어나는 정보와 발맞출 수 있는 사람은 거의 없다. 있다 하더라도 이런 정보들이 어떻게 생성되는지 전부 이해할 수나 있을까?

무엇보다도 근본적인 의문이 떠오른다. 과연 요즘 같은 때에 배움이 어울리는 것일까? 공부도 철 지난 유행 같은 것이 아닐까? 15년 전에 TV 앞에 앉아 〈누가 백만장자가 될까?〉(독일의 퀴즈 프로그램으로, 출연자가 15개 문제를 맞히면 100만 유로를 받았다 - 옮긴이)를 시청하던 사람은 문제가 나오면 스스로 생각했을 것이다. 생각이란 뇌를 상당히 활성화시키는 행동이다. 오늘날에는 모든 것이 구글 검색으로 이어진다. 마다가스카르의 수도는? 스마트폰을 재빨리 꺼내면 얼마 지나지 않아 화면에 정답이 뜬다.

모든 정보를 구글 검색을 통해 얻을 수 있다면 뭔가를 외우거나 배워야 할 이유가 무엇일까? 학교에 다니거나 직업 교육을 받거나 대학에 진학해야 하는 이유는? 미국이 언제 독립했는지, 『마법사의 제자』를 누가 썼는지, 염산과 질산 중에 어느 쪽이 더 산성인지를 외우고 있어야 할까? 검색만 해보면 답을 알 수 있는데? 물론 퀴즈쇼에서는 구글 검색이 반칙이지만, 다른 곳에서는? 조금은 부조리하게 느껴진다. 세상에 새로운 것들이 수없이 쏟아져 나오는 오늘날처럼 배움이 쓸모없어 보이는 시대는 없었으니 말이다.

어쩌면 우리 인간은 세상에서 가장 뛰어난 학습자라는 자리를 내줘야 할지도 모른다. 새천년을 살고 있는 우리는 특정 분야에서 지구상의 다른 어떤 생명체도 흉내 낼 수 없는 경지에 이르렀다. 바로 정보를 빨리 정리하고 저장해서 그것에 적응하는 분야 말이다. 이 모든 과정은 간단히 배움이라고 불린다. 그런데 이제 변화가 일어나고 있다. 우리와 마찬가지로 학습하는 컴퓨터 시스템이 우리에게 도전하고 있기 때문이다. 문제는 컴퓨터 시스템이 인간보다 훨씬 빠르다는 것이다.

다시 말해, 배움이라는 것이 정말로 정보들을 정리하고 저장하는 일이라면 우리는 곧 머신러닝machine learning에 패할 것이다.

포커, 체스, 바둑, 스타크래프트 등의 세계 챔피언을 보라. 기계를 상대로 사람이 이길 기회는 더 이상 없다. 때문에 이제 배움이란 단종된 구형 모델 혹은 디지털 시대에 뒤처진 기술일지도 모르겠다.

하지만 속단하기에는 이르다. 배움이란 아름다운 것이며, 절대 특별한 기술이 아니다. 모든 생명체는 배울 수 있다. 닭도, 호랑이도, 향유고래도, 심지어 컴퓨터도. 다만 무언가를 이해할 수 있는 존재는 우리 인간뿐이다. 우리는 무언가를 배우고 잊어버릴 수도 있다. 그러나 무언가를 이해한 사람은 그것을 '이해하지 않을' 수가 없다. 이해한다는 것은 생각의 패턴thought pattern을 바꾸는 과정이기 때문이다. 즉 이해한다는 것은 무언가를 머릿속에 저장하는 것이 아니라 저장한 지식을 활용하는 것이다. 그래서 이해가 배움보다 훨씬 중요하다. 이해란 예측 가능한 미래를 위해 인간에게만 주어진 기술이다. 컴퓨터는 무시해도 좋다.

공부법에 대한 책은 수백 권이 넘는다. 교수법이나 교육학에 기초한 책도 있고, 각기 다른 교육체계나 교육철학을 따르는 책도 있다. 그러나 이해에 대한 책은 거의 없다. 과학계에서도 '이해'란 구석에 처박혀서 먼지만 쌓여가는 연구 과제일 뿐이다. 하지만 누구든 뭔가를 이해하고, 바꾸고, 원인과 효과를 알아내고, 새로운 것을 만들고, 기존 이론에 의문을 제기할 수 있다. 잘 배운 사람은 시험에 합격한다. 물론 대단한 일이다. 그러나 이해한 사람은 나중에 자신이 깨우친 지식으로 무언가를 시작할 수 있다. 이해한 사람은 새로운 정보를 오류 없이 저장할 수 있을 뿐만 아니라 능동적으로 바꿀 수 있다. 이해한 사람은 문제를 효율적으로 처리할 뿐만 아니라 창의적으로 풀 수 있다. 이해한 사람은 계획을 세우고, 스스로 탐구하고, 세상을 구체화할 수 있다. 이해한 사람은 한 발 더 앞으로 나아갈 수 있다. 이해는 모든 변화의 시작이다.

이해의 과학은 새로운 개념이 아니다. 고대 철학자들이 다루었고, 정신과학 분야에서도 전문적으로 다루고 있다. 이 책도 마찬가지다. 이 책의 목적은 여러분이 무언가를 이해할 때 어떤 일이 일어나는지 그리고 어떻게 해야 가장 잘 이해할 수 있는지 이해하게 하는 것이다.

모두가 알다시피, 고대 인지철학자들은 매우 똑똑한 사람들이었다. 하지만 그들이 그토록 뛰어난 생각을 했던 것이 오직 그들의 두뇌 덕분이었던 것은 아니다. 이제 우리는 옛사람들보다는 좀 더 아는 것이 많아졌기 때문에 인간의 이해 과정이 뇌에서 시작된다는 사실을 알고 있다. 그리고 운 좋게도 내가 바로 그 분야를 전공했다.

이 책에서는 뇌의 생각과 인식 과정을 알아보는 짧은 여정에 내 전공이 도움이 될 것이다. 배움 없는 이해는 없다(그 반대는 어느 정도 성립한다). 그래서 이 책의 앞부분에서는 뇌가 새로운 정보를 배우고 '저장할' 때 어떤 기술을 사용하는지 들여다볼 것이다.

물론 배움만으로는 충분하지 않다. 무언가를 배우는 데서 끝난다면 우리는 스스로 학습하는 알고리즘이나 인공지능을 진심으로 두려워해야 한다. 바로 이런 이유에서 이 책의 2부에서는 뇌가 지식과 생각을 생산하거나 이해할 수 있는 특별한 비결을 들여다볼 것이다.

괴테는 "아는 것만으로는 충분하지 않다. 그것을 응용해야 한다"고 말했다. 맞는 말이다. 그래서 3부에서는 이해의 과정을 들여다본다. 더불어 스스로 이해하고 타인도 이해시킬 수 있는, 매우 중요한 '인지적 기술'을 배우게 될 것이다. 지식이란 무엇이고 어떻게 습득하는지(그리고 배우는지) 알게 된 사람은 이를 의미 있게 써야 한다. 이해란 좋은 아이디어와 의사결정을 길러내는 최고의 토양이다. 이와 관련해서 이 책의 뒷부분에서는 성공적인 교육을 통해 스스로 새로운 지식과 아이디어를 발전시키는 방법을 다룬다.

배움은 좋은 것이고 이해는 더 좋은 것이다. 아울러 이해는 배움보다 훨씬 즐거운 과정이다. 우리는 무언가를 이해할 뿐만 아니라 개념을 잡고, 탐구를 하고, 깨달음을 얻고, 통찰을 한다. 지금부터 이해의 이면에 더 숨어 있는 것이 없는지 무대 뒤를 들여다볼 것이다. 가만히 책장을 넘기다 보면 놀라운 일들이 펼쳐질 것이다.

차례

서문 이해가 선사하는 공부의 즐거움! · 6

1부 배움에 대하여

뇌의 하드디스크는 어디에 있는가 _ 17

뇌의 학습 시스템 _ 31

배움의 비밀 무기: 망각과 왜곡 _ 43

시험대 위에 놓인 학습 기술 _ 60

2부 이해에 대하여

배우는 것이 전부가 아니다 _ 89

이해의 구성요소 _ 110

척하면 척: 한눈에 이해하기 _ 131

질문이 없다면 이해도 없다 _ 147

생각의 스키마: 일반교양의 의미 _ 171

3부 이제, 어떻게 공부해야 하는가

효과적인 공부를 위한 이해의 세 단계 _ 199

이해를 가로막는 몇 가지 함정들 _ 221

르브론의 역설: 핵심을 이해하는 네 가지 방법 _ 249

유혹의 기술: 미래의 공부를 여는 탐험가들에게 _ 272

5달러의 비밀: 이해는 어떻게 세상을 바꾸는가 _ 301

역자 후기 • 322

1부

배움에 대하여

뇌의 하드디스크는
어디에 있는가

모든 지식은 생각에서 출발한다.

물론 생각이 필요 없는, 이른바 자동화된 운동학습automated motor learning이라는 것도 있지만, 여기에서는 우리가 어떻게 정보를 의식적으로 가공하고 배우고 이해하는지를 다룰 것이다. 앞서 말했듯이 배움 없는 이해는 없다. 그리고 생각 없는 배움도 없다. 그렇다면 도대체 생각이란 뭘까? 우리가 배운 내용은 뇌의 어디에 숨어 있는가?

뇌에는 한 가지 문제가 있다. 뇌가 어떻게 작동하는지 눈에 보이지 않는다는 점이다. 해부학적으로 뇌는 1.5킬로그램 정도의 물과 단백질 그리고 지방으로 구성되어 있다. 겉보기에 뇌는 특별할 것이 없다. 뇌는 커다란 망고 크기이고 잘 익은 망고와 밀도도 비슷하다. 여기서 수천 년 전부터 이어져온 의문이 떠오른다. 뇌에서는 도대체 어떻게 그렇게 많은 생각들이 나오는 걸까?

평소 우리는 물건들을 정해진 자리에 둔다. 컴퓨터에 자료를 저장할 때도 나중에 찾기 쉽게 위치를 정해둔다. 금괴를 금고에 넣어두면, 즉 저장해두면, 나중에 금고에서 금괴를 찾을 수 있다. 결국 우리는 늘 물건을 어딘가에 저장하고, 그래서 언제나 저장 공간이 필요하다. 사람들은 우리 뇌에도 정보를 저장할 공간이 있을 거라고 추측했다.

그런데 뇌에는 이 명제가 들어맞지 않았다. 금괴를 몇 년간 금고에 넣어두었다가 다시 꺼내면, 금괴는 처음과 똑같은 상태다. 그러나 머릿속의 정보와 생각은 그렇지 않다. 머릿속의 정보와 생각은 계속 바뀌고, 가공되고, 낯설어진다. 마냥 한 장소에만 머물지 않는 것이다. 그 때문에 뇌가 정보를 어떻게 저장하고 배우는지를 이해하기가 까다롭다. 정보 저장과 학습은 사실상 완전히 다른 일이다. 학습과 생각의 관계는 맛있는 빵과 곡물 저장소의 관계와 같다. 정보든 곡물이든 저장된 것을 가공해야만 아름다운 결과물이 탄생한다. 그 가공 과정이 배움이며, 배움 이후의 결과물이 바로 머릿속의 생각과 지식이다.

생각이 연주하는 음악

뇌를 해부해봐야 생각도, 정보도, 기억도, 데이터도, 감정도, 지식도 찾을 수 없다. 그저 서로 얽히고설킨 신경세포만을 보게 될 것이다. 우리는 이 수많은 신경세포들이 함께 만들어낸 결과물을 '생각'이라고 부른다.

클래식 콘서트장에 간다고 상상해보자. 눈앞에 오케스트라가 앉아 있다. 하지만 아무도 음악을 연주하지 않는다. 그들만 보고는 방금 무슨 곡을 연주했는지, 이어서 무슨 곡을 연주할지 알 수 없다. 뇌에서도 이런 일이 벌어진다. 뇌를 갈라보아도 뇌가 어떤 생각을 할지 알 수 없다. 물론 잘린 뇌는 더 이상 생각할 수 없지만 말이다. 결국 시스템의 구조를 보고 작동 방식을 전부 이해할 수 있는 것은 아니라는 말이다. 오케스트라를 보고 그들이 다음에 어떤 멜로디를 연주할지 알 수 없는 것처럼.

뇌를 보고 그것이 다음에 어떤 생각을 할지 알 수는 없다. 해부학적 구조를 알면 도움이 되는 것은 사실이지만 그것만으로는 충분하지 않다. 그것은 마치 비행기를 타고 가다가 프랑크푸르트를 내려다보며 그 도시가 어떤 기능을 하는지 판단하는 것과 마찬가지다. 하늘에서 내려다보면 거주지, 공원, 상점가 등의 위치는 알수 있다. 또 어느 구역에 특히 교통량이 많은지도 알 수 있다. 그러나 담벼락 뒤에 무엇이 숨어 있는지, 도시의 시스템이 정확히 어떻게 맞물려 돌아가는지는 알 수 없다.

오케스트라가 연주를 시작하면 음악이 흘러 나온다. 하지만 그 오케스트라를 아무리 자세히 관찰해도 음악을 눈에 담지는 못한다. 음악이란 음악가들이 함께 연주해야만 생겨나는 것이기 때문이다. 또한 같은 오케스트라가 완전히 다른 음악 두 곡을 연주할 수도 있다. 그러니까 똑같은 장소에서 완전히 다른 두 가지 행동이 일어날 수 있다는 뜻이다. 뇌에서도 마찬가지다. 하나의 신경망이 완전히 다른 방식으로 활동하기도 한다. 이 활동을 우리는 '생각'이라고 부른다. 즉 생각은 하드디스크 같은 고정된 공간에 저장된 것이 아니라 뇌의 활동을 뜻한다.

이런 방식으로 음악이나 생각이 만들어지는 데에는 강력한 장점이 있다. 바로 장소의 구애를 받지 않는다는 점이다. 다시 한 번 오케스트라를 떠올려보자. 오케스트라가 베토벤의 교향곡 5번 〈운명〉을 연주하고 있다. 한 번은 현악기만, 한 번은 목관악기만, 한 번은 트럼펫만 연주된다. 어떤 악기가 연주되든 우리는 멜로디를 알아듣는다. 게다가 원래 멜로디가 변주될 수도 있다. 같은 멜로디가 한 번은 크레센도(점점 세게)로, 한 번은 피아노(여리게)로, 한 번은 메조포르테(조금 세게)로 연주될 수 있다. 그리고 잘 들어보면 그런 변화가 어떤 의미를 지닌다는 사실을 알게 된다. 뇌도 마찬가지다. 생각을 한다는 것은 반드시 신경세포들이 동시에 작동한다는 의미가 아니라 신경세포들의 작용에 변화가 있다는 뜻이기도 하다.

짧은 부가 설명: 뇌 연구의 성배

우리는 오케스트라에 대해 상당히 잘 안다. 각 악기가 어떤 역할을 하는지, 오케스트라가 어떻게 구성되는지도 안다. 우리는 연주자들 사이의 역학을 알고, 각 악기가 조화롭게 음악을 만드는 과정을 묘사할 수도 있다.

뇌의 경우도 마찬가지여서 우리는 뇌의 각 부분이 어떤 역할을 하는지 아주 잘 알고 있다. 신경세포가 어떻게 구조를 바꾸고, 어떤 유전자를 활성화하고, 어떤 전달물질을 분비하게 하는지를. 물론 아주 상세한 부분까지 전부 알아내지는 못했지만 말이다. 우리는 또한 뇌 전체가 어떻게 구성되는지 알고 있으며, 시각, 언어, 근육 운동, 감정 상태 등을 제어하는 뇌 부위가 어디인지도 정확히 안다.

솔직히 말해, 뇌를 큰 덩어리로 나눈 다음 다시 조금씩 작은 부위로 구분하여, 일종의 뇌 지도를 만들 수는 있지만, 각각의 작은 부위가 어떻게 작동하는지는 아직 알아내지 못했다. 심지어 큰 덩어리로 나눈 뇌의 부위가 어떤 기능을 하는지도 불가사의한 점이 많다. 대부분의 뇌 부위는 연합영역association area에 놓여 있다.

뇌의 연합영역이란 대뇌피질에서 복잡하고 고차원적인 정신작용을 하는 부분이다. 그러니까 생각, 말, 기억, 행동 계획 등에 연합영역이 반드시 필요하다.

그런데 우리가 모르는 것이 또 있다. 신경세포들의 조화 속에서 어떻게 생각이 만들어질까? 수천 혹은 수백만 개의 세포들이 어떻게 조화를 이루고, 어떻게 제어될까?

어떤 생물학자도 이 질문에 답할 수 없을 것이다. 그리고 어떤 악기 제조자도 오케스트라 내에서 음악이 어떻게 작동하는지 답할 수 없다.

생각이 어떻게 생겨나는지 묘사하려면 아마도 완전히 다른 종류의 과학이나 관찰법이 필요할 것이다. 만약 오케스트라 단원 중에 한 사람만 계속 관찰하고 그의 움직임을 녹화한다면 결국 그에 대한 모든 정보를 알게 되겠지만, 그래도 전체 선율이 어떻게 만들어지는지는 알아내지 못할 것이다. 이를 알아내려면 다른 단원들과 그들의 악기에서 나오는 음파가 어떻게 겹치면서 더욱 고차원적인 것, 즉 음악이 되는지를 파악해야 한다.

이미 다른 과학 분야에서도 이렇게 한계를 넘어서는 상황이 발생했었다. 예를 들면 물리학이 그랬다. 하나의 분자는 자체적인 온도를 가질 수 없다는 사실이 증명됐다. 하지만 속도는 갖는다. 그러니까 공기 분자 하나가 우리 피부 위에서 시속 1,000킬로미터로 움직일 수 있다는 뜻이다. 우리가 이것을 느끼지 못하는 이유는 공기분자가 매우 작고 가볍기 때문이다. 아주 작은 공기분자의 속도를 측정한 다음 통계를 내면 방 안의 온도에 따른 모든 공기분자의 속도 분포를 알아낼 수 있다. 온도가 올라가면 분자의 움직임은 빨라지고, 내려가면 느려진다. 이것을 아름다운 수학 공식으로 풀어낸 것이 볼츠만 분포Boltzmann distribution다. 볼츠만 분포는 분자의 속도와 온도의 관계를 나타낸 식이다.

어쩌면 뇌에도 볼츠만 분포가 있을지 모른다. 각 신경세포의 활동을 토대로 생각의 과정을 묘사하는 수학적인 혹은 정보학적인 모델이 있을지도 모른다. 하지만 현재로서는 생각의 수학이라는 것이 정말로 존재하는지 알 수 없다. 만약 생각의 수학이 존재한다면 '뇌과학의 최고 경지'일 것이고, 뇌과학의 최고 경지에 도달한다면 인간의 정신세계를 완전하게 설명할 수 있을 것이다.

뇌에도 지휘자가 있을까

배움과 생각으로 다시 돌아가 보자. 생각이란 결국 신경세포가 협력하는 방법을 의미한다. 예를 들어 내가 여러분에게 지난해의 크리스마스 파티가 기억나냐고 물으면, 여러분의 뇌 어딘가에 있는 '크리스마스 파티 신경세포'가 활발해져서 기억을 불러일으키는 것이 아니다. 여러 신경세포들이 함께 어떤 상태를 구성하고,

바로 그 상태가 기억이 된다. 다시 한 번 오케스트라와 비교해보자. 연주자들이 어떤 곡조를 연주하면, 그것은 어딘가에 저장되지 않고 계속 새롭게 흘러간다.

오케스트라에는 지휘자가 있다. 지휘자는 각각의 연주자가 올바른 타이밍에 올바른 강도로 음을 연주해서 서로 어우러지도록, 그러니까 함께 음악을 만들어내도록 한다. 지휘자가 없으면 연주자들은 언제 어떻게 끼어들어야 할지 모른다. 그러면 음악이 만들어지지 않는다. 오직 지휘자만이 혼돈을 제어하고 모든 것을 정리할 수 있다.

하지만 이것이 각 부분의 합에서 정돈된 구조가 만들어지는 유일한 방법은 아니다. 아주 훌륭한 콘서트를 관람한 적이 있다면 다른 대안이 있음을 알 수 있다. 콘서트가 끝나면 연주자들은 관객들 앞에서 인사를 하고 관객들은 박수로 화답한다. 그런데 때때로 놀라운 일이 벌어진다. 어느 순간 갑자기, 누가 시작한 것도 아닌데 관객들의 박수 소리가 동기화되는 것이다. 그러면 리듬이라는 정돈된 구조가 만들어진다.

신경세포에서도 비슷한 일이 벌어진다. 신경세포들은 서로 동기화하고 어울려서 정돈된 리듬을 만들어낸다. 만약 이런 활동이 매우 강력하다면, 그러니까 신경세포들이 아주 리드미컬하고 동일한 움직임을 만들어낸다면 우리는 머리에 전극을 달아 이 전기적 활동을 측정할 수 있을 것이다. 신경망은 혼돈 속에서도 지휘자 없이 질서를 만들어낸다. 이런 시스템에서 배움이란 반복되는 패턴에 적응하는 것이다. 패턴이 반복될 때마다 신경세포들은 매번 이전보다 더욱 조화로워진다. 말하자면 신경세포들은 다음번에 더욱 잘 작동하기 위해 패턴을 본격적으로 '연습'한다. 이런 신경망의 적응 과정을 배움이라고 한다.

연습하는 신경세포들

오케스트라가 음악을 실수 없이 연주하려면 연습이 필요하다. 연습은 두 단계로 진행된다. 1단계는 개별 악기를 연습하는 단계이고, 2단계는 전체 오케스트라가 연습하는 단계다. 연주자는 우선 자신의 악기를 완벽하게 다뤄야 한다. 그러지 못할 경우에는 다른 사람들과 함께 연습하는 의미가 없다. 한편 연주자들은 합주 실력도 키워야 한다. 그러려면 합주 연습을 이끌 지휘자가 꼭 필요하다.

뇌에서도 두 단계의 학습 행동이 일어난다. 개별 신경세포 차원에서 세부 사항을 배우는 일과 전체 신경망 차원에서 더 크고 체계적인 사항을 배우는 일이다. 사람에게 도달한 자극은 대개 오래 지속되지 않기 때문에 신경세포 차원의 배움은 아주 빠른 속도로 진행된다. 다시 말해 신경세포는 아주 순식간에 자극에 반응하고 적응한 다음 이 변화를 지속적으로 간직해야 한다. 예를 들어 뜨거운 난로에 손이 닿으면 그것이 잘못된 선택이었다고 판단하기까지 그리 오랜 시간이 걸리지 않는다. 반대로 전체 신경망이 구조를 바꾸는 데는 몇 시간, 며칠 혹은 몇 주가 걸리기도 한다. 이 두 가지 과정을 합치면 우리는 더욱 현명하게 배울 수 있다. 시간이 별로 없을 때는 빠르고 유연하게 배우고, 오랜 시간이 걸리는 결정을 내리거나 오래전의 기억을 되살릴 때는 천천히 공을 들인다.

신경세포에 대해 알아보자. 신경세포는 비교적 게으르다. 아니, 우리 몸에서 가장 게으른 세포에 속한다. 신경세포는 평생 스스로 분열하지 않기에, 수가 증가하지 않고(약간의 예외는 있다) 점점 죽어가기만 한다. 하나의 신경세포는 살아 있는 동안 계속 활동해야 한다. 그렇지 않으면 스스로 죽어버린다.

신경세포는 혼자 일하지 않고 늘 팀으로 움직인다. 신경세포는 서로 접합부(시냅스)로 연결된다. 물론 완전히 연결되어 있는 것은 아니다. 시냅스는 틈새가 매우 좁은 접합부로서, 신경세포의 말단에서 다른 신경세포와 접촉하는 역할을 한다. 말하자면, 각 신경세포 사이에는 아주 미세한 틈이 있어서, 하나의 신경세포에서 방출된 신경전달물질이 다른 신경세포로 매우 빠르게 전달될 수 있다.

특이한 점은, 시냅스가 하나의 신경세포와 또 다른 신경세포를 연결해주는 플러그 역할만이 아니라 더욱 역동적인 일도 한다는 것이다.

하나의 신경세포가 강한 자극을 받으면(예를 들어 다른 신경세포로부터 전기 신호를 받으면), 시냅스를 통해 다른 신경세포로 신경전달물질을 방출한다. 그러면 당연히 결과가 나타난다. 이런 일이 자주 발생할수록, 자극에 관여한 신경세포들이 상황에 적응하게 된다.

즉 시냅스는 더 커지고, 신경전달물질은 더 많이 방출되며, 신경세포는 다음번에 신경전달물질을 조금이라도 더 잘 전달하기 위해 스스로의 구조를 바꾼다. 그 반대의 일도 발생한다. 어떤 시냅스가 오랜 시간 사용되지 않으면, 마치 구석에 버려져서 아무런 열차도 지나가지 않는 기차역처럼 쇠퇴해버린다.

일반적으로는 우리가 무언가를 배울 때 새로운 시냅스들이 자동적으로 만들어지는 것으로 알려져 있다. 100퍼센트 맞는 말은 아니다. 새로운 시냅스가 만들어진다는 점만큼이나 신경세포가 퇴화하거나 시냅스가 소멸한다는 사실도 중요하다. 그래야만 신경망이 효율적으로(즉 에너지 효율적으로) 작동하기 때문이다. 이런 정보 처리 방식에는 아주 큰 장점이 있다. 신경망이 완전히 독립적으로 자극에 적응할 수 있다는 점이다. 신경망은 아무런 개입 없이도 스스로를 훈련시킨다. 멋진 일이다. 그러나 여기에는 세 가지 강력한 단점이 있다.

첫째, 이렇게 학습하는 시스템은 수많은 반복에 의존하기 때문에 속도가 매우 느리다. 반복이 자주 이루어져야만 신경세포가 익숙해진다.

둘째, 이런 시스템이 학습 과정에 완전히 적응한다고 하더라도, 결국 훈련에 사용된 정보에만 적응하고 다른 정보에는 적응하지 못한다. 신경망으로 전해지는 정보 자극이 강렬할수록 시스템은 그것에 더 잘 적응한다. 그러나 새로운 정보를 학습하기는 더 어려워진다. 이렇게 데이터에 대한 학습이 너무 많이 이루어지는 현상을 과적합overfitting이라고 부른다.

간단하게 설명하면, 무언가를 집중적으로 배울수록 작은 세부 사항에만 집중하게 되고 전체를 보지 못하게 된다는 뜻이다. 그러다 보면 언젠가는 새로운 것을 배우기가 어려워진다. 30년 동안 굴뚝 청소를 하던 사람이 하루아침에 소믈리에로 직업을 바꾸기 어려운 것처럼. 나이가 들면 새로운 것을 배우기 힘들 뿐만 아니라 인간의 학습 시스템 자체가 한 가지 분야의 전문가가 되려는 목표를 추구하기 때문이다.

셋째, 느리고 과적합된 신경망은 붕괴할 위험이 높다. 과학계에는 이미 수십 년 전부터 이런 현상이 알려져 있었다. 우리는 이를 파국적 간섭catastrophic interference 혹은 최악의 망각catastrophic forgetting이라고 부른다.

최악의 망각

어떤 정보(특정한 자극 패턴)가 하나의 신경망에 계속 부딪친다고 상상해보자. 예를 들어, 당신은 지금 오이 사진을 보고 있다. 그러면 신경세포는 이렇게 생각한다. '흠, 이건 아주 중요한 패턴임이 틀림없어. 시냅스를 여기 적용시켜서 다음에 같은 패턴이 입력되면 더 간단하게 작동하게 해두자.' 이런 식으로 신경망이 구체적인 패턴을 익힌다면 신경망들이 새로운 자극에 적응하기 위해서는 수많은 반복이 필요할 것이다. 이는 아주 지루한 과정이다. 어쩌면 오이 사진을 수십, 수백 혹은 수천 번 들여다봐야 할지도 모른다.

어쨌든 신경망이 몇 번이고 반복해서 오이에 적응했다고(오이를 배웠다고) 하자. 갑자기 다른 패턴이 등장한다. 이번에는 크루즈선의 사진이다. 크루즈선은 오이와 전혀 다르지만, 둘 사이에는 몇 가지 공통점이 있다. 오이는 길쭉하고 물에 넣으면 물 위에 뜬다. 그래서 이미 오이 사진을 보고 활성화된 신경세포는 크루즈선 사진을 보고도 활성화될 것이다.

이 세포들은 오이 패턴으로 훈련을 받았기 때문에 이제는 크루즈선 패턴을 보고 활성화된 다음 시냅스를 적용시킬 것이다. 이런 경우 신경세포들은 새로운 훈련을 받게 되고, 최악의 경우 크루즈선 사진에 강하게 반응하게 된다. 이런 일이 벌어지면 힘들게 익숙해진 오이 사진을 보더라도 신경세포의 시냅스가 반응하지 않는다. 달리 설명하면 새로운 정보가 오래된 정보를 밀어낸 것이다. 같은 신경세포에 완전히 다른 과제를 부여할 수도 있다는 신경망의 장점이 이런 상황에는 전혀 힘을 쓰지 못하고, 결국 최악의 망각이 벌어진다.

이런 일이 벌어지지 않으려면 신경망이 안전성과 순응성 사이에서 균형을 잡아야 한다. 지나치게 순응적이면 오래된 기억이 새로운 기억에 밀려나 무너져버릴 것이다. 반대로 지나치게 안정적이면 새로운 것에 빠르게 적응할 수 없다. 그러니 우리 뇌에는 안전성과 순응성 사이에서 균형을 잡는 숨겨진 묘수가 있는 것이 분명하다.

뇌의
학습 시스템

1987년 9월의 어느 흐린 오후였다. 나는 당시 최신 기종이자 (내 생각에는) 당대 PC 중에 최고의 성능을 자랑하던 아타리1040 STF 앞에 앉아 있었다. 마이크로소프트 윈도를 포함하여 PC 시장을 정복했던 모든 것이 갖춰져 있었다. 마우스, 1메가바이트 용량의 하드디스크, 키보드, 모니터, 문서 작성 프로그램, 그래픽 프로그램 그리고 게임까지. 게임들은 미취학 아동이던 나에게는 정말 최고의 놀잇감이었다. 나는 특히 노란 얼굴이 점을 우적우적 먹어치우며 미로를 헤매고 다니는 팩맨에 푹 빠져 있었다. 세상에, 그런 게임이!

나는 어떻게 하면 그 게임을 가장 잘할 수 있는지 무의식중에 터득했다. 겉보기에, 나의 도전은 지극히 평범했지만 자세히 들여다보면 그리 만만한 일이 아니었다. 우선 게임의 규칙을 외워야 했다. 그때 나는 글도 제대로 읽지 못했고 아무도 내게 게임 규칙을 설명해주지 않았기 때문에 스스로 깨우쳐야만 했다. 게임을 더 자주 하면서 말이다. 그리고 어떤 전략이 가장 효과적인지 알아내야 했다. 주인공 캐릭터를 아무런 계획도 없이 모니터 속에서 움직이게 해서는 안 되었다. 캐릭터가 유령에게 붙잡히지 않고 가장 짧은 길을 따라 최대한 효율적으로 움직이며 보너스 점수를 모으게 해야 했다. 게다가 눈과 손이 조화롭게 '작동'하도록 연습해야 했다. 나는 무의식적으로 행동 전략을 배웠다. 게임 실력이 빠르게 늘었다. 어렵기만 하던 1단계를 며칠 만에 깨고부터는 식은 죽 먹기였다.

이렇듯 배움은 언제 어디서든 우리의 의도와는 상관없이 일어난다. 우리는 무언가를 학습할 때는 반드시 지식을 더욱 효율적으로 습득하게 하는, 조용하고 안정적인 시간이 필요하다고 생각한다. 예를 들어 조용한 저녁 시간에 잠시 짬을 내서 뭔가를 배워야 한다고 생각한다. 그러나 우리 뇌는 배우는 시간과 배우지 않는 시간을 나누지 않는다. 오히려 우리는 계속 새로운 것을 경험하고, 우리에게 입력되는 감각적 자극을 정리하고 싶어 한다. 다음번에 또 같은 자극을 느끼면 더욱 잘 대응하기 위해서다. 뇌는 계속 무언가에 적응한다. 그렇다면 뇌는 어떻게 적응에 성공할 수 있을까?

뇌의 수용 영역

뇌는 신경망을 통해 역할을 수행한다. 이런 시스템 내에서 발생하는 심각한 단점(예를 들어 최악의 망각이나 경직성)을 극복하기 위해 뇌는 한 가지 트릭을 쓴다. 정보를 곧바로 처리하는 대신 일종의 중간 정거장을 거치게 하는 것이다. 새로운 정보가 확고한 기억으로 저장되려면 가치가 입증되어야 하고, 호텔 로비와 같은 관문을 통과해야만 한다.

이 관문은 해마Hippocampus라고 불린다. 관문보다는 해마라는 이름이 과학적으로 들릴 뿐만 아니라 실제로도 이 부위는 돌돌 말린 꼬리가 특징인 바다 생물 해마를 닮았기 때문이다. 각각의 뇌 반구마다 하나씩 존재하는 해마는 손가락 두 마디 크기로서, 대략 4,000만 개나 되는 신경세포의 다발로 구성된다. 우리 뇌에는 약 800억 개의 신경세포가 있으므로 4,000만 개가 많은 것은 아니다. 아무튼 해마를 구성하는 신경세포들은 아주 중요한 위치에 자리 잡고 있다. 바로 입력된 정보를 기억으로 저장하는 장소다.

내가 사는 프랑크푸르트에는 수많은 고층 건물이 있고, 건물들의 상층부에는 대개 사무실이나 회의실이 있다. 그곳에 가려면 1층 출입구에서 자신의 방문 사실을 알려야 한다. 방문자는 벨을 누르거나 전화를 걸어서 허락을 받아야 건물 안으로 들어갈 수 있다. 내가 이런 절차 없이 무작정 건물 안으로 뛰어 들어간다면, 자칫 엉뚱한 회의실로 돌진할 위험이 있다. 우리 뇌의 공간이 건물처럼 정확하게 나뉜 것은 아니지만, 어쨌든 해마의 역할은 1층 로비의 프런트와 같다. 입력된 정보는 우선 해마를 거친 다음, 거기서부터 그에 상응하는 신경세포의 활동 패턴을 작동시킨다. 이런 자극 패턴은 곧 대뇌로 전달된다.

고층 건물의 프런트가 끝없이 밀려오는 수많은 손님을 동시에 맞을 수는 없다. 그러려면 출입구에 기다란 줄이 늘어서지 않게 매우 빨리 일을 처리해야 한다.

해마도 마찬가지다. 해마의 일처리 속도는 빠르지만, 계속 그런 속도를 내지는 못한다. 게다가 해마는 기억을 저장하는 장소가 아니라 정보의 패턴을 재빨리 대뇌피질로 전달함으로써 정보가 대뇌피질에 오랜 시간 머무르게 하는 기관이다. 해마는 아주 중요한 정보를 접해야 비로소 본격적으로 일을 시작한다. 해마는 대뇌피질의 특정 부분을 훈련시켜서 그곳에 있는 신경망이 시냅스를 적응시키게 한다. 해마는 아주 빠르고 짧게 일하고, 대뇌는 천천히 오래 일한다. 그래서 한 번 장기기억으로 저장된 정보는 사라지지 않는다.

자면서 배우기

말하자면 해마는 대뇌의 기억 훈련사다. 동시에 새로운 정보를 받아들이는 병목 지점이기도 하다. 그러나 해마의 수용력은 한정되어 있으므로 적정 용량을 초과하지 않게 주의해야 한다. 그러지 않으면 정보 흐름이 정체될 것이다. 갑자기 수많은 사람이 건물 입구로 몰리는 것과 마찬가지다. 정체를 막기 위해 로비 프런트에서 번호표를 나눠줘야 한다. 그리고 뇌는 잠을 자야 한다.

수면은 자극이 없는 아주 환상적인 환경을 만들어준다. 이런 환경에서는 해마가 더 이상 새로운 정보를 마주하지 않아도 된다. 또한 하루 동안 얻은 중요한 정보를 놓치거나 다시 곱씹지 않아도 된다. 그리고 곱씹은 정보를 활동 패턴으로 만들어 계속 대뇌의 신경세포로 보내지 않아도 된다. 보통 해마는 "이봐, 대뇌, 이건 아주 중요한 패턴인 것 같아. 그러니 다음번에는 좀 더 간단하게 작동하도록 우리의 연결을 조정해야겠어"라고 말한다. 그러면 비교적 게으른 대뇌가 새로운 것을 배우기 시작한다. 어느 순간 대뇌는 해마의 도움 없이도 온전히 혼자 정보 패턴을 만들어낸다. 장기기억이 완성되는 순간이다.

이는 우리가 24시간 내내 깨어 있는 것보다는 밤에 잠을 자는 편이 기억에 도움이 된다는 사실을 뒷받침한다. 영어 단어를 외운 다음 가볍게 낮잠을 자면 단어가 더욱 기억에 남는다는 뜻이다. 이는 뇌과학자만 알고 있는 사실이 아니다. 이미 90여 년 전부터, 그러니까 인간이 수면 중의 뇌 활동을 연구하기 훨씬 전부터 널리 알려진 사실이었다.

오늘날 사람들은 연구 범위를 확장해 각각의 수면 단계에서 벌어지는 해마와 대뇌 간의 균형 잡힌 상호작용이 학습에 얼마큼 중요한 영향을 미치는지 알아보고 있다. 깊은 잠을 잘 때 해마가 특히 대뇌에 강력한 영향을 미치며, 낮에 접한 정보를 반복한다. 꿈을 꾸는 얕은 수면 상태일 때는 대뇌의 활동이 더욱 강해지면서 새로운 활동 패턴이 오래된 것과 결합한다. 이때 새로운 아이디어가 떠오르기도 한다. 잠에서 깨어나 꿈을 떠올리다 보면 새로운 아이디어가 떠올랐음을 인식하게 된다. 그런데 이런 아이디어는 대개 오래된 과거와 얼마 되지 않은 현실의 혼합이다.

학습에 수면이 매우 중요하다고 했지만, 그렇다고 해서 깨어 있는 동안 해마가 빈둥거린다는 뜻은 아니다. 연구 결과, 해마는 각성 상태일 때도 곧바로 활동 패턴을 대뇌에 알려준다. 해마는 도대체 어떻게 배울 가치가 있는 정보와 그렇지 않은 정보를 결정하는 것일까?

정보가 들어올 때마다 해마가 전체 프로그램을 작동시킨다면 우리는 영원히 학습해야 하고, 그 과정에서 너무 많은 에너지를 낭비하게 된다. 예를 들어 내가 어떤 사람과 만나기 위해 매번 똑같은 건물을 방문한다면, 나중에는 로비 프런트에 굳이 내 신분을 밝힐 필요가 없을 것이다. 경비원이 나를 알아볼 것이기 때문이다. 나는 눈인사 한 번으로 간단하게 출입구를 통과해 6층으로 향할 수 있다.

새로운 정보의 통행증

방문객은 건물의 로비 프런트에서 차례차례 '점검'을 받는다. 즉 경비원과 인사하고 인적 사항을 적고 안내를 받는다. 해마도 이런 일을 한다. 해마는 입력되는 정보를 연이어 처리한다. 그리고 그 정보가 마침내 대뇌까지 전달될지는 두 가지 조건에 달려 있다. 첫째, 새로운 정보에 이전 정보와 구별되는 특징이 있는가? 둘째, 정보가 아주 새롭고 참신한 것인가?

이전 정보와 구별되는 자극이 전달되었다는 것은 새로 학습할 내용이 등장했다는 신호다. 해마의 움직임을 관찰하면 곧바로 알 수 있다. 한 실험에서 참가자들이 학습 과제를 처리할 때 어떤 일이 일어나는지 알아보기 위해 뇌를 스캔했다. (나는 매번 번거롭게 기능적 자기공명영상fMRI을 찍는다고 말하는 대신 '뇌를 스캔한다'거나 '뇌 스캔'이라는 말을 사용할 것이다. 원리는 똑같다. 사람이 거대한 자기 통에 들어가 최대한 움직이지 않는다. 그러면 그가 깊은 생각을 하는 동안 뇌에서 특히 혈류가 많이 흐르는 부위를 눈으로 확인할 수 있다. 생각이 이루어지는 부위에 많은 양의 피가 흘러들어가는 것이다. 이를 보면 뇌가 정신노동을 어떻게 각 부위에 할당하는지 알 수 있다.)

이 실험에서는 참가자들이 짧은 동영상을 시청하는 동안 해마의 움직임을 스캔했다. 실험 결과 해마는 동영상의 내용 자체에 반응하는 대신 동영상의 장면이 전환될 때마다 활성화되었다. 해마는 마치 책갈피처럼 어떤 정보의 시작과 끝을 표시하는 듯했다. 결국 우리가 학습에 흥미를 보이는 주요 기준은 변화다. 모든 것이 똑같다면 배울 필요가 없기 때문이다.

게다가 배울 가치가 있는 정보란 모름지기 새로운 것이어야 한다. 그래야 해마가 학습 프로그램을 가동한다. 그러면 대뇌는 해마에 해당 정보가 이미 머릿속에서 처리된 적이 있는지를 통지한다. 해마는 광범위한 기억을 저장하기에는 너무 근시안적이다. 그래서 어린 시절 이미 독일연방공화국 16개 주의 이름을 배웠다면, 대뇌피질이 그 사실을 해마에 알려준다. 16개 주의 이름을 새로 저장할 필요가 없다고 말이다.

회사 입구와 마찬가지다. 내가 이미 여러 차례 그 회사를 방문한 적이 있다면, 고위 임원이 프런트에 전화를 걸어 나를 빨리 통과시켜주라고 부탁하는 것이다.

학습하는 기계

이쯤에서 잠시 중간 결론을 내보자. 뇌는 무언가를 배울 때 두 종류의 학습 시스템을 작동시킨다. 하나는 빠른 시스템인 해마이고, 다른 하나는 느린 시스템인 대뇌의 신경망이다. 이때 빠른 시스템이 느린 시스템을 훈련시킨다. 그래야 새로운 정보가 오래된 정보를 없애버리는 문제를 극복할 수 있다. 신경망은 장기기억 형성에 좀 더 오랜 시간을 들이며, 모든 정보에 곧바로 반응하지 않는다(이런 일은 해마가 맡는다).

이런 학습법은 인간의 뇌가 아닌 다른 곳에서도 유용하게 쓰일 만큼 강력한 장점을 갖고 있다. 예를 들어, 컴퓨터 시스템은 이 학습법과 완전히 같은 방식으로 작동한다. 인간이 최초로 만든 학습하는 기계도 최신 정보가 오래된 정보를 덮어버린다는 문제가 있었다.

몇 년 전에 이 문제의 해결책으로 인간 뇌의 근본적인 학습법을 그대로 따르는 방식이 사용되었다. 컴퓨터 내에서 해마를 시뮬레이션하고 이것을 리플레이 버퍼replay buffer(컴퓨터 작업의 마지막 몇 초 혹은 몇 분 정도를 RAM에 임시 저장해서 사용자의 컴퓨터 RAM에 작업물 전체를 저장할 충분한 공간이 있는지 미리 알아보는 것 - 옮긴이)라고 불렀던 것이다.

나는 신경과학자로서 이것이 아주 아름다운 기능이라고 인정할 수밖에 없다. 왜냐하면 리플레이 버퍼가 뇌의 해마가 하는 일을 명료하게 설명해주기 때문이다. 리플레이 버퍼는 중간에 임시 저장된 데이터가 계속 재생되게 하는 캐시 메모리다.

이렇게 '스스로 학습하는 알고리즘'의 성공 여부를 전문가들은 컴퓨터 게임으로 실험했다. 바로 아타리(미국의 비디오게임 회사 - 옮긴이) 게임으로 말이다. 전문가들은 서로 연결된 인간 뇌의 신경세포들을 훨씬 간략하게 흉내 낸 인공 회로망(인공 신경망)을 구축했다. 그다음 이 회로망에 컴퓨터 게임(예를 들어 팩맨)을 소개하고 회로망이 게임을 하게 했다. 그리고 게임이 끝날 때마다 회로망에 피드백을 했다.

여기까지는 좋았다. 이건 인간도 할 수 있는 일이다. 그런데 인공 회로망은 쉬지 않는다. 인공 회로망은 몇 시간 동안 똑같은 컴퓨터 게임을 수백만 번이나 할 수 있다. 게임이 끝날 때마다 자극을 받은 회로망은 스스로의 연결을 적응시켜서 같은 실수가 두 번 다시 반복되지 않게 했다. 게다가 회로망은 계속 새로운 게임을 한 것이 아니라 이미 했던 게임의 주요 장면을 리플레이 버퍼에서 되풀이했다. 마치 사람이 잠을 자는 동안 중요한 정보들을 다시 한 번 검토하는 것처럼 말이다. 이런 인공 신경망의 활동은 익스피리언스 리플레이experience replay라고 불린다. 말 그대로 경험(데이터)을 반복한다는 뜻이다.

자율적인(그리고 누구의 감시도 받지 않는) 기계학습(머신러닝)을 가능하게 하는 익스피리언스 리플레이 기술은 그리 오래된 것이 아니며, 점점 눈부시게 발전하고 있다. 2015년에 첫 인공 회로망이 49종의 아타리 게임에서 인간 게이머를 이겼다. 1년 후에는 인공지능AI이 바둑으로 언론의 주목을 받았다. 머신러닝 회로망이 최고의 바둑 기사를 이긴 것이다.

이 회로망은 스스로 수백만 차례 바둑을 두고 사람들이 두었던 바둑 경기 정보를 학습했다. 그리고 반년이 지나기도 전에 기계 회로망이 스스로 학습하기 시작했다(사람이 할 일은 바둑 규칙을 프로그래밍하는 것뿐이었다). 기계 회로망은 스스로 500만 번가량 시합을 되풀이했다. 3일이 지나기도 전에 이 회로망은 인간의 바둑 실력을 뛰어넘게 되었고 다른 바둑 프로그램과의 대국에서 모두 승리했다. 기계와 인간의 바둑 경기에 관심을 보이는 사람은 더 이상 없었다. 기계를 상대로 게임에서 이기고 싶은가? 그냥 포기하시길.

머신러닝 기술 덕분에 컴퓨터는 체스, 포커, 모노폴리 같은 게임을 아무런 어려움 없이 해낼 수 있다. 훈련 데이터만 충분하다면, 게임의 규칙과 조건이 바뀌지 않는다면 컴퓨터는 늘 좋은 성과를 낸다. 무한한 데이터와 계산 능력이 있는 세계에서는 컴퓨터 시스템이 무엇이든 배울 수 있다.

머신러닝의 예는 뇌의 근본적인 학습 원리가 단계적인 정보 처리에 얼마나 뛰어난지를 보여준다. 뇌가 없이도, 그러니까 온전히 기계만으로도 이런 학습 원리가 가능하다는 점은 이것이 매우 보편적이라는 뜻이다. 우리 뇌에 입력된 정보는 해부학적인 순서에 따라 이동해야 한다. 뇌가 이런 구조인 이유는 그래야만 신경망이 더욱 효율적이고 현명하게 학습할 수 있기 때문이다.

인간의 뇌만 학습에 적합한 것은 아니다. 문어나 오징어도 놀라울 만큼 잘 배운다. 해마는 심지어 뇌도 없다. 대신 신경망이 인간의 해마나 대뇌와 비슷한 역할을 수행한다. 우리가 목표에 도달하는 길이 단 하나는 아니라는 뜻이다. 인간의 뇌는 아주 괜찮은 도구로 보인다. 특히 뇌는 학습의 두 가지 근본적 문제를 완벽하게 해결해준다. 바로 최악의 망각과 신경망의 느린 속도 말이다. 다만 아직도 한 가지 문제가 남아 있다. 바로 학습 내용의 과적합 현상이다.

배움의 비밀 무기: 망각과 왜곡

2015년 6월 말 소프트웨어 개발자인 재키 앨신Jacky Alciné이 자신의 트위터Twitter 계정에 사진을 업로드했다. 높은 건물, 자전거, 자동차 그리고 앨신의 친구들이 찍힌 사진들이었다. 구글 포토에는 머신러닝 시스템으로 사진을 카테고리별로 분류해주는 기능이 있었다. 예를 들어 높은 건물이 많이 찍힌 사진은 '고층 건물'로, 주차장에 주차된 자동차들은 '자동차'로 분류되었다. 그리고 앨신과 친구들의 사진은 '고릴라'로 분류되었다. 중요한 점은 그 사진에 고릴라는 전혀 찍혀 있지 않았다는 것이다. 아프리카계 미국인인 앨신과 친구들의 모습이 찍혀 있을 뿐이었다. 이후 구글의 AI기술은 뭇매를 맞았다. 디지털 인종차별주의라는 의견도 제기되었다.

컴퓨터 시스템(구글, 페이스북, 아마존을 비롯한 어떤 기업이 만든 것이든)과 뇌가 무언가를 학습할 때 데이터가 과도하게 학습되는 문제를 과적합이라고 한다. 학습 시간 내내 아주 좁은 범위의 데이터만 배운다면 학습이 끝난 후에도 해당 데이터에 완벽하게 적응할 수 있다. 다만 그럴 경우 정보를 옮기는 것이 어려워진다.

IT 업계의 거물인 구글이 제아무리 머신러닝 분야에서 눈부신 발전을 이루었다고 해도 사람의 사진을 고릴라 사진으로 분류해서 태그를 붙인 일을 아무렇지 않게 넘길 수는 없었다. 그로부터 3년이 지날 때까지도 아무런 해결책이 나오지 않았다. 구글은 '고릴라', '침팬지', '유인원' 등의 태그를 금지했을 뿐이다. 하지만 비비 원숭이나 오랑우탄은 계속 사용되었다.

아마존 또한 잘못된 알고리즘 때문에 애를 먹었다. 2018년 중반 아마존의 얼굴 인식 기술이 미국 국회의원 28명의 얼굴을 범죄자로 오인했다. 그들의 얼굴 사진이 완전히 다른 인물의 지명수배 사진과 비슷하다는 판단 때문이었다(이 경우에도 유색인종이 범죄자로 잘못 분류될 가능성이 높았다). 이런 일이 발생한 이유는 다양하지만, 특히 문제가 된 것은 학습에 쓰인 데이터 세트였다. 정보처리학자들은 "쓰레기가 들어가면 쓰레기가 나온다"고 말한다. 즉 컴퓨터 시스템이 무가치한 데이터를 입력받으면 당연히 아무 의미 없는 결과가 나온다는 뜻이다. 얼굴 인식 시스템이 백인 중년 남성의 사진으로 훈련받았기 때문에 어두운 피부색의 여성 얼굴을 인식할 때 더 많은 오류를 일으켰던 것이다.

얼마 전에 나는 온라인으로 엔진 오일 5리터를 구매했다. 딱 한 번 구입했을 뿐인데도 이후 내게는 오일 첨가제, 와이퍼, 부스터 케이블, 오일 필터와 관련된 광고가 쏟아져 들어왔다. 이것이야말로 과적합 시스템이다. 아이의 옷도 마찬가지다. 만약 인터넷으로 기저귀나 아기 양말을 구입하면, 추천 알고리즘이 계속해서 기저귀나 아기 양말의 광고를 보내온다. 자녀가 혼자 대소변을 가릴 정도로 자란 후에도 말이다. 그러므로 AI가 엄청나게 똑똑한 것은 아니다.

최근 아마존에 접속했다가 내가 집필한 책을 사라는 추천을 받았다. 내 책을 나더러 사라고? 솔직히 고백하면 나는 매일 아마존에 접속해서 내 책이 얼마나 팔리고 있는지 확인한다. 그런데 아마존은 그것만으로 내게 내 책을 사라고 추천한 것이다. 심지어 아마존은 내가 그 책의 저자로 등록되어 있다는 사실을 알 텐데도 말이다.

"그래, 기계는 멍청하지. 하지만 나는 그렇지 않아."

여러분은 이렇게 말할지도 모른다. 하지만 정말 그렇게 확신하는가? 물론 뇌가 기계 시스템보다 뛰어난 학습자인 것은 사실이다. 하지만 유럽인이 아시아인이나 아프리카인의 얼굴을 구분하기는 어렵다. 물론 아시아인이나 아프리카인의 얼굴은 저마다 다르지만 유럽인들은 밝은 피부색이라는 '데이터 세트'에 익숙하기 때문에 다른 문화권 사람들의 얼굴을 정확히 구분하기까지는 시간이 조금 걸린다.

어쨌든 현재의 얼굴(혹은 더 정확히 말하자면 패턴) 인식 시스템은 상당히 뛰어나다. 오늘날 컴퓨터 시스템은 어떤 얼굴이 한국인의 얼굴인지, 일본인의 얼굴인지, 중국인의 얼굴인지 정확하게 구분해낼 가능성이 예전보다 두 배는 높아졌다. 인간의 뇌로부터 몇 가지 술수를 배운 덕분이다. 시스템은 해당 얼굴이 어떤 데이터 세트에 '적합하지 않은지'를 판단한 다음 적합하지 않은 얼굴은 '망각'해버린다.

정신의 비밀 무기: 망각

많은 사람이 배움에서 중요한 것은 최대한 많은 정보를 오랫동안 기억하고 응용하는 것이라고 생각한다. 만약 여러분이 이 책을 끝까지 읽고 모든 단어와 문장을 토씨 하나 틀리지 않고 외운다면 이 책을 다시 읽을 필요는 없다. 모든 내용이 여러분의 뇌에 들어 있을 테니까(그리고 앞으로도 계속 똑같은 형태로 남아 있을 것이다). 그러나 현실은 그렇지 않다.

여러분이 모든 내용을 정확히 기억하겠다고 결심하고는 이 책을 파고들면 해당 데이터 세트(이 책의 단어와 문장)에 지나치게 적응하게 된다. 책을 읽을 때마다 이런 행동을 되풀이한다면 첫째, 아주 많은 것에 주의를 기울여야 하고(유기적으로는 가능하다), 둘째, 정말로 중요한 내용이 무엇인지 인지해야 하고(아주 많은 정보 가운데 정말 중요한 것을 골라내기는 어렵다), 셋째, 정보들을 결합하고 추론하여 새로운 상황에 응용해야 한다(이렇게 많은 정보를 갖고는 거의 불가능한 일이다). 너무 많은 정보는 오히려 독이 된다.

"모든 것을 모으면 아무것도 이해하지 못하게 된다."

정보 수집의 달인 에드워드 스노든Edward Snowden(미국 국가안전보장국NSA의 직원으로 일하다가 NSA의 기밀 정보를 폭로한 내부 고발자-옮긴이)의 말이다.

데이터의 함정에 빠져서 과잉 적응하지 않으려면 어떻게 해야 할까? 가장 현명한 방법은 바로 '망각'(학술 용어로는 일시적 기억)을 활용하는 것이다. 망각의 긍정적인 효과는 특히 변화가 심한 환경에서 나타난다. 망각은 별로 쓸모없는 자세한 정보를 전부 기억하거나 일반화하는 것을 막아준다. 그 덕분에 인간 뇌의 적응력이 한층 업그레이드된다. 망각이 없었다면 점점 늘어나는 정보에 짓눌려서 생각에도 상당히 오랜 시간이 걸렸을 것이다.

그런 의미에서 좋은 소식이 있다. 사람은 망각의 챔피언이다. 학습의 진정한 핵심은 많은 내용을 기억하는 것이 아니라 굳건한 기억과 최고의 망각 사이에서 균형을 잡는 것이다. 흥미롭게도 사람은 이와 같은 방식으로 기억을 구축한다. 실험 참가자들에게 여러 동영상을 연달아 보여주고 일주일 후에 물어보면, 대다수의 사람들은 세부 사항보다는 대략적인 내용을 기억했다. 그러니까 테니스 경기를 보고 나서 선수들이 어떤 운동복을 입고 있었는가보다는 누가 이겼는가와 같은 대략적인 내용을 기억하는 편이 훨씬 유용하다. 그런데 재미있는 점은, 실험 참가자들에게 일주일 전에 봤던 동영상의 내용을 간략하게 설명해주자 세부 사항을 기억해낼 가능성이 높아졌다는 것이다. 동영상에 관한 힌트를 한두 가지 알려주면 더 풍부한 기억이 되살아난 것이다. 단, 실험 참가자가 동영상의 내용을 대략적이나마 기억하고 있는 부분이 많을수록 상세한 기억이 되살아났다. 대략적인 내용이 상세한 내용을 기억하는 발판인 셈이다.

우리를 둘러싼 환경에 변화가 많을수록 무언가를 잊는 것이 중요해진다. 학습과학 전문가들이 강조하는 현재의 모델에 따르면, 학습 시스템은 망각 덕분에 존재한다. 뇌에서는 두 가지 속임수를 활용하여 망각한다. 하나는 신경세포 사이의 시냅스들이 영원히 고정되는 대신 계속 새로운 것에 적응한다는 점이다. 다만 시냅스 또한 약해지거나 완전히 해체될 수 있어야만 성공적인 학습이 가능하다. 다른 하나는 신경망이 쉬지 않고 일하게 해야만 기억된 내용이 점차 잊힐 수 있다는 점이다. 오케스트라와 마찬가지다. 오케스트라 단원 중 갑자기 바순 연주자 두 명, 바이올린 연주자 다섯 명, 트럼펫 연주자 네 명을 빼고 그 자리에 전자기타 연주자 네 명, 전자피아노 연주자 세 명, 드럼 연주자 두 명을 집어넣으면 오케스트라 전체가 혼란에 빠지고 이전과 같은 음악은 연주할 수 없게 된다. 대신 그때까지는 생각지도 못했던 아주 새로운 멜로디가 탄생할지도 모른다. 뇌에도 이처럼 계속해서 새로운 신경세포가 보충되는 곳이 있다. 바로 해마다. 새로운 신경세포는 신경망 내에서 복잡한 혼란을 일으키고 해마가 오래된 정보를 잊게 한다. 그 덕분에 해마는 그렇게 빠른 속도로 기억할 내용을 구축할 수 있는 것이다.

언뜻 모순처럼 들린다. 뇌에서 새로 생겨나는 신경세포는 우리가 새로운 기억을 구축한다는 신호가 아니다. 새로운 신경세포는 오히려 우리가 오래된 기억을 잊는 데 중요한 역할을 한다. 그리고 우리는 무언가를 잊어야만 새로운 내용을 배울 수 있다.

배움의 한계

우리가 한 가지 데이터 세트에만 매달리지 않으려면 망각이 중요하다. 좀 더 쉽게 설명하면, 생각의 폭이 좁은 사람이 되지 않으려면 망각이 중요하다. 망각에는 또 다른 장점이 있다. 바로 우리의 학습 시스템이 과부하되거나 갑자기 멈추지 않게 한다는 것이다.

받은 메일을 발신인, 수신인 그룹, 주제 등에 따라 분류해두는 사람이 있다. 하지만 나는 받은 메일을 그대로 방치해두는 사람에 속한다. 그러다가 특정한 이메일을 열어봐야 할 때에는 검색 기능을 활용한다. 문제는 내가 이 이메일 주소를 1997년부터 사용했고, 지금까지 받은 메일을 거의 삭제하지 않았다는 것이다. 이메일은 수만 통이나 쌓여 있고, 검색에도 시간이 오래 걸린다. SNS계정에서도 이런 일이 발생한다. 왓츠앱Whatsapp 채팅창이 끝없이 길게 이어진 사람들은 그 안에서 특정 단어를 찾을 때 애를 먹는다.

그런데 이런 일은 우리 뇌에서도 발생한다. 말하고 싶은 내용이 혀끝에서 맴돌고 도무지 입 밖으로 나오지 않는 경험을 누구나 해봤을 것이다. 엠마 스톤이랑 영화를 찍은 배우가 누구더라? 흠, 그러니까 그 사람 이름이……. 관두자. 할리우드 영화배우의 이름 정도는 구글에 찾아보면 금방 나오니까. 하지만 일하다가 만난 사람의 이름이나 최근에 사귄 지인의 이름은 금방 떠오르지도 않고 구글에서 찾을 수도 없다. 인지적 문제가 발생한 것이다.

혀끝에서 맴도는 이름은 도대체 어디에서 찾아야 할까? 이를 알아보기 위해 연구진은 실험 참가자들에게 이름과 그림을 기억해내게 하고는 그들의 뇌 활동을 관찰했다. 그 결과 흥미롭게도 건망증은 혀끝에서 단어나 말이 맴돌기만 하는 현상과는 다르다는 점이 밝혀졌다. 무언가를 잊어버린 사람은 대뇌피질의 장기기억을 담당하는 부분이 활성화되지만 아무것도 떠오르지 않는다. 대뇌피질의 활동이 헛수고로 끝나는 것이다.

반면 말이 혀끝에서 맴도는 경우에는 이미 알고 있는 단어를 진술하는 능력이 방해를 받는 것이다. 이때 이름 등의 기억은 아직 머릿속에 남아 있다. 그런데 이런 일이 일어나면 상당히 짜증이 난다. 소크라테스는 "나는 내가 아무것도 모른다는 사실을 안다"고 말했다. 위로가 되는 말이다. 최악의 상황은 "나는 내가 알고 있다는 사실을 알지만 그것이 입 밖으로 나오지 않는다"다. 그러면 완전히 바보가 된 기분이다.

알고 있는 말이 혀끝에서 빙빙 돌기만 하고 입 밖으로 나오지 않는 현상을 설단현상tip-of-the-tongue phenomenon이라고 한다. 많은 정보를 알고 있는 사람들은 때때로 그 정보를 다시 '출력'하기까지 남들보다 오랜 시간이 걸린다. 이는 설단현상이 나이와 연관이 있음을 뒷받침하는 증거다. 나이 50이 넘은 사람은 많은 것을 경험했을 것이고, 이는 인지노력cognitive effort이 적잖이 들었다는 뜻이다. 인지노력이란 적합한 정보를 올바르게 통합하고 기억하는 일을 말한다.

이제 막 다섯 살이 된 아이는 자신의 기억을 훑는 데 아무런 문제가 없다. 이는 이론적 모델로도 증명된다. 인공신경망(아타리 게임이나 얼굴 인식에 사용한 것과 비슷한 컴퓨터 시스템)에서 학습 과정을 시뮬레이션해본 결과, 시스템은 더 많은 정보를 처리할수록 점점 느려졌다. 즉 이것은 학습의 근본적인 문제인 셈이다. 아는 것이 많아질수록 이미 배운 정보를 활성화하는 데 시간이 걸린다.

이 문제의 해결책이 바로 망각이다. 아는 것이 적은 사람은 자신이 알고 있는 내용을 빨리 출력할 수 있다. 그렇다면 페스트와 콜레라 중에 무엇을 기억하고 무엇을 기억하지 않을지 정하면 되는 것일까? 다른 선택지가 없다면 어떻게 해야 할까? 현명하고 똑똑한 뇌는 중요한 것과 중요하지 않은 것을 빠르게 구분한 다음 본질만을 기억한다.

망각이 정신 능력의 쇠퇴를 뜻하지는 않는다. 적어도 무엇을 잊어버렸는지 알고 있다면 말이다. 말하자면 망각은 우리가 과도한 양의 정보에 파묻히지 않게 해주는 감시자다. 예를 들어 나는 아직도 내 여동생의 전화번호를 외우지 못하지만(물론 번호는 내 스마트폰에 저장되어 있다) 언제 동생에게 전화를 걸어야 하는지는 안다.

배움이란 알고 있는 정보를 적재적소에 사용할 수 있게 하는 것이다. 정보를 저장만 하는 것은 부족하다. 반대로 말하자면 기억은 불확실한 것이기 때문이다. 우리는 모든 것을 기억하지 못한다. 더욱 심각하게는 기억을 낯설게 여기거나 심지어 왜곡하기도 한다. 만약 우리가 모든 기억을 저장하고 있다면 새로운 지식을 습득하지 못할 것이다. 즉 새로운 내용을 배울 수 없을 것이다.

모순적인 자백

1996년 10월 26일 토요일, 캐나다 리자이나. 당시 열네 살이 던 데릴 엑스너Darrelle Exner는 집으로 돌아가던 길이었다. 하지만 데릴은 집에 도착하지 못했다. 대신 경찰이 케네스 패튼Kenneth Patton이라는 남자의 집에서 소녀의 시신을 발견했다. 용의자는 패튼 외에도 세 명이 더 있었다. 모두 피해자와 아는 사이였고 살 인 혐의로 조사를 받았다. 그중 당시 열일곱 살이던 소년이 몇 시 간이나 이어진 신문 끝에 자신이 데릴을 때려죽였다고 자백했다.

그런데 자백한 사람은 그만이 아니었다. 또 다른 용의자였던 더글러스 파이어문Douglas Firemoon은 소녀를 칼로 찔러 죽였다고 자백했다. 그리고 세 번째로 조엘 라바디Joel Labadie가 자신이 소 녀를 죽였다고 말했다. 따로 조사를 받던 세 명의 용의자가 자신 이 소녀를 죽였다고 자백한 것이다. 그것도 누군가를 감싸기 위 해서가 아니라 설득력 있는 근거까지 덧붙이면서. 모순된 일이다.

결국 DNA 검사 결과 진실이 밝혀졌다. 실제 범인은 세 사람이 아니라 케네스 패튼이었다. 소녀는 목이 졸려 사망했지만 세 명 의 용의자 중에는 그렇게 자백한 사람이 없었다. 그렇지만 그들 의 생생한 자백을 뒤집을 냉혹한 증거가 나오지 않았다면 어떻게 되었을까?

특이한 사례는 아니다. 때로 잘못된 자백으로 잘못된 판단이 내려지기도 하니까. 미국에서는 102명이나 되는 사람이 잘못된 자백 때문에 유죄 판결을 받았다. DNA 검사 결과와는 맞지 않았는데도 말이다.

그렇다면 사람들은 왜 자신이 죄를 저지르지 않았다는 사실을 알면서도 죄를 자백하는 것일까? 그 답은, 그들이 상황을 더 잘 알지 못했기 때문이다. 모든 것은 뇌가 무언가를 배우고 나중에 기억을 다시 활성화할 때 어떻게 행동하느냐에 달려 있다.

뇌를 위한 업데이트

잠깐 한 가지 테스트를 해보자. 여러분의 초등학교 입학식을 떠올려보라. 지금 당장!

바로 이 순간 뇌의 어딘가에 저장된 초등학교 입학식 당시의 기억이 '소환되는' 것은 아니다. 실제로는 신경세포들이 초등학교 입학식이라는 기억에 상응하는 패턴을 만들어내기 위해 동시에 작동하기 시작한다. 오케스트라 연주자들이 구체적인 순간에 음악을 만들어내듯이 말이다. 그러나 연주자들이 아무리 정교하게 연주한다고 해도, 항상 똑같이 연주하는 것은 불가능하기 때문에 음악은 매번 조금씩 달라진다. 게다가 음악이 연주되는 순간에 연주자들이 변할 수도 있다. 그래서 그들이 다음번에 같은 음악을 연주하더라도 이전 연주와 완전히 동일하지는 않다.

뇌에서도 비슷한 일이 벌어진다. 기억은 떠올릴 때마다 이전과 조금씩 달라진다. 초등학교 입학식을 8년 전에 떠올렸을 때와 오늘 떠올렸을 때 그리고 20년 후에 떠올릴 때 그 기억은 각기 다를 것이다. 기억은 활성화될 때마다 조금씩 달라진다. 기억이 활성화되는 순간이 분기점인 것이다. 기억은 가변적인 데다가 외부 자극에 영향을 받을 위험이 높기 때문에 사람들은 경찰의 유도신문에 걸려들어 기억을 조작해내기도 한다.

신경과학 분야에서는 이런 상태를 재강화reconsolidation 혹은 재구성이라고 부른다. 신경세포는 어떤 기억을 다시 활성화하는 동시에 무언가를 배울 준비를 한다. 신경세포의 시냅스들은 대단히 민감하고 언제나 변화할 준비를 하고 있다. 그래서 어떤 기억을 떠올리는 순간에 특정한 단어를 들으면 그 단어가 기억에 섞이게 된다. 그러다 과정이 멈추고 휴식을 취하면, 예전 기억과 새로운 기억이 하나가 되고, 결국 우리는 진실과 허구를 구분하지 못하게 된다.

앞에서도 이런 일이 발생하는 이유를 한 가지 설명했었다. 사람은 기억을 형성할 때(예를 들어 동영상 클립을 볼 때) 우선 전체 그림을 대략적으로 정리한다. 상세한 내용은 그다음에 정리된다. 만약 어떤 보조 도구가 있다면 상세한 내용을 다시 떠올리기 쉬울 것이다. 그런데 이 보조 도구가 조작된 것이라면 어떨까? 과거에 일어난 적이 없는 허구의 사건을 암시하는 단어를 듣고 기억을 떠올려야 한다면?

이와 관련하여 박물관 관람객들을 대상으로 실험이 진행되었다. 미국의 자연사 박물관에서 관람객들은 헤드폰을 쓰고 각각의 전시품에 대한 설명을 들었다. 이틀 후에 관람객들에게 전시되었던 그림을 몇 점 보여주고 당시의 기억을 떠올리게 했다. 그런데 관람객들에게 보여준 그림들 중에는 그들이 보지 못했던 그림도 교묘하게 섞여 있었다. 연구진은 기억이 바뀌는 민감한 순간을 실험에 활용한 것이다. 교묘하게 끼워진 그림들과 실제로 관람한 그림들이 한데 섞여서 기억으로 고정되도록 다시 이틀을 기다린 다음, 관람객들에게 박물관에서 어떤 그림을 보았느냐고 물었다. 그 결과, 관람객의 4분의 1 이상이 박물관에서 보지 않았던 그림도 보았다고 답했다.

공포를 잊는 방법

정말 충격적이지 않은가? 우리가 학습한 기억을 활성화할수록 계속 새로운 내용과 섞이고, 낯설어지고, 날조된다니. 어쩌면 우리가 '지나치게 뛰어난' 학습자인 탓에 한번 배운 내용이 그대로 영원히 머릿속에 머물지 못하는 것일지도 모른다. 재수 없는 일을 겪으면 우리는 그 사건을 잘못 기억할 가능성이 높다. 그 반대의 일도 벌어진다. 불안정한 상황에서 어떤 기억을 다시 떠올리면 부정적이었던 사실이 긍정적인 기억으로 탈바꿈한다. 특히 공포나 불안, 트라우마 등을 치료하는 직면 치료confrontation therapy를 받는 경우에 말이다.

직면 치료란, 예를 들어, 거미를 무서워하는 사람이 거미를 직시하거나 심지어 만지게 하는 치료법이다. 부정적인 감정을 새로운 정보로 '업데이트'하면, 그러니까 거미가 징그러운 생물이 아니라는 점을 깨달으면 부정적인 감정은 사라진다. 이때 주의할 점이 두 가지 있다. 첫째, 그 상황에서 어떠한 불행한 사고도 발생해서는 안 된다. 그러므로 맹독성 거미인 시드니깔때기그물거미로 직면 치료를 하는 방법은 추천하지 않는다. 둘째, 타이밍이 매우 중요하다. 기억을 덧씌울 수 있는 시간대가 짧기 때문이다.

처음 불안자극이 전해지고 공포스러운 10분이 지난 다음 거미를 다시 마주치면 불안반응이 눈에 띄게 줄어든다. 뇌 스캔 결과 불안 등의 감정을 관장하는 부분(흔히 아몬드라고도 불리는 편도체다. 크기와 모양이 아몬드와 비슷하고 해마 바로 앞에 있다)의 활동성이 줄어들었다. 이 효과는 짧게 나타났다가 사라지기도 하고, 몇 달간 지속되기도 했다. 이는 기억이 영구적으로 바뀔 수도 있음을 의미한다. 한편 처음 불안자극을 느끼고 여섯 시간이 지난 다음 다시 거미 사진을 보면 불안반응에 아무런 변화가 없었다.

과학자들은 부정적인 기억에 시달리지 않을 또 다른 방법이 있다고 조언한다. 바로 테트리스(혹은 공간적인 상상력을 발휘하게 하는 또 다른 컴퓨터 게임도 좋다)를 하라는 것이다! 실험 결과, 똑바로 보기 힘든 동영상(예를 들어 다쳤거나 죽어가는 사람들이 등장하는 영상)을 시청한 사람들이 테트리스 게임을 하자 부정적인 기억이 빨리 잊혔다. 또한 테트리스 게임을 하지 않은 사람들보다 평소에 잔혹한 동영상을 회상하는 횟수가 적었다. 참고로, 이런 회상(플래시백)을 비자발적 기억involuntary memory이라고 부른다. 테트리스는 뇌의 공간 조정 부위를 활성화한다. 테트리스를 하는 중에 어떤 기억이 떠오르더라도 긴장감 넘치는 컴퓨터 게임을 이기지는 못한다. 그 결과 끔찍한 이미지에 대한 불쾌한 기억이 더욱 약해진다.

결론적으로 말하면, 학습은 정보를 완벽하게 저장하는 과정이 아니다. 또한 견고하고 확실한 기억을 완성하는 과정도 아니다. 그러나 안타깝게도 수많은 공부법이 이런 잘못된 가정에 기반을 두고 있다. 최대한 짧은 시간 안에 최대한 많은 사실을 뇌에 욱여넣고 다음 시험에서 활용할 방법을 나열할 뿐이다(다른 내용은 차차 설명하겠다). 어쨌든 학습을 연습이나 훈련과 혼동해서는 안 된다. 무언가를 연습해서 완벽하게 익힌 사람들은 나중에도 그것을 실수 없이 되풀이할 수 있다. 문제는 우리가 '연습한' 것을 그대로 기억 속에 남겨두지 않는다는 것이다. 기억의 의의는 과거에 일어났던 사실을 그대로 되풀이하는 것이 아니라 지금 여기에서 미래를 위한 결정을 내리게 하는 것이다. 말하자면 잊게 하고, 낯설게 하고, 왜곡한다는 뜻이다. 이 모든 과정은 배운 내용을 활용하기 위해 반드시 필요하다. 지나간 일을 오류 없이 완벽하게 되돌아볼 수 있는 사람은 앞으로 무슨 일이 일어날지 내다보지 못한다. 그러면 과거를 그대로 되풀이할 수는 있겠지만, 의미 있는 일을 새롭게 시작하지는 못한다.

시험대 위에 놓인
학습 기술

사람들은 뭔가에 관한 정보를 얻고 싶으면 어떻게 할까? '구글링'을 한다. '학습'과 '배우기'라는 단어를 검색해보았다. 곧바로 해당 주제와 관련된 아주 재미있는 내용을 제공한다는 웹사이트가 여러 개 검색됐다. 눈에 띄는 것은 개개인의 학습 유형을 진단해준다는 사이트다. 호기심에 테스트를 받아보았다. 내가 글로 읽은 내용을 더 잘 인식하는지, 귀로 들은 내용을 더 잘 인식하는지, 그림으로 본 내용을 더 잘 인식하는지 등에 대한 여러 문항에 답변했다. 잠시 후에 나는 '의사소통형 학습 유형'이라는 결과가 나왔다. 이 유형은 끊임없이 뭔가를 떠들고 설명할 때 가장 학습 효과가 좋다. 별로 새로운 사실은 아니다. 내 주변인들 중에 나의 수다에 짜증을 내지 않은 사람이 단 한 명도 없기 때문이다. 무언가를 설명할 때 가장 잘 배우는 사람이라는 점은 내가 이 책을 쓰고 있는 이유이기도 하다.

학습 유형 테스트는 아주 이해하기 쉬웠다. 이 테스트는 사람들이 올바른 학습 유형을 선택하기만 하면 대단히 효율적으로 뇌를 시뮬레이션할 수 있다는 일반적인 가설에 기초한다. 사람마다 정보를 받아들이는 방식에 대한 선호도가 다르다. 어떤 사람은 독서를 좋아하고, 어떤 사람은 오디오북을 좋아한다. 어떤 사람은 강연을 좋아하고, 어떤 사람은 한눈에 들어오는 그림을 좋아한다. 그러니 각자 좋아하는 학습 방식(시각적이든 청각적이든 의사소통적이든 촉각적이든)을 활용할수록 학습 효율이 높아진다고 생각하는 것이 논리적이다.

그러나 개인적인 학습 유형을 무조건 따르는 것은 평생 가장 좋아하는 음식만 먹는 것과 같다. 예를 들어, 내가 햄버거, 피자, 감자튀김 같은 '기름진 패스트푸드'를 좋아한다고 하자. 그러면 나는 앞으로 피자와 햄버거만 먹어야 할까? 그것들이 내게 잘 맞는 음식이니까? 1년 내내 피자만 먹는다면 내 몸집이 어떻게 변할지 상상하고 싶지 않다. 어쩌면 나는 아주 오랜 시간 실내자전거 위에 앉아 있어야 할지 모른다. 그러니 내가 좋아하는 음식 유형과 상반된 식습관을 갖는 편이 좋다. 내가 선호하는 음식을 이미 알고 있다면, 되도록 다양한 영양소를 섭취하기 위해 다른 대안을 선택해야 한다. 학습 유형도 마찬가지다.

정신적으로도 다양한 영양소를 흡수하는 것이 매우 중요하다. 세상에는 각기 다른 형태의 정보들이 널려 있기 때문이다. 실험 참가자들에게 각기 다른 형태의 정보를 제시하고(예를 들어 그림, 문장, 녹음된 단어 등) 스스로 학습하게 하면, 그들이 읽기를 좋아하든 그림을 좋아하든 듣는 것을 좋아하든, 학습 유형은 학습 성과에 별다른 영향을 미치지 못했다.

사람마다 고유의 학습 유형이 있다는 주장은 과학적으로는 이미 오래전에 반박되었음에도 교육계에 아직 좀비처럼 살아 있다. 2012년에 실시된 설문조사에 따르면, 영국과 네덜란드의 교사 가운데 95퍼센트가 학습 유형이 존재한다는 헛소리를 믿고 있었다. 학습의 신경과학적인 기반을 알고 있는 사람조차 학습 유형을 믿었다. 2017년 신경과학 분야의 전문가들을 조사한 결과, 4분의 3 이상이 자신만의 학습 유형이 있다고 믿었다. 그들은 각자가 좋아하는 방식으로 학습해야 학습 효과가 좋을 거라고 생각했다.

학습 유형에 따른 학습이 학습 효과가 높기 때문에 이런 믿음이 있는 것도 놀라운 일은 아니다. 학습 유형에 따른 학습은 빠르고 효율적인 결과를 낸다. 그리고 이런 생각이 구체적인 학습 방법으로까지 이어진다. 목적은 최대한 단기간에 최대한 많은 정보를 뇌에 집어넣고 영구적으로 기억하는 것이다. 이때 사용되는 수단이 수많은 반복과 연습이다. 이는 신경망이 스스로 적응하기 위해 필요한 과정이다. 학습법과 관련된 팁으로는 암기카드나 암기노트 만들기, 요약하기, 그림 그리기 등이 있다. 2018년 말 네덜란드 학생들을 조사한 결과도 이와 비슷했다. 학생들이 가장 선호하는 학습 방법은 '요약', '시각화', '반복' 등이었다.

이런 학습 방법은 이미 유명한 것들이기 때문에 함정에 빠지지 않으려면 자세히 살펴보는 편이 좋다. 독일에서만 매년 9억 유로의 학원비와 과외비가 지출된다. 전 세계 사교육 시장의 규모는 1,000억 달러이고 7년 안에 1,700억 달러 이상으로 성장할 것이다. 전 세계 컴퓨터 게임 시장의 50퍼센트 이상, 전 세계 뷰티 시장의 4분의 1 수준이다. 이런 수치에는 재미있는 암시가 담겨 있다. 외모가 뛰어난 사람들은 많이 배울 필요가 없다는 암시 말이다.

시험대 위에 놓인 학습 기술: 반복 학습

미국의 명문대인 아이비리그 대학에 들어가려면 자신의 능력을 증명해야 한다. 미국의 학교 시스템은 스웨덴, 덴마크, 독일 같은 작은 나라들과는 달리 획일적이지 않으며, 모든 주의 교육 수준도 제각각이다. 따라서 미국 대학에 입학하려면 SAT Scholastic Assessment Test(대학 입학 자격 시험)를 치러야 한다. SAT는 세 시간 동안 읽기, 쓰기, 수학, 작문 등으로 나누어 진행되고 1,600점이 만점이다. SAT에서 1,400점 이상을 받으면 상위 6퍼센트에 들어 명문 대학에 원서를 제출할 수 있다. 말하자면 이 시험은 학생들이 얼마나 밝은 미래를 맞을지를 결정하기도 한다. 그러니 대부분의 학생들이 시험 준비에 몰두하는 것도 놀랍지 않은 일이다. 그런데 시험에서 1,400점 이상을 받은 우수한 학생들의 학습 전략을 연구한 결과 놀라운 사실이 밝혀졌다. 가장 흔하게 사용된 학습 방법 네 가지는 반복해서 읽기, 예시 활용하기, 암기카드 만들기, 메모하기였다. 공부할 내용을 한 번 읽고 나서 어떤 행동을 하느냐는 질문에 대해 고득점 학생의 절반 이상이 내용을 다시 한 번 읽겠다고 대답했다.

반복해서 읽기는 널리 사용되는 학습 방식이다. 우선 이 방법은 돈이 들지 않고, 뇌의 학습 방식에 안성맞춤이다. 신경망은 수많은 반복을 통해 시냅스들을 적응시키기 때문에 가장 좋은 학습법은 역시 내용이 뇌에 '각인'될 때까지 반복해서 읽는 것이다.

반복해서 읽기는 내용을 최대한 오류 없이 기억하는 데 큰 도움이 된다. 어떤 실험에서 참가자들에게 두 가지 전문 분야의 글을 읽게 했다. (하나는 가죽을 수선하는 방법이었고 다른 하나는 개괄적인 호주 역사였다. 두 내용을 모두 합쳐도 지금 여러분이 읽고 있는 장章보다 짧았다.) 10분 후에 참가자들에게 열 개의 단어마다 단어 하나를 지운 똑같은 지문을 주고, 빈칸을 채우게 했다. 참가자들은 다섯 개의 빈칸 중에 하나도 제대로 기억해내지 못했다. 다른 실험에서는 참가자들에게 글을 네 번 연달아 읽고 빈칸을 채우게 했다. 이번에는 참가자들이 절반 가까운 빈칸을 채울 수 있었다. 많이 반복하면 많이 기억할 수 있다. 이것은 전혀 새로운 학습법이 아니다. 앞서 언급한 실험 역시 50여 년 전에 이미 실시된 것이다.

그렇다고 해서 똑같은 내용을 여러 번 읽는 학습법을 과대평가해서는 안 된다. 반복만큼 중요한 것이 시간이기 때문이다. 신경망이 어떤 자극에 익숙해지려면 어느 정도 시간이 필요하다. 몇몇 신경세포로 이루어진 작은 그룹이 어떤 정보 자극 때문에 활발해지는 모습을 상상해보라. 신경세포들은 신경망을 조정해서 다음번에는 자극이 더 빠르고 정확하게 전달되도록 전체 프로그램을 바꾼다. 이런 개조에는 시간이 걸리므로 잠시 휴식이 필요하다. 운동선수들이라고 해서 훈련할수록 실력이 나아지는 것은 아니다. 훈련을 마친 후의 몸은 훈련을 시작하기 전보다 약하다. 이때 휴식을 취하면 몸이 충분히 적응할 시간을 갖게 된다.

반복적인 읽기도 언제 쉬느냐에 따라 내용이 머릿속에 오래 남을지, 아니면 금방 사라질지가 결정된다. 학습에서 반복은(예를 들어 읽기의 반복) 비교적 짧은 시간 안에 연속적으로 이루어져야 효과가 있다. 이는 다른 실험에서도 증명되었다. 실험 참가자들에게 이산화탄소 저장에 관한 짧지만 과학적인 글을 읽게 했다. 글을 읽은 다음 일부 참가자는 곧바로 다시 한 번 더 읽었고, 나머지 참가자는 일주일 후에 다시 한 번 더 읽었다. 첫 번째 그룹과 두 번째 그룹은 다시 둘로 나뉘어 테스트를 받았다. 네 그룹 중 두 그룹은 마지막으로 글을 읽은 직후 테스트를 받았고, 다른 두 그룹은 마지막으로 글을 읽고 이틀 후에 테스트를 받았다. 테스트 내용은 글의 요점을 기억나는 대로 적는 것이었다. 결과는 놀라웠다. 마지막으로 글을 읽은 직후에 테스트를 받은 참가자 중에는 곧바로 두 번 글을 읽은 참가자가 더 좋은 점수를 냈다. 그런데 이틀 후에 테스트를 받은 참가자 중에는 오히려 일주일의 간격을 두고 글을 두 번 읽은 참가자가 더 좋은 점수를 냈다.

그러니까 생물학적으로 인간은 시험 바로 전날에 집중적으로 복습하면 좋은 성과를 낼 수 있다는 것이다. 현실에서 써먹을 만한 조언이 한 가지 있다. 다음 날 중요한 시험이 있다면, 공부한 내용을 잠자리에 들기 직전에 단 5분 동안만 다시 한 번 복습하라. 그리고 곧바로 누워서 잠들어라. 그래야 우리가 자는 동안 해마가 잠들기 직전에 본 내용을 집중적으로 되새기고 더 잘 기억하게 된다. 하지만 잠자기 전에 복습 시간이 길어지면 오히려 역효과가 날 수 있다.

어쨌든 반복 학습은 단기적으로는 긍정적인 효과를 낸다. 다만 여기에는 대가가 따른다. 우리는 자신의 학습 성공률을 극도로 과대평가한다. 학습 내용을 더 자주 들여다볼수록 더 잘 기억할 것 같다는 기분이 든다. 학습 내용을 처음 접하면 모든 것이 새롭다. 두 번째로 접하면 이미 본 적이 있는 내용이기 때문에 더 빨리 읽을 수 있다. 세 번째로 접하면 이미 내용의 대부분을 기억하고 있기 때문에 전부 알 것 같은 느낌이다. 즉 우리는 이미 알고 있는 내용을 읽는다고 생각하고, 학습 내용을 전부 기억하고 있다고 여긴다.

반복 학습을 실험실 환경에서 재연해보았다. 똑같은 결과가 나왔다. 일부 실험 참가자는 어떤 글을 네 번 연달아 읽었다. 일부 실험 참가자는 같은 글을 한 번만 읽고 나서 자신이 기억한 내용을 세 번 메모했다. 글을 네 번 읽은 참가자는 글을 한 번만 읽고 메모를 한 참가자에 비해 자신의 학습 효과가 뛰어날 것이라고 생각했다. 그러나 일주일 후에 놀라운 사실이 밝혀졌다. 모든 실험 참가자에게 기억하는 내용을 전부 쓰게 한 결과, 네 번 글을 읽은 사람이 한 번만 읽고 메모한 사람에 비해 점수가 낮았다.

요컨대, 만약 내일 아주 중요한 시험이 있다면, 최대한 많이 반복해서 읽어라. 이렇게 읽는 중에 내용을 요약해 메모하면 훨씬 도움이 된다.

시험대 위에 놓인 학습 기술: 요약하기

최근 집을 이사하게 되었다. 짐을 정리하다 예전에 공부하던 생화학 노트를 발견했다. 노트를 보면서 요약 필기가 나에게 가장 잘 맞는 공부법이었다는 생각이 들었다. 놀랍게도 나는 교과서와 강의 내용을 무려 248쪽에 걸쳐서 요약해두었다. 그것도 아주 작은 글씨로. 깨알 같은 글씨로 가득 채운 248쪽짜리 노트가 성공의 열쇠였던 셈이다. 요약 필기가 도움이 될지 말지는 우리가 글씨를 손으로 쓸지 아니면 키보드로 입력할지에 따라 달라진다.

예를 들어, 강의 내용을 키보드로 입력하는 경우 우리는 귀에 들리는 모든 내용을 입력하려고 한다. 강의를 들으면서 어떤 부분을 기록할지 생각하는 사람은 내용을 놓치기 쉽다. 생각에는 시간이 걸리기 때문이다. 이 또한 실험으로 증명되었다. 키보드로 강의 내용을 입력한 실험 참가자들은, 내용을 거의 빠짐없이 입력하긴 했지만 제대로 기억하지는 못했다.

하지만 손으로 글씨를 쓰는 데는 문제가 있다. 너무 느리다는 것이다. 그래서 손으로 글씨를 쓰는 사람들은 강의 내용을 모조리 받아 적는 대신 중요한 개념이나 단어만을 적는다. 그리고 이 과정에는 생각이 동원된다. 말하자면 글씨를 쓰는 것과 동시에 들은 내용을 어느 정도 소화하고 자신만의 도식을 만들어내는 것이다. 영리한 사람들은 필기 노트에 연산이나 화살표 또는 줄 등을 더한다. 그렇게 머릿속 그림이 종이 위에 완성된다. 그 결과 손으로 필기한 실험 참가자들이 키보드로 입력한 참가자들에 비해 기억력 테스트에서 더 좋은 점수를 받았다. 심지어 키보드로 입력한 참가자들에게 중요한 내용만 받아 적으라고 미리 일렀음에도 손으로 필기한 사람들의 점수가 높았다.

컴퓨터로 필기하는 걸 좋아하는 사람은 이렇게 말할 것이다.

"좋아, 그럼 난 태블릿 펜으로 태블릿에 필기하겠어. 종이에 쓰는 거나 다름없으니까."

그러나 주의할 점이 있다. 우리가 무언가를 손으로 쓸 때는 공간적인 구조까지 파악한다는 것이다. 인쇄된 책도 마찬가지다. 때때로 우리는 책에서 읽은 내용이 어느 위치에 있었는지, 그러니까 책의 앞쪽인지, 뒤쪽인지, 왼쪽 아래인지 등을 기억하는데, 이는 책의 내용을 기억하는 데 도움이 된다. 그런데 태블릿에서는 공간적인 구조가 바뀌지 않기 때문에 인쇄된 종이 위의 내용보다 화면 위의 내용을 기억하기가 어렵다. 그러니 내용을 더 잘 기억하고 싶다면 인쇄물로 읽어라. 전자책은 단말기 한 대에 수백 권을 저장할 수 있어서 편리하다. 하지만 나는 책장이 순식간에 넘어가는 소설이나 추리소설을 읽을 때만 전자책을 이용할 것을 추천한다.

덧붙이면, 촉각과 공간감각이 매우 중요하다. 손으로 직접 작성한 요약 필기가 더 효과적인 이유는, 손으로 글씨를 쓸 때는 정보를 수동적이 아니라 능동적으로 처리하기 때문이다. 손으로 필기할 때는 어떤 내용이 중요한지, 어떤 정보들을 서로 연결할지 스스로 생각해야 한다.

물론 이 과정에서 실수가 발생할 수도 있다. 실험 참가자들에게 인간의 진화와 관련된 글을 읽고 각자 커닝페이퍼(요약 필기)를 작성하게 했다. 그다음 참가자들이 커닝페이퍼의 내용과 구조를 다시 곱씹어보지 못하게 하고, 본문의 내용을 최대한 자세하게 작성하게 했다. 그 결과, 요약 필기를 하고 나서 본문이나 커닝페이퍼를 다시 읽지 못한 경우 요약 필기가 별 효과가 없는 것으로 나타났다.

손으로 메모나 요약 필기를 작성하는 목적은 듣거나 읽은 내용을 토씨 하나 틀리지 않고 받아 적기 위해서가 아니다. 메모나 필기의 목적은 손으로 글씨를 쓰는 동안 듣거나 읽은 내용을 곧바로 처리하고 소화해서 정보를 서로 연결하는 것이다. 이 과정에서 오래된 기억이 다시 활성화된다. 우리는 오래된 기억을 함께 처리하고 낯설게 하고 연결하여 추론하게 된다. 앞에서 망각과 왜곡에 대해 읽었던 것이 기억나는가? 때때로 우리의 기억을 무서울 정도로 부정확하게 만드는 망각과 왜곡이 여기서는 강력한 힘을 발휘한다. 필기할 때 우리는 기억에 남은 정보의 조각들을 긁어모아 가변적인 상태로 만들고, 새로운 정보나 독특한 관점을 더한 다음 보충된 정보를 신경망에 다시 단단하게 동여맨다.

메모 작성은 학습에 도움이 되지만 효율적인 요약 필기를 완성하기까지는 다소 시간이 걸린다. 요약 필기에 소중한 시간을 낭비하는 것이 아니냐고? 이를 알아보기 위해 연구진은 실험 참가자들에게 해달 혹은 태양과 관련된 글을 읽게 했다. 일부 참가자들은 글을 읽으면서 빈 종이에 메모를 했고, 나머지 참가자들은 글만 연달아 두 번 읽었다. 반복 학습과 요약 필기 중에 어떤 것이 더 효과적이었을까? 5분 후에 테스트한 결과 반복 학습을 한 참가자들이 내용을 더 많이 기억하고 있었다. 반면 이틀 혹은 일주일 후에 다시 테스트해보았을 때는 요약 필기를 했던 실험 참가자들이 더 좋은 점수를 기록했다.

결론적으로 말하자면, 메모나 요약 필기를 하면 학습이 더디게 진행되는 대신 공부한 내용이 머릿속에 더 오래 남는다. 이때 직접 손으로 글씨를 쓰되, 듣거나 읽은 모든 내용을 쓰지 않는 것이 중요하다.

시험대 위에 놓인 학습 기술: 기억술로 시각화하기

지금까지는 학습 효과를 높여줄 몇 가지 방법을 배웠다. 여기서 한 가지 간단한 테스트를 해보려고 한다. 우선 다음 글자를 순서대로 배열해보라.

습대에술험놓기학시인위

그리 쉽지 않을지도 모른다. 글자가 많기 때문에 머릿속이 뒤죽박죽이 될 것이다. 이 글자들을 올바르게 배열하면 다음과 같다.

시험대 위에 놓인 학습 기술

데이터, 즉 글자의 수는 똑같지만 두 번째 문장과 같이 배열하는 편이 훨씬 더 알아보기 쉽다.

이것이 바로 기억술mnemonic로 정보를 시각화하는 학습법의 핵심이다. 각 정보의 조각을 청크chunk라고 불리는 덩어리로 묶는다. 나중에 큰 덩어리를 떠올리는 편이 각각의 작은 정보 조각을 떠올리는 것보다 간단하다. 위의 예에서 글자 수는 11자다. 이것을 세 자, 네 자, 네 자의 세 덩어리로 나누어도 되고, 일곱 자, 네 자의 두 덩어리로 나누어도 된다. '시험대 위에 놓인'과 '학습 기술'의 두 덩어리로 나누는 편이 정보를 기억하기 쉬울 것이다. 인간의 인식 능력에는 한계가 있어서 '습대에술험놓기학시인위'라고 쓰인 글을 청킹chunking(기억의 대상이 되는 자극이나 정보 중 연관성이 있는 것들끼리 연결시키거나 묶는 인지 과정 – 옮긴이) 없이 외우려면 머리가 피곤해진다.

얼마나 많은 양의 데이터, 신호, 정보 조각을 동시에 처리할 수 있을지를 결정하는 뇌 부위는 이마 바로 뒤에 있다. 이 부위는 우리가 언제든 마주칠 수 있는 자극 때문에 용량이 초과되지 않도록 열심히 일한다. 오래된 데이터 자극은 새로 들어온 데이터 자극에 자리를 비켜주어야 한다. 아마도 이 부위가 제대로 처리할 수 있는 데이터 조각의 수에는 한계가 있을 것이다.

그렇다면 어떻게 어떤 사람들은 수백 개의 숫자를 한번에 외울 수 있는 걸까? 2018년 세계 기억력 대회에서 중국의 14세 소녀 웨이 친루가 순식간에 608개의 숫자를 외우며, 세계 신기록을 세웠다(웨이 친루는 2019년 아세안 주니어 기억력 대회에서 616개의 숫자를 외우며 자신의 기록을 갈아치웠다 – 옮긴이). 웨이 친루는 빠른 속도로 '각인'하는 기법으로 5분 안에 608개의 숫자를 암기했다. 이런 능력이 있으니 기억력 챔피언이 된 것도 당연하다. 그러나 아무리 뛰어난 기억술사mnemonist라도 600개가 넘는 숫자를 원래 형태로 암기하기란 쉽지 않다. 그들은 고대부터 전해 내려오는 기억술인 장소법method of loci을 사용한다.

고대 로마의 연설가들은 연설 중에 들여다볼 종이도 태블릿도 없었다. 그래서 그들은 한 가지 묘책을 고안해냈다. 연설 내용 중에 중요한 부분을 자신에게 익숙한 장소, 예를 들면 자신의 집과 연관 지어 집 안을 돌아다니며 연설문을 외웠던 것이다. 정치인들은 세금 인상, 하수도 시스템, 군 장비 등에 대한 연설을 하려는 경우 머릿속으로 간단한 '이미지 여행'을 했다. 예를 들어 책상에서는 세금 정산에 관한 내용을, 화장실에서는 꽉 막힌 하수도를 그리고 현관에서는 굳건하게 빗장이 걸린 대문을 연상했다. 연상한 이미지가 독특할수록 연설문도 잘 기억되었다.

숫자나 단어를 이미지로 바꿀 때, 뇌에서는 단어의 뜻을 처리하는 부위뿐만 아니라 공간적인 구조를 묘사하는 부위까지 활성화된다. 이 기술을 갈고닦으면 머릿속에서 상상한 그림이 더욱 생생하고 현실적인 것으로 변한다.

이때 해마(앞서 설명했듯이 새로운 정보를 받아들이는 기관)는 기저핵basal ganglia(대뇌반구 속의 신경핵 덩어리로 기저신경절이라고도 불린다. 대개 움직여야 할 근육을 움직이고 움직이지 말아야 할 근육을 억제하는 역할을 하여 이 부위에 질병이 발생하면 파킨슨병 등의 운동장애가 나타난다 - 옮긴이)이라는 또 다른 기관과 강력하게 연결된다. 기저핵은 뇌의 아주 깊숙한 중앙부에 위치하며, 자동적으로 움직이는 모든 것을 관장한다.

기억술사처럼 대상을 이미지화해서 기억하는 사람들의 뇌에서는 유기적 변화가 발생한다. 그들의 해마 내에서 공간적 처리를 담당하는 부위가 자동적 사고 과정을 담당하는 부위와 특히 밀접하게 연결된다. 그래서 그들은 길게 이어진 숫자를 각각의 숫자로 기억하는 것이 아니라 하나의 그림 혹은 덩어리로 머릿속에 집어넣는다.

우리도 이런 단순화와 기억술을 아주 빠르게 익힐 수 있다. 다만 과학자들에게는 이것이 거추장스러운 기술이다. 어떤 실험에서 나는 사람들이 가상의 세계에 등장하는 판타지의 개념을 얼마나 잘 알아차리는지 조사해보았다.

실험 참가자들은 헤드셋을 쓰고 가상의 방 안을 돌아다녔다. 방 안에는 일상적으로 사용하는 물건들이 가득했고 모든 물건이 임의로 만든 이름을 달고 있었다. 예를 들어 망원경은 망원경이 아니라 비스트나Bistnar라고 불렸다. 젓가락은 라이퍼널레Reifernülle, 브레첼은 프로브옌Prowjen이었다. 이 실험의 목적은 물건들이 당연히 있어야 하는 장소에 등장했을 경우 사람들이 그것을 더 잘 인식하는지 알아보는 것이었다. (예를 들어 책, 아차, 이 실험에서는 책이 아니라 트룬Trun인데. 아무튼 이 물건은 방 안의 다른 곳이 아니라 책장에 꽂혀 있었다.) 몇몇 참가자들은 방 안을 둘러볼 틈도 없이 기억술로 가상의 개념들을 인식하기 시작했다.

독일어로 비스트나는 '가까이 있다Bist nah'라는 말과 발음이 비슷하기 때문에 망원경을 비스트나라는 이름으로 기억하기는 어렵지 않았을 것이다. 브레첼과 프로브옌도 발음이 비슷하기 때문에 기억하기 쉬웠을 것이다. 젓가락을 라이퍼널레라는 이름으로 기억하는 데에는 좀 더 노력이 필요했을 것이다. 그래도 라이퍼널레에는 'l'이 두 개 들어가니까 젓가락을 연상하기 쉽다. 나는 실험을 몇 차례 중단하고 망원경은 예페Jäffe로, 브레첼은 트로브옌Trowjen으로 바꾸었다. 젓가락은 아예 실험에서 제외했다.

간단한 데이터를 인식하는 데에는 기억술같이 대상을 이미지화하는 기술이 큰 도움이 된다. 그러나 방대한 학습 내용을 마주하면 금방 한계가 드러나고 오히려 학습 능률이 떨어진다. 특히 외국어를 배울 때 그렇다. 이미지화 기억술은 단어를 빨리 외우는 데에는 도움이 되지만, 일주일 만에 효과가 완전히 사라진다. 실험실에서는 이미지 기억술보다 일반적인 반복 학습이 더 효과적이다. 이미지 기억술은 무작위적인 구조인 탓에 반복적으로 학습되어야 하기 때문이다. 기억술은 임시적인 학습법이다. 각각의 단어는 이미지 연결을 통해 쉽게 외울 수 있지만 전체 언어를 기억술로 배울 수는 없다.

시험대 위에 놓인 학습 기술: 도표 그리기

앞서 소개했던 '뇌의 학습 시스템'을 기억하는가? 당연히 기억할 것이다. 여러분의 해마가 정보를 처리했을 테니까. 거기서 우리는 해마가 어떻게 새로운 정보를 뇌로 받아들이는지 배웠다. 그 내용을 여러 방식으로 설명해보자.

가능성 1: 글로 설명

새로운 정보들은 해마 안에서 신경세포 사이의 활동 패턴을 만들어낸다. 이 패턴은 해마가 대뇌와 그곳에 있는 신경세포를 계속 활성화하는 모습을 보여준다. 이 신경세포들은 점차 자신과 연결된 시냅스들을 자극하여, 다음에 똑같은 자극 패턴이 들어왔을 때 더 쉽게 작동하게 하고 결국에는 해마의 활동 없이도 대뇌의 정보를 활성화할 수 있게 된다. 해마의 역할을 대뇌에 있는 신경세포가 이어받았기 때문이다. 정보가 학습되었다는 뜻이다. 그리고 해마의 활동 패턴은 사라진다. 게다가 해마에서 줄곧 일하던 신경세포들이 새로운 세포들로 교체된다. 새로운 정보에 적응할 준비를 마치는 것이다.

가능성 2: 도표로 설명

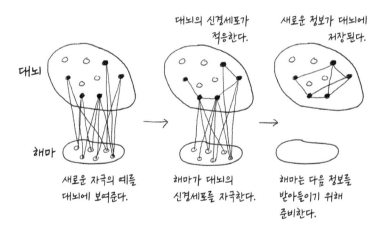

어떤가? 대부분의 사람들은 긴 글을 읽을 필요가 없다는 이유만으로 도표를 선호한다. "그림 한 점이 천 마디 말을 대신한다"

는 말이 있을 정도다. 앞의 그림이 3,000단어 이상으로 설명되었던 해마 관련 내용을 대신한 셈이다. 그리고 우리는 뇌 속의 그림이 단어보다 훨씬 폭넓은 내용을 포괄한다는 사실을 알고 있다. 어차피 우리가 접하는 모든 단어가 머릿속에서 아주 빠른 속도로 그림으로 바뀐다. 우리는 단어나 언어가 아닌, 패턴과 연결된 맥락과 상징으로 생각한다. 이것이 사실이라면 이 책에서 굳이 몇 페이지에 걸쳐 해마를 설명할 필요는 없었을 것이다. 그런데 정말 그림이 글을 압도하는 것일까?

얼핏 보기에는 그렇다. 그림을 볼 때는 이중 부호화dual coding라는 것이 나타난다. 간단하게 설명하면 다음과 같다. 두 가지 방식, 그러니까 글을 읽거나 그림을 보는 방법을 배우면, 똑같은 정보를 다양한 채널을 통해 뇌로 전달할 수 있기 때문에 훨씬 효율적이다. 실험 참가자들에게 전문적인 내용을 읽게 한 다음 글이나 그림으로 정리하게 했다. 그 결과, 그림을 그린 사람들이 내용을 더 잘 기억했다. 또한 그림만 본 사람들이 내용을 더 잘 기억하기도 했다. 아마도 머릿속에서 그림을 떠올리는 것이 더 효과적이기 때문일 것이다. 뇌의 약 4분의 1 정도가 이미지 처리에 관여하는 것을 생각하면 그리 놀라운 일은 아니다. 그렇다면 무언가를 배울 때 반복 학습이나 요약 필기를 하는 대신 그림만 그리는 것이 효과적일 것이다. 그런데 그림에는 두 가지 문제가 있다.

문제 1: 그림이 진정한 효과를 발휘하려면 최대한 많은 정보를 모아야 한다. 자연과학 분야에서는 비교적 쉬운 일이다. 하지만 철학 혹은 정신과학 분야에서는 금방 한계에 도달하게 된다. 칸트의 정언명령을 그림으로 그려보면 지나치게 장황해질 것이다. 결국 우리에게 남는 것은 개념이 적힌 말풍선이 매우 추상적으로 얽히고설킨 모습일 것이다. 그림으로 표현되지 않는 것을 억지로 그려낼 방법은 없다.

문제 2: 그림은 정신적 과잉으로 이어지기 쉽다. 정신적 과잉은 수많은 의식 채널이 동시에 활동할 때 벌어지는 문제다. 아주 형편없게 만든 파워포인트 프레젠테이션을 예로 들어보자. 파워포인트 프레젠테이션을 들을 경우 파워포인트 화면상의 글과 강연자의 설명이 일치하지 않아서 어려움을 겪는 사람이 많다. 사람들은 혼란에 빠진다. 강연자의 설명을 들어야 할까? 아니면 화면의 글을 읽어야 할까? 결국 주의가 산만해지면서 뇌는 들리는 말에 집중해야 할지, 화면의 글에 집중해야 할지, 첨부된 그래픽을 봐야 할지 신중하게 고민해야 한다. 그러다 보면 강연자의 말에만 집중했을 때보다 들어오는 정보의 양이 훨씬 적어진다.

따라서 그림의 효력은 이것들이 언젠가 머릿속에서 활성화될지에 달려 있다. 그림을 실제로 그리지 않고 머릿속에서 떠올리는 것만으로도 학습에는 긍정적인 효과가 나타난다. 역설적이게도 그림의 학습 효과는 매우 크다. 어떤 실험에서 참가자들을 둘로 나눈 다음 첫 번째 그룹은 과학 관련 글을 읽게 하고 그 내용을 그림으로 상상하게 했다. 두 번째 그룹은 똑같은 글을 읽은 다음 종이에 그림을 그리게 했다. 결과는 놀라웠다. 그림을 직접 그리지 않고 상상만 했던 참가자들이 테스트에서 좀 더 좋은 성적을 보인 것이다.

시험대 위에 놓인 학습 기술: 스스로를 테스트하기

공부의 끝에는 시험이 기다리고 있다. 시험으로 얼마나 잘 배웠는지가 판가름 난다. 그런데 최고의 학습 방법으로 공부했음에도 시험에서 실패하는 이유는 무엇일까? 시험은 대개 압박과 실패에 대한 두려움과 연결되기 때문이다. 시험 끝에 웃는 사람은 극소수다. 그리고 시험이 효과적인 학습법이라는 사실을 아는 사람도 극소수다. 강박적이고 집요하게 공부만 파고드는 사람들은 이 말에 놀랄 것이다. 그들은 시험이 끝나고 나면 텅 비어버린 기분을 느끼기 때문이다.

하지만 절대 그렇지 않다. 스트레스가 가득한 환경을 자유로운 분위기로 바꾸고 시험을 능동적인 학습 전략으로 바꾼다면 말이다. 간단한 예를 들어보자. 단어장을 외워야 한다면, 여러분은 어떻게 하겠는가? 각기 다른 열 개의 카테고리에 속한 여섯 개의 단어를 뽑아보라. 예를 들어, 과일(사과, 배, 키위, 딸기, 복숭아, 파인애플), 기상 현상(폭풍, 우박, 뇌우, 햇빛, 눈, 비), 교통수단(자동차, 버스, 보트, 스케이트보드, 체펠린 비행선, 세발자전거) 등이다. 여러분은 반복해서 읽고 쓰거나 이미지 기억술을 활용하거나 그림을 그려서 단어를 외울 수 있다. 혹은 단어장을 한 번 읽고 나서 각 개념을 확실하게 기억하고 있는지 확인해볼 수도 있다. 즉 자가 테스트를 실시할 수 있다.

실험실에서 실제로 실험을 해보았다. 실험 참가자들은 여러 개념이 나열된 단어장을 한 번만 읽고 테스트를 받았다. 그들은 72퍼센트의 단어를 기억했다. 한편 또 다른 실험 참가자들은 단어장을 읽고 곧바로 한 번 더 읽었다. 그리고 일정 시간이 흐른 뒤에 테스트를 실시한 결과, 단어장을 반복해서 읽은 그룹보다 곧장 테스트를 받은 그룹이 더 높은 점수를 받았다. 흥미롭게도 첫 번째 실험 참가자들이 첫 번째 테스트 중에 개념을 종이에 썼든 머릿속으로 떠올리기만 했든 효과는 똑같았다. 모든 단어를 다시 한 번 읽는 것보다는 72퍼센트의 단어를 정확하게 기억하고 있는 편이 시험에는 도움이 된다.

자문자답하는 방식의 자가 테스트는 다른 모든 학습법에 비해 장점이 아주 크다. 정보를 스스로 계속 재활성화해야 하기 때문이다. 이런 재활성화가 확고한 기억으로 이어지는지는 그다지 중요하지 않다. 중요한 점은 정보가 나중에 변경 가능한 불안정한 기억 상태로 바뀌는 것이다. 이렇게 결정적인 상태에 놓인 기억에는 가소성(외부적 요인으로 인한 영구적 변형을 의미하는 물질의 특성 – 옮긴이)이 있다.

우리는 이런 기억을 낯설게 하거나(잘못된 기억을 만들어내거나), 지우거나(불안과 공포를 없애거나), 굳힐 수 있다. 그러려면 자가 테스트를 통해 정답을 확인해야 한다. 바로 이런 특성 때문에 암기 카드 만들기 등의 학습법이 효과를 보이는 것이다. 얼핏 보기에는 자가 테스트 역시 반복적인 학습법이라고 오해하기 쉽다. 하지만 자가 테스트의 핵심은 반복이 아니다. 매번 반복할 때마다 오래된 기억을 끄집어내서 불안정한 상태로 만든 다음 올바른 기억으로 굳혀서 다시 저장하는 것이다.

배움으로 가는 최적의 길

가장 유명한 학습 기술을 비교하다 보면 한 가지 공통점이 눈에 띈다. 모든 학습법은 우리 뇌가 정보를 처리하고 기억으로 굳히는 것과 똑같은 방식으로 진행된다. 앞서 살펴보았듯이, 신경망이 자극에 적응할 수많은 기회를 얻으면 우리 뇌는 차근차근 정보를 처리해 기억으로 만든다. 이 책에 언급된 학습 기술은 뇌가 학습하는 과정에 점점 더 깊이 스며든다.

- 1단계: 반복은 정보로 뇌를 훈련하는 가장 단순한 방법이다. 반복 학습은 시험이 코앞에 닥쳤을 때 효과가 좋다.
- 2단계: 요약 필기는 정보를 반복 학습하는 동시에 처리하는 기술이다. 손으로 직접 쓰는 요약 필기와 반복 학습을 접목하면 학습한 내용을 오래 기억하는 데 도움이 된다.
- 3단계: 이미지 기억술과 메모는 뇌의 정보 결합 과정을 더욱 단단하게 만든다. 그림이나 이야기를 활용하면 다소 이해하기 어려운 정보도 기억하기 쉽다(그러나 그 이상의 효과는 기대하기 어렵다).
- 4단계: 그림 그리기는 기억술의 심화 버전이다. 예를 들어 단어 같은 한 가지 데이터뿐만 아니라 이와 관련된 확장된 데이터도 처리할 수 있다는 장점이 있다. 단, 이미 만들어진 그림을 보는 것은 효과가 없고, 직접 그림을 그려보아야 효과가 있다.
- 5단계: 자가 테스트는 뇌 훈련에 효과적이다. 자가 테스트를 할 때마다 기억이 재활성화되어 불안정한 상태로 변한다(테스트에서 내가 했던 답변이 맞는지 틀리는지 아직 모르기 때문이다). 이 상태에서 그 답이 틀린 것을 확인한 경우에는 맞는 정보

를 덮어씌우고 확고한 기억으로 만들어 저장할 수 있다.

여러분이 여기까지 읽었다면 깨달았을 것이다. 모든 학습 기술에 대해 상세하게 아는 것보다는 모든 학습 기술을 어떻게 활용할지를 스스로 확인해보는 것이 중요하다는 사실을. 또한 모든 학습 기술의 핵심은 정보를 우선 처리한 다음, 특정 순간에 머릿속에서 재활성화하는 것이라는 사실을. 개개인마다 사용하는 학습 기술이 다르기 때문에 모든 학습 기술을 과학적으로 평가하기는 매우 힘들다.

2016년 1,300만 명을 대상으로 실시한 1만 8,956건의 개별 연구를 메타 분석한 결과가 발표되었다. 앞서 언급한 학습 기술 중에 '기억술로 시각화하기', '요약 필기하기', '개요 작성하기'가 특히 효과적인 것으로 밝혀졌다. 가장 효과적인 방법은 새로운 정보를 오래된 정보와 연결하는, 예를 들면 자가 테스트 같은 것이었다.

시간이 지나면서 더욱 다양하고 새로운 학습법이 개발되었지만, 모두 앞서 언급한 기본적인 학습법을 변형한 것에 불과하다. 따라서 앞서 언급한 학습법은 '고전적인 학습법'이라고 불러도 무방할 것이다. 고전적인 학습법은 우리가 시험에 활용하기 위해 정보를 받아들이고 처리하고 굳혀서 저장하는 방법이다.

흥미롭게도 학습을 주제로 하는 거의 모든 연구의 끝은 학습이 얼마나 잘되었는지를 알아보는 시험이나 테스트다. 사람은 아무런 목적 없이 무언가를 배우지 않으며, 대부분의 경우 공부의 목적은 시험에 합격하는 것이다. 고전적인 학습법으로 공부하면 시험에서 더욱 좋은 결과를 얻을 수 있다. 학습과 관련된 책, 웹사이트, 세미나 등은 수없이 많으며, 저마다 근거가 있다. 하지만 아무리 고전적인 학습법을 활용해도 특별한 일이 일어나지는 않는다. 아무리 효율적으로 배웠다고 하더라도, 그것이 '이해했다'는 뜻은 아니기 때문이다. 이해는 배움보다 훨씬 멀리에 있다.

2부

이해에 대하여

Das neue Lernen

배우는 것이
전부가 아니다

2011년 2월 16일 수요일. 인간과 기계가 궁극적인 지식을 다툴 결전의 날이 밝았다. 미국의 퀴즈쇼인 〈제퍼디!Jeopardy!〉에서 74연승을 기록한 켄 제닝스Ken Jennings와 퀴즈쇼 역대 최고의 상금 왕인 브래드 루터Brad Rutter가 자리에 섰다. 북미 최고의 퀴즈 왕들이었다. 그들의 상대는 IBM이 개발한 컴퓨터 왓슨Watson이었다. 왓슨은 16테라바이트의 데이터(특히 위키피디아Wikipedia의 데이터를 모두 포함한다)와 100만 페이지 분량의 책을 1초 만에 분석할 정도로 빠른 속도를 자랑했다.

그전까지만 해도 사람과 기계는 퀴즈쇼 방송에서 거의 비슷한 실력을 보였다. 결정적인 질문이 제시되기 전까지는 말이다. 좀 더 정확히 말하자면 결정적인 답변 말이다. 예를 들어 〈제퍼디!)에서는 주어진 답변에 대한 질문을 찾아야 했다. "윌리엄 윌킨슨William Wilkinson이 쓴 「왈라키아와 몰다비아 공국에 관한 보고서」는 이 작가의 가장 유명한 소설에 영향을 미쳤다"라는 답이 제시되면, 이 답에 대한 질문은 "브램 스토커Bram Stoker는 누구인가?"다. 스토커는 윌킨슨의 책에서 영감을 얻어 『드라큘라』를 썼다. 쉽지 않은 문제이지만, 미국의 퀴즈쇼에 어울리는 문제이기도 하다.

하지만 이 문제로 사람이 기계를 이기는 것은 불가능했다. IBM의 왓슨은 눈 깜짝할 사이에 답을 맞히고 제닝스와 루터를 상대로 대승리를 거두었다. 이후 인간은 지능이라는 분야에서 주도권을 잃어버렸다. 퀴즈쇼가 끝난 다음 날 〈슈피겔Spiegel〉지의 표제는 "무릎을 꿇어라, 인간이여! 권력은 컴퓨터로 넘어왔다!"였다.

당시 슈퍼컴퓨터 왓슨은 무려 냉장고 열 대 크기였다. 하지만 3년 후에 슈퍼컴퓨터는 크기가 피자 상자만 하게 줄어들었으면서도 속도는 24배나 빨라졌다. 이후 어느 누구도 슈퍼컴퓨터를 이기지 못했다. 2011년 왓슨의 승리는 엄청난 사건이었다. 4년 후 TV프로그램 〈누가 백만장자가 될까?〉에서 컴퓨터 시스템은 인간 참가자들에게 단 한 번의 기회도 주지 않았다. 이제 지식 분야에서 컴퓨터가 인간을 훨씬 앞선다는 사실은 전혀 새로운 소식이 아니기에 누구의 관심도 끌지 못한다.

그렇다고 컴퓨터 시스템의 개발을 멈추어야 한다는 뜻은 아니다. 시리Siri와 알렉사Alexa는 날씨, 축구 경기 결과, 몰도바의 수도 등과 관련된 정보를 사람보다 훨씬 잘 알고 있으며, 계속 이런 정보를 배우고 있다. IBM의 왓슨은 2011년에만 해도 인터넷과 분리된 오프라인 상자로서, 〈제퍼디!〉 쇼가 녹화되는 스튜디오 옆 방에 세워져 있었다. 오늘날 컴퓨터는 언제나 인터넷에 연결되어 실시간으로 엄청난 양의 데이터 입력을 처리한다.

컴퓨터는 이제 한번 프로그래밍되면 우직하게 똑같은 알고리즘만 반복하는 정적인 양철 상자가 아니다. 오늘날 컴퓨터는 스스로 배운다. 사람들이 그림, 언어, 글 등으로 구성된 패턴을 알아보도록 컴퓨터를 프로그래밍하기 때문이다. 어떤 글을 분석하거나 언어를 들을수록 컴퓨터는 더 잘 적응한다. 즉 컴퓨터는 무지막지하게 빠른 속도로 배운다.

오늘날 기계들은 퀴즈쇼에서 뽐낼 만한 지식뿐만 아니라 인간의 행동이나 언어를 분석하는 기술도 배운다. 그러다 보니 이제 상대방이 진짜 사람인지 아니면 기계인지 전혀 눈치챌 수 없을 정도로 정교한 전화 응대 프로그램이 만들어지기도 했다.

구글은 2015년 5월에 듀플렉스Duplex라는 프로그램을 선보였다. 이 프로그램은 놀랍게도 여덟 번 전화를 걸어 미용실을 예약했고, 예약 전화 중에 "어……"나 "음……" 등 사람이 자주 하는 말까지 흉내 냈다. 개발자들은 이 프로그램에 어마어마한 양의 언어 조각, 구문, 단어 모음 등을 입력하고 프로그램이 언어의 구조를 분석하게 함으로써 차츰 개선되게 했다. 언어 학습은 이제 더는 인간 고유의 활동이 아니다.

미래에는 어떤 일들이 벌어질까? 전화 통화를 할 때 더는 인간이 필요 없을지도 모른다. 장담하건대, 미래의 어느 순간에는 스스로 학습하는 컴퓨터 시스템이 내 목소리를 그대로 배우게 될지 모른다. 그러면 나는 그 시스템에 "구글, 우리 엄마한테 전화해서 생신 축하한다고 말씀드려. 참, 그전에 엄마가 올해 몇 살이신지 확인하는 거 잊지 말고. 나는 까먹었으니까"라고 명령할 것이다. 그러면 엄마는 내 목소리로 걸려온 전화를 받고는 아들의 생일 축하에 기뻐할 것이다.

학습의 한계

IT 기업인 IBM과 구글은 정보를 처리하면서 점점 발전하는, 그러니까 '스스로 학습하는' 컴퓨터 시스템을 개발하고 있다. 단, IBM의 왓슨과 구글 프로그램의 머신러닝은 각기 다르게 움직인다. 왓슨은 엄청난 양의 정보를 저장하고는 거대한 정보의 산에서 관련 있는 정보들을 찾아 〈제퍼디!〉의 답변, 정확히 말하자면 답변으로서 활용할 만한 질문을 구성한다. 예를 들어, 윌리엄 윌킨슨의 위키피디아 페이지에는 다음과 같은 문장이 쓰여 있다.

"이 책은 브램 스토커가 『드라큘라』를 저술하기 전에 참고한 것이기도 하다."

IBM의 왓슨은 모든 위키피디아 페이지를 저장하고 있다. 이 프로그램이 모든 위키피디아 페이지를 분석한다면, 브램 스토커와 윌리엄 윌킨슨이 함께 언급되는 경우가 잦다는 사실을 확인할 수 있을 것이다. 통계상 관련성이 충분히 높다면 프로그램은 결과를 뱉어낸다. 아주 유사한 무언가는 옳을 가능성이 높기 때문이다.

이런 원칙은 구글의 검색 알고리즘이 작동하는 방식과 비교할 만하다. 서로 참조 링크가 걸려 있는 경우가 잦은 웹사이트들은 특히 중요한 검색 결과로 표시된다. 다만 그렇다고 해도 이런 웹사이트에서 정말로 유용한 정보를 찾을 수 있는 것은 아니다. '빈 깡통' 같은 웹사이트가 참조 링크로 연결되어, 같이 검색되는 경우도 적지 않기 때문이다.

결국 통계적 유사성이 있다고 해서 반드시 내용의 관련성이 있는 것은 아니다. 즉 두 가지 대상이 함께 표시·언급되는 일이 잦다고 해서 반드시 서로 관련이 있는 것은 아니다. 통계적 유사성을 내용의 관련성과 혼동하면 점점 심해지는 지구온난화가 점점 줄어드는 해적 수와 관련이 있다는 놀라운 결과가 도출되기도 한다. 물론 이 결과는 순전히 우연에서 나온 것이기 때문에, 기후변화를 막으려면 더 많은 해적이 전 세계 바다를 누벼야 한다고 진심으로 주장하는 사람은 없을 것이다. 그러나 스스로 학습하는 컴퓨터 시스템은 대개 통계적 공통점을 토대로 작동한다.

그러나 이해한다는 것은 조금 다른 개념이다. 그래서 오늘날 컴퓨터 시스템이 모조리 이해하는 데는 실패하는 것이다. 말하자면, 학습은 내가 지금 무엇을 배우는지 알지 못해도 가능하다. IBM 왓슨은 정답을 내놓아 큰 박수를 받았음에도 퀴즈쇼가 도대체 무엇인지 모른다. 구글 듀플렉스는 미용사라는 직업이 도대체 무엇인지 그리고 사람이 태어난 날이 무엇인지 모른다. 컴퓨터는 수많은 컴퓨터 게임에서 세계 최고의 강자들을 차례로 물리쳤음에도 컴퓨터 게임이 무엇인지 모른다. 우리 역시 수많은 위키피디아 페이지를 읽었다고 해서 모든 내용을 이해했다고 할 수는 없다.

여기서 우리는 다분히 이론적인 논의를 해야 할 것이다. 컴퓨터가 세상에 대한 이해를 구축할 수 있는지에 대해 철학자들이 깊은 고민을 해야 할지도 모른다. 스스로 학습하는 컴퓨터 시스템의 한계는 인간의 학습 능력의 한계를 보여준다. 사람이 오로지 효율적이고 최적화된 학습에만 집중한다면 결국에는 기계처럼 멍청해질 것이기 때문이다. 물론 기계는 모든 퀴즈쇼의 질문에 아주 빠른 속도로 정답을 내놓지만, 퀴즈쇼에서 싹쓸이한 상금으로 무엇을 할 수 있을지는 모른다.

구글을 비롯한 IT 대기업들도 IBM의 왓슨과는 차원이 다른,

방대한 양의 정보 패턴을 도출하는 시스템을 개발하고 있다. 오늘날의 컴퓨터 시스템에는 입력된 패턴이 어떤 것인지 자세히 알려줄 필요가 없다. 컴퓨터 시스템은 외적인 도움 없이도 패턴의 구조와 관계성을 인식하기 때문이다. 이때 시스템이 따르는 원칙은 인간의 뇌에서도 뛰어난 성과를 보인다. 바로 신경망에서 정보를 처리하는 것이다. 물론 컴퓨터에는 진짜 신경세포가 아니라 신경세포의 특징을 똑같이 흉내 내는 무언가가 존재할 뿐이지만 말이다.

뇌가 수많은 그림에서 공통점을 찾아내듯이, 컴퓨터도 똑같은 방식으로 연관성을 걸러낸다. 그림이나 언어를 인식할 때는 이 방법이 잘 들어맞는다. 예를 들어 앵무새를 '알아보는' 컴퓨터 시스템을 만들고 싶다면, 앵무새 사진을 포함한 수많은 사진을 사용해야 한다. 그리고 사진을 보여줄 때마다 컴퓨터 시스템은 사진을 분석하고 해당 사진이 앵무새 사진인지 아닌지 결과를 내놓을 것이다. 이렇게 산출된 결과는 맞을 수도 있고 틀릴 수도 있다. 어쨌든 그 결과는 다음 분석에 사용된다. 이런 식으로 시스템은 실수와 정답을 배우면서 점차 개선된 결과를 내놓고, 마지막에는 정확하게 앵무새 사진만을 골라내게 된다.

그렇다면 이제 앞에서 설명한 뇌의 학습 원리를 떠올려보자. 빠르게 일하는 해마는 대뇌의 신경세포가 적응할 때까지 대뇌로 중요한 자극 패턴을 보낸다. 그러면 대뇌는 사진을 확실하게 인식한다. 우리가 이미 확인했듯이, 컴퓨터 시스템 또한 이와 같은 방식으로 모든 컴퓨터 게임을 스스로 학습한다.

고전 게임인 아타리 게임이나 체스는 두 플레이어가 교대로 게임을 진행하기 때문에 비교적 배우기 쉽다. 포커는 조금 다르다. 플레이어들은 다른 사람들이 어떤 카드를 갖고 있는지 모른다. 한마디로 정보가 불충분하다. 게다가 플레이어들은 허풍을 치기도 한다.

그럼에도 페이스북은 2019년에 최고의 포커 선수를 꺾은 포커 게임 프로그램을 개발했다. 이 프로그램은 단순하게도 자기 자신을 상대로 수천, 수만 번이나 포커 게임을 진행하면서 스스로 학습했다. 이 프로그램의 최신 버전이 지나치게 뛰어난 탓에, 페이스북의 포커 프로그램 개발팀은 이 프로그램을 공개하지 않기로 했다. 만약 이 프로그램이 공개된다면 수십억 달러 규모에 달하는 온라인 포커 게임 산업이 붕괴할 위험이 있기 때문이다.

페이스북이 그저 포커 게임을 하려고 인간의 능력을 뛰어넘는 포커 기계를 만들지는 않았을 것이다. 그보다는 협상 상황이라든가 교통 제어와 같은 비슷비슷한 과제에 근본적인 학습 원리를 적용하기 위해 이런 기계를 개발했을 것이다. 이런 기계적 학습 원리는 규칙성과 패턴이 있는 모든 분야에 적용 가능하다. 언어, 그림, 글, 주식 시세, 음악 취향, 날씨 정보, 소비자 행동, 인터넷 검색 등등. 핵심은 간단하다. 엄청난 양의 데이터를 분석하여 공통점을 찾는 것이다. 산더미 같은 데이터 속에서 자주 등장하는 어떤 것이 있다면 그것이 분명 중요한 내용이다.

신경망은 인간의 뇌에서든 컴퓨터에서든 패턴 감지 시스템의 최전선이다. 신경망의 생김새부터가 대상에서 상관관계를 찾는 일에 최적화되어 있다. 내가 지금까지 설명한 모든 학습 원리, 예를 들어 뇌가 해마와 대뇌에 임무를 나눠주고, 신경망이 열심히 패턴을 구성하는 것은 모두 사실이지만, 우리가 배우는 내용을 이해하기에는 다소 모자라다.

지금까지는 그저 뇌가 어떻게 패턴을 찾아 저장하고 정보를 다시 불러내 사용하는지만 설명했다. 이런 고전적인 배움만으로는 충분하지 않다. 우리가 컴퓨터에 아무리 고전적인 학습 원리를 적용해봐야 인지적 단순성밖에 얻을 것이 없다. 학습이란 오로지 패턴과 관련성만을 찾아내 오류 없이 안전하게 저장하는 과정이라고 생각한다면 우리는 우리가 무엇을 배우고 있는지 절대 이해하지 못할 것이다.

학습하는 컴퓨터를 물리치는 방법

컴퓨터를 물리치고 싶은가? 컴퓨터는 자신이 하는 일을 이해하지 못한다는 사실을 증명하고 싶은가? 식은 죽 먹기다. 컴퓨터가 쉽게 대답할 만한 질문을 하지 않으면 된다. 아주 불명료한 질문을 하라.

부엌에 여자 네 명이 앉아 있다. 그중 두 명은 결혼해서 남편이 데려온 의붓자식을 한 명씩 키우고 있다. 이때 아내들의 남편이 직계비속들을 데리고 부엌으로 들어왔다. 이 방에 있는 사람은 총 몇 명인가?

당황하지 마시길. 이것은 난센스 퀴즈가 아니라 단순한 덧셈 문제다. 정답은 여덟 명이다. 사람에게는 매우 간단한 문제이지만, 컴퓨터에게는 악몽(만약 컴퓨터도 꿈을 꾼다면)이다. 컴퓨터는 우선 사람이 결혼을 한다는 사실을 인식해야 하고, 남편과 아내라는 개념을 인식해야 하며, 위의 문장에서 부엌과 방이 동일한 공간을 가리킨다는 것을 인식해야 하고, 여자·남편·아이들이 사람이라는 것을 인식해야 하며, 아이와 직계비속이 동의어라는 것을 인식해야 한다. 컴퓨터는 입력되지 않은 가정이나 추측을 모르는 데다 산더미 같은 정보에서 관련 내용을 찾아낼 수도 없다.

바로 이런 이유 때문에 2019년에 실시된 실험에서는 아주 간단한, 사람이라면 별 어려움 없이 풀 수 있는 문제를 모든 컴퓨터가 맞히지 못하는 상황이 벌어졌다. 이 실험에서 연구진은 내가 앞서 언급한 것과 비슷한 문제를 1,200개 준비했다. 문제에는 사람이라면 추측할 수 있는 정보를 언급하지 않고, 자주 사용되지 않는 동의어(예를 들어 직계비속)를 사용했다. 컴퓨터는 멍하니 있을 수밖에 없었다.

계산이 불가능한 과제를 맞닥뜨리면 컴퓨터는 제대로 답을 내놓지 못한다. 예를 들어, 리오넬 메시는 FC바르셀로나에서 더 잘 뛰었는가, 아니면 아르헨티나 국가 대표팀에서 더 잘 뛰었는가? 세계적인 축구 선수인 리오넬 메시에 대해 조금이라도 아는 사람이라면 그가 FC바르셀로나에서 더 좋은 성과를 냈다는 사실을 알고 있을 것이다. 이는 명백한 사실이다. 하지만 이것을 어떻게 정량화할 수 있을까?

이런 문제를 풀 때, 컴퓨터는 중학교 2학년생들조차 이기지 못했다. 2015년 말에 연구진이 최고의 컴퓨터 개발자들에게 내기를 제안했다. 중급 수준의 상식 문제를 어린이들보다 더 잘 푸는 컴퓨터 프로그램을 개발한다면 상금 5만 달러를 주겠다고. 780개 프로그래머팀이 시합에 참가했지만 그중 최고의 컴퓨터 프로그램의 정답률이 겨우 60퍼센트였다. 이해력이 필요한 문제가 출제되자 최고의 컴퓨터 시스템도 맥을 추지 못했다. 그 질문은 다음과 같다.

지진이 실존한다고 추론할 수 있는 이유는 무엇인가?
A) 지구의 기후가 계속 변한다.

B) 지각이 계속 움직인다.

C) 공룡이 6,500만 년 전에 멸종했다.

D) 현재의 바다가 100년 전의 바다보다 훨씬 깊다.

컴퓨터가 이렇게 간단한 문제조차 풀지 못했다니 놀랍지 않은가? 이 문제는 열세 살짜리 아이도 쉽게 풀었다. 연구진은 4년 후에 이와 똑같은 테스트를 진행했다. 4년이 지났으니 컴퓨터 프로그램 또한 더욱 뛰어난 계산 능력을 갖추고 수많은 훈련을 마친 상태였다. 이번에는 결과가 조금 달랐다. 정답률이 90퍼센트로 개선되었다. 좋은 성적이다.

그러나 가장 뛰어난 컴퓨터 프로그램은 통계학을 사용했다는 허점이 있었다. 컴퓨터 시스템은 선다형 문제에서만 답을 맞혔을 뿐, 서술형 문제나 도표가 나오는 문제에서는 답을 맞히지 못했다. 즉 기계는 여전히 멍청했다. 다만 속도가 좀 더 빠른 멍청이가 되었을 뿐이다.

독창성이라고는 눈곱만큼도 없는 기계가 학교 입학시험에 합격한다고 해서 교육과정을 따라갈 수 있는 것은 아니다. 반면 사람에게 선다형 문제를 최대한 빠르고 정확하게 푸는 방식을 가르친다고 해도 그가 여러 지식의 연관성과 정확한 내용을 이해하는 방법을 배우게 되지는 않는다.

기계 수준으로 내려가기

컴퓨터가 자신이 무슨 일을 하는지 이해하지 못한다면, 그저 아는 체를 하고 있는 것일 뿐이다. 컴퓨터는 인간이 정보를 처리하는 방식을 그대로 흉내 내며, 컴퓨터로서는 도저히 도달하지 못할 능력을 꾸며내고 있을 뿐이다. 우리 인간이 멍청한 기계를 대단히 똑똑하다고 믿는 한은 기계의 마법이 끝나지 않을 것이다.

구글도 이런 일을 겪었다. 그토록 찬양받으며 깊은 인상을 남겼던 구글의 전화 소프트웨어 듀플렉스는 허상이었다. 2019년 5월 〈뉴욕 타임스〉 기사에 따르면, 듀플렉스가 걸었다는 전화의 4분의 1 정도는 사실 디지털 콜센터에서 일하는 진짜 사람 직원들이 건 것이었다.

문제는 더욱 심각하다. 중국의 스타트업인 엑스에이아이X.ai는 2014년에 '에이미 잉그램Amy Ingram'이라는 이름의 챗봇 겸 달력 프로그램을 개발했다. 이 프로그램은 미팅 약속을 정리하거나 미팅 참석자들에게 이메일을 발송하는 등의 일을 했다. 이 프로그램의 성과는 눈부셨다. 특히 유창한 말투와 문법적 정확성에 모두가 놀랐다. 더욱 놀라운 사실은 이 프로그램의 뒤에서 실제 사람들이 저임금을 받고 하루 12시간씩 교대 근무를 하며 이메일에 답장하고 일정을 정리했다는 것이다. IT 기업 창업자인 그레고리

코버거Gregory Koberger가 정리한, 기술 기업에서 반복되는 웃지도 울지도 못할 상황이 바로 이런 것이다. 코버거는 말했다.

"인공지능 스타트업을 창업하는 과정은 다음과 같다. 우선 인간인 척하는 인공지능의 역할을 대신할 사람들을 최저임금으로 고용한다. 그런 다음 인공지능이 만들어질 때까지 기다린다."

독일의 컴퓨터 선구자인 콘라트 추제Konrad Zuse 역시 수십 년 전에 이렇게 말했다.

"컴퓨터가 인간이 될지도 모른다는 우려는 인간이 컴퓨터가 될지도 모른다는 우려에 비하면 아무것도 아니다."

학습에 얽힌 오해

많은 사람이 학습이란 시험에 대비해 정보를 빠르게 머릿속에 저장하는 것이라고 생각한다. 혹은 기계적인 과제를 해결하는 능력이라고 생각한다. 기계가 이런 학습 원리를 쉽게 모방해내기 때문에 우리는 학습이란 무조건 빠르고 효율적이어야 한다는 요구에 직면한다. 더 똑똑한 머리가 더 잘 배운다. 더 잘 배운다는 것은, 짧은 시간 안에 더 많은 내용을 기억하고 있다가 나중에 적재적소에 사용한다는 의미다.

하지만 이런 학습 방식은 충분하지 않다(대부분의 공부 관련 책에 나오는 학습 기술이 이런 방식이다). 이미 앞에서 고전적인 학습 방법이 어떤 기초 원리를 따르고 있는지를 보여주었다. 바로 과정을 통해서다. 그러나 이것 또한 충분하지는 않다.

첫 번째 문제: 빨리 저장한 지식은 빨리 사라진다.

대부분의 학습 기술은 학습 과정에 속도를 붙여서 짧은 시간 안에 더 많은 내용을 습득하게 한다. 하지만 이렇게 배운 지식은 유명무실한 피루스의 승리(막대한 대가를 치른, 실익이 전혀 없는 승리 - 옮긴이)일 뿐이다.

연구진은 빨리 습득한 지식일수록 빨리 사라지는지를 확인해보기로 했다. 그들은 실험 참가자들에게 전문적인 글을 암기하게 했다. 잠깐 동안 여러 차례 글을 읽은 참가자들은 글을 읽은 직후 실시한 테스트에서는 좋은 성과를 보였지만 금세 기억이 날아가 버렸다. 어떤 정보를 빠르고 집중적으로 뇌에 입력할수록(매시브 러닝massive learning이라고 부른다) 해당 정보에 대한 기억은 빠르게 사라졌다. 단, 새로운 정보를 직접 활용하거나 다른 주제와 연결 지어 학습한 사람은 일주일 후에도 내용을 잊어버리지 않았다.

학습 기술이 단순할수록 성실함이 중요했다. 스스로를 엄청난 바보라고 생각하는 사람이라도, 어떤 글을 반복해서 읽거나 다소 까다로운 문장을 기억술로 외우는 일 정도는 쉽게 해낼 수 있다. 즉 학습 기술이 단순할수록 사람이 똑똑해질 필요가 줄어든다.

어쩌면 그 반대일까? 많은 사람이 단순한 학습 기술을 사용하기 때문에 자신의 지식을 최대한 활용하지 못하는 것일까?

매시브 러닝 또한 어느 정도는 스스로 학습하는 컴퓨터가 사용하는 기술과 유사하다. 하지만 이 기술로는 새로운 생각의 영역으로 들어가지 못하고 그저 빠른 속도로 한계에 도달할 뿐이다. 누군가가 독일에서 가장 높은 산인 추크슈피체를 가장 빠른 속도로 등정했다고 해서 그것이 화성으로 가는 첫 번째 발걸음이 되는 것은 아니다. 등반을 마쳤다면 여정이 끝난 것이다.

두 번째 문제: 오류 없이 반복 재생했다고 해서 이해했다는 뜻은 아니다.

누군가가 어떤 내용을 이해했는지는 아주 간단하게 테스트할 수 있다. 가장 흔히 사용되는 방법은 내용을 물어보거나 적게 하는 것이다. 하지만 이런 방법으로는 '가짜 지식'만 확인된다는 점이 2016년 실험에서 밝혀졌다.

실험 참가자들은 '지상에서 발생하는 태양에너지의 전환'이라는 글을 읽었다. 그중 절반은 읽은 내용을 다시 한 번 읽었다. 나머지 절반은 글의 내용과 관련된 질문, 예를 들어 여러 지역의 기온 변화에 대해 답변했다(당연히 적도 부근의 연평균 기온이 가장 빨리 올라간다).

일주일 후에 진짜 테스트가 진행되었다. 참가자의 절반은 말

그대로 글의 내용에 기반한 질문을 받았고, 나머지 절반은 응용 질문을 받았다. 응용 질문은 지구상의 바람이 주로 적도 쪽으로 부는지, 아니면 적도에서부터 불어오는지 같은 것들이었다(논리적으로 생각하면 바람은 적도 쪽으로 분다. 바람은 대개 추운 곳에서부터 더운 곳으로 이동하고 적도는 세계에서 가장 더운 지역이기 때문이다). 이런 응용 질문의 답은 본문에 언급되지 않았지만, 글을 읽은 직후에 짧은 테스트를 치렀던 사람들은 응용 질문에도 잘 답변했다. 다시 말해, 그들은 내용을 잘 이해했다.

유명한 학습법들(반복하기, 기억술, 요약하기, 그림 그리기, 강조 표시를 하거나 밑줄을 치면서 능동적으로 읽기, 암기카드 만들기 등)은 대개 정보를 효율적으로 저장하는 방법에 집중한다. 이런 학습법은 표면적 학습(피상적 학습surface learning)이라고 불린다. 그래서 2016년에 학습 대상을 표면적으로만이 아니라 개념적으로 파고들면 무슨 일이 벌어지는지 알아보기 위해 대규모 연구를 진행했다.

그 결과, 표면적인 학습과 개념적인 학습에는 완전히 다른 학습 기술이 사용되는 것을 알 수 있었다. 무엇보다 내용을 능동적이고 적극적으로 탐구하는 자세, 의심하고 미심쩍어하는 자세, 새로운 지식을 응용하는 자세가 눈에 띄었다. 이런 현대적인 학습법에 대해서는 나중에 자세히 설명하겠다. 지금은 현대적이고 개념적인 학습 기술에 고전적인 학습 기술은 하나도 포함되어 있지 않다는 점만 기억하면 된다.

새롭게 배우고, 새롭게 생각하기

많은 사람이 자신의 지식으로 대중을 놀라게 하고, 귄터 야우흐Günther Jauch(〈누가 백만장자가 될까?〉의 진행자)에게서 100만 유로를 따낸다. 솔직히 퀴즈를 풀려고 이 퀴즈쇼를 보는 사람은 없다. 출연자들의 개인적인 이야기가 훨씬 재미있다. 〈누가 백만장자가 될까?〉의 초창기 방영분과 최근 방영분을 비교해보면 흥미로운 차이점이 눈에 띈다.

방송 초기에는 상식 문제가 쇼의 중심이었다. 사람들이 순전히 머릿속의 지식만으로 100만 유로에 도전하는 모습은 상당히 매력적이었고 시청자들은 적극적으로 함께 퀴즈를 풀었다. 그런데 지난 몇 년간 출연자들의 개인적인 이야기가 그들의 지식보다 주목받기 시작했다. 본격적인 퀴즈가 시작되기 전에 출연자의 유쾌한 과거사나 에피소드가 소개되었다. 출연자와 진행자의 대화도 퀴즈쇼의 문제가 아닌, 완전히 다른 방향으로 향했다. 제작진이 초점을 다른 곳에 맞춘 이유는 무엇일까?

이 쇼가 처음 방송된 1999년 말만 하더라도 시청자들은 정답을 구글링할 수 없었지만 이제는 얼마든지 구글링이 가능하기 때문이다. 이제 시청자들은 문제가 나오자마자 정답을 알아낼 수 있다. 검색은 더 이상 특별한 기술이 아니며, 이해가 훨씬 중요하다. 어떤 사람이 74번 연속으로 〈제퍼디!〉에서 우승했다면, 사람들은 그를 천재라고 생각할 것이다. 하지만 많은 정보를 기억하는 능력은 똑똑한 사람의 필수조건이기는 하지만 충분조건은 아니다. 무언가를 이해한 사람은 그전에 잘 배웠음이 분명하다. 하지만 잘 배운 사람이라고 해서 그 내용을 잘 이해하고 있는 것은 아니다.

이쯤에서 이 모두가 다소 서구적인 시각이라고 이의를 제기하는 사람이 있을지도 모르겠다. 동양에서는 배움을 다른 방식으로 바라보기 때문이다. 동양에서는 어떤 내용을 반복적으로 학습하면 점차 이해도가 높아진다고 생각한다. 연습이 대가를 만든다는 말이 있는가 하면, 많이 배우고 오랫동안 학습하면 이미 이해한 것이라는 시각도 있기 때문이다.

하지만 세계적으로 교육 수준이 높은 싱가포르가 교육 체계를 변화시킨 것을 보면 동양에서도 배움을 바라보는 시각이 점점 변하고 있음을 알 수 있다. 싱가포르에서는 2018년부터 몇 가지 변화가 있었다. 우선 학생들을 성적순으로 줄 세우는 평가 방식이 줄어들었고, 단순한 암기보다는 관계성을 이해하는 교육 방식을 중시하게 되었다.

게다가 학교에서는 2023년까지 응용 학습applied learning 프로그램을 진행해야 한다. 학생들이 시험에 대비한 강의만이 아니라 연극, 스포츠, 영화 워크숍 등을 직접 경험하고 따로 평가를 받지 않는 학습 체계다. 독일에서는 이미 오래전부터 슐 아게Schul-AG

(아게란 연구회 혹은 스터디 그룹이라는 뜻이며, 슐 아게는 학교의 스터디 그룹을 말한다. 독일의 학교에는 스포츠, 음악, 미술 등과 관련된 다양한 아게가 있다. 이들 아게의 목표는 학생들의 창의력과 사회적 경험을 키우는 것이다-옮긴이)를 통해 이런 학습법이 사용되어왔다.

싱가포르 교육 당국의 목표는 학생들이 OECD 국제학생평가 프로그램PISA에서 고득점을 얻는 방법에만 집중하는 대신, 스스로 생각하도록 가르치는 것이다. 싱가포르 전前 교육부장관이자 현現 재무장관인 행 스위 키트Heng Swee Keat는 이렇게 말했다.

"중요한 건 똑똑해지는 방법을 가르치는 것이 아니라 더 나은 사람이 되도록 가르치는 것이다."

싱가포르 학교교육의 가장 큰 문제점은 교육 체계 자체가 학생들이 나중에 은행이나 행정관청, 의학 분야 등에서 안정적인 커리어를 쌓도록 미리 훈련시키는 것에 중점을 두었다는 사실이다. 엄격한 직업 훈련보다는 관련성을 발견하고, 비판적으로 생각하고, 다시 물어보고, 새로운 해답을 발견하고, 발전할 기회를 찾고, 지식을 다른 사람과 나누는 것이 훨씬 중요하다.

좋은 학교의 졸업장을 갖고 있다고 해서 반드시 학교에서 배운 내용을 잘 이해했다는 뜻은 아니다. 또한 PISA에서 높은 순위를 차지한 국가가 반드시 혁신적인 사회라고 할 수는 없다. PISA 순위가 높은 아시아 국가가 창의적인 기업가 정신 혹은 사회의 혁신 측면에서는 하위권을 맴돌고 있는 이유가 무엇일까? 혹시 교육 제도 때문은 아닐까? 아직 논쟁이 뜨겁다. 싱가포르를 보면 고전적인 학습 계획을 다시 검토해볼 필요가 있을 듯하다.

그래야 하는 이유는 한 가지가 더 있다. 우리가 사는 세상은 변하고 있고, 미래에는 사람들이 지금과는 다른 능력을 보유하고 있어야 한다. 세계경제포럼이 발표한 '2018년 직업의 미래 보고서'를 보면 우리의 미래가 어떻게 변할지 엿볼 수 있다. '혁신적인 계획 펼치기', '능동적으로 배우기', '창의력', '문제 해결력'과 같은 능력이 훨씬 더 중요해지는 반면, 다른 능력, 예를 들어 '기억력', '읽기와 쓰기', '손재주와 정확성' 등은 점점 의미를 잃을 것이다.

내가 이 연구 결과에 전부 동의하는 것은 아니지만(나는 적어도 읽기와 쓰기는 미래에도 중요한 역할을 하리라고 믿는다) 방향성만은 명확하다고 생각한다. 별다른 생각 없이 무언가를 반복하는 행동이나 능력은 쓸모없어지는 반면 이해력은 더 중요해진다. 미래의 노동시장은 시험에서 100점을 받는 사람들이 아니라 자신의 지식을 제대로 활용하는 사람들에게 지배받을 것이다.

미래로 향하려면 이미 퇴색한 학습 경로와 효율성만을 추구하는 학습 방식에 작별을 고해야 한다. 조금은 비효율적인 방법을 따라야만 정보를 이해할 수 있기 때문이다. 말도 안 되는 헛소리 같지만, 사실이 그렇다. 왜 그런지는 이어서 설명하겠다.

이해의
구성요소

고전적인 학습만으로는 충분하지 않다. 우선 고전적인 학습은 너무 느리다. 최소 몇 분, 몇 시간 혹은 며칠이 걸리기도 한다. 신경세포가 시냅스를 적응시키기까지 시간이 걸리기 때문이다. 밤이 되면 신경세포들은 똑같은 학습 과정을 되풀이한다(여러분도 기억하겠지만, 이를 위해 해마가 대뇌피질의 신경망을 훈련시킨다).

그러나 때때로 순식간에 새로운 것을 배우는 경우에는 이렇게 느린 학습이 필요 없다. 예를 들어 우리는 '셀카'라는 말을 한두 번 듣고는 이내 그 뜻을 알아차린다. 한 가지 더 있다. 셀카처럼 이해하기 쉬운 개념을 한 번 들으면(혹은 누가 직접 셀카를 찍는 모습을 보면) 우리는 바로 그 순간에 이 개념을 앞으로 절대 잊어버리지 않으리라는 사실을 알게 된다. 잠을 자든 안 자든, 우리는 이 개념을 곧바로 익힌다.

　게다가 고전적인 학습법은 유연하지 않다. 컴퓨터는 어떤 패턴을 알아내기 위해 엄청난 양의 데이터를 처리해야 한다. 그러나 우리는 얼마 안 되는 예시만 있어도(어떤 때는 단 하나만 있어도) 전체 생각을 펼칠 수 있다. 나는 20시간 정도 운전한 다음 운전면허를 땄다. 이후 한 번도 가본 적이 없는 길에서도 사고를 내지 않고 운전하고 있다. 무언가를 이해한다는 것은 내가 그에 대한 개념을 세운 다음, 그 개념을 전혀 모르는 질문이나 새로운 상황에도 응용할 수 있다는 뜻이다.

　우리가 사는 세상은 빅데이터로만 이루어지지 않았다. 각각의 개별적인 예시, 즉 '스몰데이터'를 파악하는 것이 훨씬 중요하다. 예를 들어 내가 집을 한 채 사고 싶다고 하자. 일단 집을 1만 채 구입하면서 그 과정에서 사람들이 집을 어떻게 구입하는지를 유추하는 것은 정말 말도 안 되는 짓이다. 집을 구입해본 적이 없어도 집을 어떻게 구입하는지는 알 수 있다.

　우리는 때로 경험해본 적이 없는 상황에 부딪치곤 한다. 그러면 일단 그 상황에 대해 가정과 개념을 세워야 한다. '만약 이러이러한 일이 발생한다면 어떻게 해야 할까?'라고 생각하면서 말이다. 즉 우리는 상황이 어떻게 돌아가는지 이해해야 한다.

　예를 들어 우리가 결혼을 한다고 치자. 나는 함께 살아갈 여성이 어떤 사람이어야 할지 빅데이터로 유추해볼 수 있다. 그러려면 수만 명의 잠재적인 파트너를 '검사해야' 한다. 이는 사회에도, 내 건강에도 그리 도움이 되지 않는 방법이다. 현실에서 우리는 대개 손으로 꼽을 만큼 소수의 파트너를 만나보고 그중에서 나에게 딱 맞는 사람을 찾는다. 사랑은 인간이 아직 완전히 이해하지 못한, 몇 안 되는 개념이지만, 어쨌든 스몰데이터다. 그래서 이제부터는, 이해의 3화음과 같은 간단한 주제를 다루려고 한다.

1. 우리는 아주 적은 예시만 있어도 생각 모델을 구축할 수 있다.
2. 우리는 이 생각 모델을 활용해서 왜 혹은 무엇 때문에 그런 일이 일어나는지 이해할 수 있다.
3. 우리는 스스로 개발하고 실험한 생각 모델을 새로운 방식으로 조합해서 처음 겪는 상황에도 응용할 수 있다.

자, 이제 우리 스스로를 더 자세히 들여다보고 뇌가 어떤 술수를 숨기고 있는지 알아보자.

e-러닝으로 가는 두 가지 길

알파벳 E를 외운다고 치자. 알파벳 하나에는 우리가 이해할 만한 내용이 별로 없다. 따라서 금방 외워서 정확하게 쓸 수 있다. 학습 끝! 그런데 이렇게 간단한 예시에서 우리는 인간이 무언가를 이해하는 근본 원리를 알 수 있다. 바로 모델 구축이다.

어떻게 하면 알파벳 E를 배우고 이해할 수 있을까? 시간이 많다면 책이나 신문이나 웹사이트 같은 다양한 매체에서 최대한 많은 E를 찾아보고, 직접 손으로 써볼 것이다. E가 알파벳이라는 사실이나 E의 발음 등 E에 관해 아무것도 몰랐다고 하더라도, 수많은 매체에서 E를 찾아보다 보면 공통점을 눈치채게 된다. 그러면 모든 E에서 얻어낸 관련성을 분석하고 E가 무엇인지 결론 내릴 수 있다. E는 수직으로 그어진 선을 3등분하는 세 개의 줄을 수평으로 그은 결과물이다.

사람의 글씨를 인식하는 컴퓨터 시스템도 이와 비슷하게 작동한다. 물론 컴퓨터 시스템에 '인식'이라는 개념을 사용하는 것은 맞지 않는다. 근본적으로 머신러닝 시스템은 어떤 신호나 표의 공통점을 분석할 뿐이기 때문이다. 어쨌든 이런 시스템에 수많은 E의 예시를 입력하면 시스템이 모든 E의 공통점을 모아서 하나의 E로 연결한다. 새롭게 추가된 손 글씨 E 또한 다른 E의 패턴과 유사한 공통점을 보인다면 시스템은 이것도 E라고 확인한다. 인공지능을 활용하는 대부분의 시스템이 이렇게 작동한다. 입력되는 내용이 그림이든 사람의 얼굴이든 목소리든 알파벳이든 상관없다(그림1 참조).

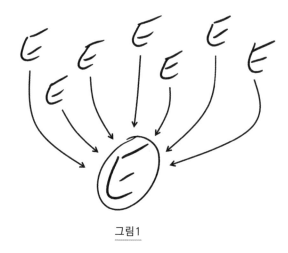

그림1

이런 작동 방식은 매우 뛰어나다. 시간과 E의 예시만 충분하다면 말이다. 그런데 기계가 E를 인식하는 또 다른 방법이 있다. 단하나의 E를 구성 원리로 삼아 E를 학습하는 방식이다. 이런 경우 E는 고유의 기하학적 특징을 지닌 대상이 아니라 특정한 방식으로 스스로를 나타내는 물체가 된다.

예를 들어 나는 E를 쓸 때는 우선 세로로 길게 줄을 그은 다음, 그 줄의 아래쪽에서 오른쪽으로 선을 긋는다. 쉽게 말하자면 우선 L을 쓰는 것이다. 그런 다음 가운데에, 마지막으로 맨 위에 줄을 그어 E를 완성한다. 이 순서에 따라 E를 쓰는 방법을 단 한 번만 배우고 나면 나는 얼마든지 내가 원하는 만큼 E를 쓸 수 있다 (그림2 참조).

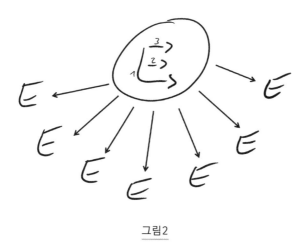

그림2

이 두 가지 학습 방식은 근본적으로 다르다. 첫 번째 방식대로 학습하려면 최대한 많은 E의 예시가 필요하지만, 두 번째 방식에는 단 하나의 예시만 있으면 된다. 두 번째 방식에 따라 모델을 구축하고 나면 이를 토대로 얼마든지 새로운 예시를 만들어낼 수 있다. 이 방법은 습득은 훨씬 빠르고 데이터 입력은 덜 필요한(정확히 말하면 데이터가 단 한 건만 입력되면 되는) 학습법이다. 게다가 이 방법이 훨씬 융통성 있다. 첫 번째 방식으로 E를 학습한 시스템은 완전히 일그러진 모양의 E를 발견하면 시각적인 차이점 때문에 E로 분류하지 않을 것이다. 하지만 두 번째 방식으로 E를 학습한 시스템은 구성 원리에 따라 일그러진 모양의 E도 E로 인식하게 된다.

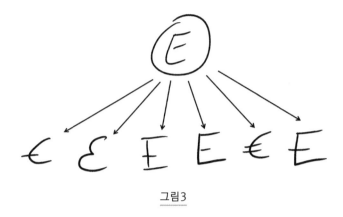

그림3

두 번째 학습 방식에는 또 다른 중요한 장점이 있다. 구조 모델이 구축되기 때문에, E가 구체적으로 어떤 모양인지보다는 E가 어떤 방식으로 만들어지는지가 더 중요하다. 이런 방식으로 다른 추상적인 모델을 개발해서 새로운 알파벳에 적용할 수 있다. 그러면 해당 알파벳(기호)이 어떤 역할을 하는지가 중요해진다. 예를 들어 E로 시작하는 단어인 End의 경우 우리는 그것이 Ɛnd라고 쓰였든 Ɛnd라고 쓰였든 모두 읽을 수가 있다. 말하자면 시각적으로 완전히 구분되는 E를 모두 인식할 수 있는 것이다. 이때 모든 E가 모양은 달라도 기능은 완전히 똑같다는 사실이 전제된다(그림3 참조).

그런데 우리 뇌는 이 두 가지 학습 원리를 모두 사용한다. 우리는 알파벳을 보면 철자법을 익힐 생각만 한다. 우선 알파벳의 구조를 살피고 인식한 다음, 그것을 똑같이 써내기 위해 수많은 연습을 거쳐야 한다. 신경망의 신경세포들이 수많은 반복과 예시 속에서 공통된 패턴을 찾아내는 방식으로 언어를 학습할 수 있기 때문이다. 단, 무언가를 이해하는 과정은 두 번째 학습 원리를 기반으로 진행된다.

정보를 처리하기 위해 모델과 처리 방식까지 구축해야 한다니, 언뜻 시간낭비처럼 느껴진다. 인간은 깊이 생각하고 적극적으로 행동해야 한다. 수많은 자극이 입력되었을 때 거기서 공통점을 찾아내는 일은 바보도 해낼 수 있다.

하지만 여기에는 엄청난 장점이 있다. 예를 들어, 수학이 그렇다. 우리는 수많은 산수 문제를 암기할 수 있다(예를 들어 구구단). 그러나 누구도 삶의 어느 순간에 필요할지 모를 수많은 계산 결과를 외우고 다니지는 못한다. 그러니까 계산 결과를 모조리 외우기보다 어떤 구조 원리로 계산식을 풀지를 생각하는 편이 현명하다. 우리가 일상생활에서 주로 사용하는 네 가지 주요 계산식만 알면 충분한 셈이다.

물론 구구단만큼은 반드시 외워두는 편이 좋다. 내 생각에는 수학 시간에 배우는 내용 중에 구구단보다 중요한 것은 없다. 구구단을 외워두면 특정한 계산식을 빠르게 풀 수 있을 뿐만 아니라 다른 수학 모델을 구축할 수도 있다. 곱셈이든 나눗셈이든 구구단 없이는 풀기 힘들다.

생각의 모델 블록

이제 학습이라는 개념과 사람의 생각에 대한 관점이 새로워진다. 정보를 저장하는 일은 더 이상 중요하지 않다. 더욱 중요한 것은 모델, 가설 혹은 구조 원리를 구축해주는 학습 형태가 있다는 사실이다. 우리는 그것의 도움을 받아 정보를 처리하고, 이렇게 처리된 정보가 지식이 된다. 즉 무엇을 처리하느냐가 아니라 어떻게 처리하느냐가 중요하다. 예를 들어 다음 기호를 보라.

:-)

무엇이 보이는가? 표정 혹은 얼굴이라는 답이 돌아올 것이다. 거의 모든 사람이 이 기호를 보고 표정이나 얼굴을 떠올린다. 다만 사람들은 각자 다른 방식으로 이 기호를 처리한다. 입력된 정보input는 같지만 각자의 뇌가 어떤 원리를 따르는지, 신경충격nerve impulse에 의해 어떤 변화를 겪는지에 따라 이 정보가 서로 다른 방식으로 얼굴 혹은 표정의 모델(혹은 초안)이 되는 것이다.

그리고 이런 방식으로 처리되는 모든 것이 실제로 어떻게 생겼든 상관없이 사람의 얼굴처럼 보인다. 그래서 우리는 구름에서도, 카푸치노 거품에서도, 빗물 웅덩이에서도 얼굴을 찾을 수 있다. 얼굴의 구조 원리가 인간의 사회생활에서 대단히 중요하기 때문에 우리 뇌가 과도할 정도로 얼굴에 집착해서 사람의 얼굴과 전혀 상관이 없는 어떤 물체에서든 상상의 얼굴을 찾아내는 것도 어찌 보면 당연한 일이다.

지식이란 사람이 정보를 처리하는 방식을 의미한다. 그 때문에 SF 영화에 나오는 것처럼 뇌에서부터 지식을 읽어내 컴퓨터로 옮기는 것은 불가능하다(반대로 뇌를 컴퓨터에 연결해 컴퓨터에 저장된 정보를 뇌로 업로드하는 것도 불가능하다). 결국 지식이란 뇌 속의 특정한 장소에 보관된 것이 아니라 어떤 과정을 의미한다. 그렇기 때문에 우리는 지식을 구글링하지 못한다. 우리는 정보, 데이터, 사실, 기호, 상징 등을 구글에서는 찾을 수 있지만 뇌에서는 찾을 수 없다.

뇌에는 인간이 이 모든 자극을 처리하는 방식만이 남으며, 우리는 그 과정을 머릿속의 지식이라 부른다. 말하자면 :-)는 얼굴이 아니다. 이것은 그저 점 두 개, 선 하나, 괄호 하나일 뿐이다. 하지만 우리가 이 점과 선을, 사람의 얼굴 표정을 처리하는 원리와 똑같이 처리하기 때문에 우리는 이 기호를 보고 얼굴을 떠올린다.

그렇다면 우리는 지식을 전달하려는 순간 문제를 겪게 된다. 엄밀히 따지면, 전달할 내용이 거의 없기 때문이다. 지식이란 사람이 아주 개인적이고 고유한 방식으로 정보나 감각자극을 정신적으로 처리하는 과정을 말한다. 그러니 지식을 전달하기보다는 스스로 지식을 구축하는 능력을 기르는 것이 중요하다. 지금 이 순간에도 그런 과정이 일어나고 있다. 나는 지금 여러분에게 데이터와 기호 그리고 상징을 제공하고 있다(여러분이 지금 읽고 있는 글자 말이다). 여러분은 간간이 전체 정보 블록을 손에 넣는다(단어와 전체 문장 등이다). 그리고 여러분이 이런 자극을 뇌에서 처리하는 과정이 바로 기적이 일어나는 지점이다. 바라건대 내 바람대로 그 과정이 성공했으면 한다.

우리 뇌는 거대한 모델 블록과 같은 원리로 일한다. 뇌는 입력되는 감각자극을 처리하듯이 계속해서 신경망 안에 모델(가정)을 만들어낸다. 우리는 주변에서 실제로 일어나는 일이 아니라 그 순간에 뇌가 떠올린 생각 모델에 가장 잘 들어맞는 내용을 듣거나 본다. 모델이 적합하지 않으면 나중에 다시 조정할 수 있다. 우리의 기대와 현실이 다를수록(우리가 생각하면서 구성한 모델의 오류가 클수록) 뇌는 더욱 적응해야 하고 모델을 바꿔야 한다. 이렇게 모델이 변화하는 발자취가 학습 과정이다. 학습 과정의 기능 원리는 예측 부호화predictive coding라고 불린다.

아무도 노래를 부르지 않는데, 노래 가사가 머릿속에 울려 퍼진 적이 있는 사람이라면 무슨 뜻인지 알 것이다. 우리 머릿속에는 늘 어떤 상상이 존재하고, 감각이 상상에 맞게 적응한다. 또 다른 예를 들면, 전혀 모르는 말도 작은 힌트를 얻으면(그러니까 감각자극을 처리할 모델을 얻으면) 잘 들린다. 내가 직접 경험했다. 자전거를 타고 처음으로 헤센 남부에 하이킹을 갔을 때, 그 지역 사람에게 길을 물은 적이 있었다. 그는 아주 친절하게 나를 도와주었다.

"이 질로 군작 가민양 그엠에 윈펜으로 돌앙 갑서."

나는 단 한 단어도 이해하지 못했다. 지나가던 사람이 서둘러 해석해주었다.

"이 길로 쭉 따라가다가 왼쪽으로 꺾으면 됩니다."

해석을 듣는 순간 전혀 알아듣지 못했던 헤센 남부 사투리가 갑자기 전부 이해되었다. 이때 지나가던 사람의 해석이 일종의 모델이고, 나는 그 모델로 내가 모르는 언어의 자물쇠를 풀었던 셈이다.

조건이 제어된 실험실 환경에서 이와 유사한 실험이 진행되었다. 외과적 개입(수술)을 목적으로 뇌전증 환자의 두개골 덮개를 열고 뇌의 각기 다른 468곳에 전극을 달아 해당 부위 신경세포의 활동을 기록했다. 연구진은 실험 대상자들에게 여러 소음과 파열음 등이 섞여서 도무지 무슨 내용인지 알아들을 수 없는 문장이 녹음된 음성 파일을 들려주었다. 대상자들의 신경세포는 의미 전달이 명확한 문장을 들었을 때와 같은 방식으로 동기화하지 않았다.

그런데 실험 전에 대상자들에게 어떤 문장이 재생될지를 미리 이야기해주자, 결과가 바뀌었다. 대상자들에게 문장의 내용을 먼저 알려주고는 똑같이 알아듣기 힘든 문장을 들려주자 신경세포들이 명확한 문장을 들을 때와 마찬가지로 동기화했다. 다시 설명하면 실험 대상자들은 청각 데이터를 처리할 모델을 미리 구축할 수 있었던 것이다. 데이터는 똑같았지만 처리 방식과 여기서 얻은 지식은 달랐다. 사건이 일어나기 전에 올바른 정보를 미리 얻으면 어떤 내용이 전개될지 쉽게 알 수 있다.

이해의 단계

앞서 알파벳 E를 예로 들면서 우리가 지식을 구축하고 생각 모델과 구조 원리를 개발한다는 사실을 설명했었다. 원칙적으로 우리는 더 적은 예를 주고 새로운 E를 구성할 모델을 개발하도록 컴퓨터 프로그램을 훈련시킬 수도 있다. 알파벳을 처리하는 데는 시각적인 기능만 필요하기 때문에 이런 훈련법이 어느 정도 성공할 수 있다. 그러나 컴퓨터 프로그램은 눈에 보이지 않는 것을 마주하면 한계에 부딪힌다. 우리는 자유, 정의, 삼촌과 같은 개념을 이해할 수 있다. 즉 사람은 생각 모델을 추상적인 내용에도 적용한다. 그래서 사람이 자동차란 무엇인지, 꽉 막힌 수도관을 어떻게 뚫을지, 독일의 세법이 어떻게 작용하는지를 이해하기는 어렵지 않다.

우리가 무언가를 이해했다는 말은 대개 그것이 왜, 어떻게, 무엇을 위해 그런지를 알고 있다는 뜻이다. 이 짧은 문장에도 이해의 특징이 몇 가지 담겨 있다. 첫째, 이해는 갑작스럽게 발생하며 되돌릴 수 없다. 이해는 양자택일 혹은 이율배반적인 과정이기에, 무언가를 한번 이해한 사람은 그것을 다시 이해하지 않을 수 없다. 둘째, 어떤 내용의 원인과 결과, 이유와 목적을 알게 된다. 셋째, 이 모든 것을 토대로 우리는 새로운 생각 모델을 구축한다. 이 생각 모델은 스키마schema라고 불린다. 다소 이론적으로 들리는 개념이기 때문에 자세한 예시와 함께 알아보자.

몇 년 전에 나는 마인 강가에 서 있었다. 당시 짧은 동영상 클립을 찍기 위해 카메라맨 한 명과 동행하고 있었다. 그런데 카메라맨이 생전 처음 보는 기기를 가방에서 꺼냈다. 프로펠러가 달린 작은 비행기로, 아래쪽에 카메라가 있었다. 그 기계를 공중에 띄운 다음 무선 조종으로 하늘에서 영상을 찍는다는 것이었다. 그는 그 장비의 이름이 드론이라고 했다. 그때까지 나는 '수벌'이라는 의미의 드론밖에 몰랐다(독일어로 드론Drohne에는 수벌이라는 뜻이 있고 영어Drone도 마찬가지다 – 옮긴이).

어쨌든 그 드론은 나에게 상공에서 내려다본 프랑크푸르트의 아름다운 전경을 선물했다. 지금은 드론을 어디서든 볼 수 있지만, 나는 드론을 처음 접한 날을 평생 잊지 못할 것이다. 드론은 진짜 수컷 벌처럼 붕붕거리는 소리를 낸다. 그래서 나는 그 기계를 처음 본 순간 그것이 왜 드론인지 곧바로 이해했다. 이때 나에

그림4

게 무슨 일이 일어난 걸까?

이해의 첫 번째 단계: 빠른 정리정돈

드론을 처음 보면 우리는 재빨리 그 물체를 다른 비행 물체와 구별할 수 있다. 드론과 다른 비행 물체를 구분하기 위해 몇천 개나 되는 드론을 볼 필요는 없다. 이렇게 '딱 보면 아는' 현상을 원샷러닝one-shot learning이라고 부른다. 가장 효율적으로 원샷러닝

그림5

을 하는 방법은 드론만을 보는 대신 다른 비행 물체와 드론을 동시에 보면서 비교를 하고 경계를 정하는 것이다. 그러면 드론이 무엇인지뿐만 아니라 드론이 '무엇이 아닌지도' 알 수 있다. 드론은 비행기도 아니고 헬리콥터도 아니다. [그림4]의 비행 물체는 모두 프로펠러를 달고 있지만 저마다 다른 종류의 비행 물체다.

이해의 두 번째 단계: 인과관계 파악하기

빨리 배우기는 효율적이다. 하지만 빨리 배웠다고 해서 내용을 전부 이해했다는 뜻은 아니다. 이해하려면 가장 중요한 질문을 던져야 한다. '왜?' 혹은 '무슨 이유로?'라는 질문이다.

이 과정은 해당 물체나 개념 또는 정보를 작은 부분으로 나누는 가장 좋은 방법이다. 그리고 이 과정을 거쳐야만 해당 물체가 어떻게 작동하는지 알 수 있다. 카메라 드론을 예로 들어보자. 카메라 드론은 프로펠러 하나, 모터 하나, 배터리 하나, 카메라 하나로 구성된다. 배터리가 모터에 에너지를 전달함으로써 이 물체가 움직일 수 있다. 또한 모터가 프로펠러를 움직임으로써 이 물체가 공중에 뜰 수 있다. 이 물체의 아랫부분에 카메라가 달려 있어서 공중에서 영상을 찍을 수 있다. 이런 인과관계를 이해하려면 목적(혹은 의미)을 이해하는 것이 매우 중요하다(그림5 참조).

이해의 세 번째 단계: 생각의 스키마 개발하기

어떤 물체를 재빨리 머릿속에서 정리하고 그것이 기능하는 원리를 파악하고 나면 물체와 관련된 모든 것을 포괄하는 개념을 만들어낼 수 있다. 그러면 원래 물체를 응용한 다른 물체를 개발할 수도 있다. 예를 들어 원래 드론과는 완전히 다른 디자인을 만들어낼 수 있다.

단, 완전히 새로운 드론을 만들어내더라도 한 가지는 바뀌지 않는다. 기본적인 인과관계다. 우리가 이런 정신적 모델로 생각해낼 수 있는 드론 관련 물체는 모두 카메라 드론이다. 이렇게 학습하는 방식을 스키마 학습이라고 한다. 말하자면 머릿속에서 어떤 도식을 만들어 각 요소를 한 군데로 모으거나 처리하는 방식이다. 이 방법을 활용하면 특정 인과관계(원인과 결과 원리, 즉 '무엇을 위해서?' 혹은 '왜?'에 대한 답)를 새로운 예시에 적용할 수 있다(그림6

126

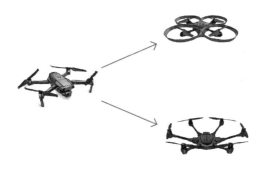

그림6

참조).

이해의 세 가지 요소, 즉 재빨리 정리하고(애드훅Ad hoc 학습이라고 한다), 인과관계를 파악하며, 생각의 스키마를 구축하는 법을 각각 익히는 것만으로도 넘칠 만큼 충분하다. 그런데 이 세 가지 요소를 모두 합하면 아주 특별한 일이 벌어진다. 바로 새로운 이해의 범주가 만들어지는 것이다. 예를 들어 카메라 드론의 생각 스키마를 비행기의 생각 스키마와 결합하면 비행기 드론이 만들어진다. 헬리콥터처럼 수직으로 이륙하여 비행기처럼 날아다니는 카메라 드론이다. 혹은 카메라 드론의 생각 스키마와 헬리콥터의 생각 스키마를 결합해서 무인 택배 드론을 만들 수도 있다(그림7). 이렇게 만들어진 상상의 결과물은 기존 정보(이 경우에는 기존의 카메라 드론)와 완전히 다르다. 스스로 이해한 내용을 계속

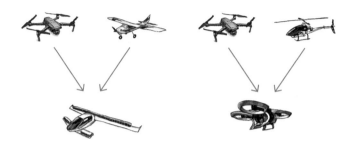

그림7

논리정연하게 전개해나가다 보면 처음에는 전혀 생각지도 못했던 새로운 비행 물체를 개발하게 된다.

항공 기술의 발전 과정도 이와 비슷했다. 100여 년 전에 만들어진 최초의 비행 물체는 새들의 비행 방식을 모방한 것이었다. 물론 이 시도는 실패했고 비행 물체는 추락했다. 하지만 사람들은 곧 새의 날개에 깃든 인과관계를 알아냈다. 새의 날개는 약간 휘어진 형태라서 맞바람에 의해 부력을 받는다. 이 비행 원리를 이해한 사람들은 새와 비슷한 날개를 달고 새와 비슷한 비행 원리로 나는 비행 물체를 개발할 수 있었다.

이제 세상에는 여러 종류의 비행 물체가 등장했다. 여객기, 제트기, 헬리콥터, 날개가 두 개 혹은 네 개 달린 비행기, 드론, 글라이더 등. 비행 물체들은 다양하지만 여기에는 공통적인 인과관계가 있다. 바로 사람들이 스스로 이해하고 구축한 생각 모델로 새로운 아이디어를 떠올렸다는 것이다. 인류의 진보나 발견에 얽힌 이야기는 결국 이해에 관한 이야기다. 물론 사람은 시도하고 실패하면서 새로운 것을 개발한다. 어쨌든 가장 뛰어난 아이디어는 깊은 고민 끝에 나온다. 그리고 이런 고민이야말로 우리가 어떤 원리를 이해하고 그것을 다른 생각과 연결하는 과정이다.

조류의 진화 끝에 벌새가 탄생하기까지는 수백만 년이 걸렸다. 그러나 우리 인간이 진화하는 데는 그리 오랜 시간이 걸리지 않았다. 운 좋게도 우리는 우리가 무슨 일을 하는지 이해할 수 있기 때문이다. 덕분에 우리는 세상을 바꾸고 벌새와 똑같은 원리로 날아다니는 비행기를 만들었다. 게다가 이런 비행 물체는 한꺼번에 수백 명이나 되는 승객을 싣고 몇 시간의 비행 끝에 대서양을 건넌다. 벌새는 못 하는 일이다.

다시 이해의 과정으로 돌아가 보자. 우리가 생각 모델을 구축하고 여러 생각 모델을 연결해서 새로운 아이디어를 떠올리는 과정 말이다. 이 과정이 언제나 구체적일 필요는 없다. 생각 모델을 자주 연결하고 확장해나가다 보면, 언젠가 모든 구상적인 것들이 사라지고 추상적인 아이디어가 만들어진다. 이런 아이디어는 정당성, 미래 혹은 가치의 초안이다. 바로 이 지점에서 인간과 동물이 구분되기 시작한다. 우리가 아는 한, 인간만이 추상적이고 상징적인 것을 생각하고, 정보를 교환하고, 궁극적으로 이를 이해하는 존재이기 때문이다. 이는 컴퓨터도 하지 못하는 일이다.

복잡하게 들리지만, 이해의 과정은 순식간에 이루어진다. 내가 여러분에게 큰할아버지 혹은 작은할아버지라고 말하면, 여러분은 곧장 할아버지의 형제가 몇 명인지, 그중 아직 살아계신 분은 누구인지 떠올릴 수 있다. 큰할아버지 혹은 작은할아버지라는 개념을 빠르게 정리하고 구성 원리를 자신의 상황에 적용한 다음 곧장 새로운 의문을 떠올린다. 게다가 큰할아버지 혹은 작은할아버지라는 개념을 알면 큰할머니나 작은할머니라는 개념도 알게 된다.

반대로 이제 여러분은 다른 사람이 어떤 것을 이해했는지 빠르게 테스트할 수도 있다. 상대방의 이해력이 갑자기 높아졌는가? 아니면 상대방이 "아, 그렇지!"라고 말하며 무언가를 퍼뜩 깨달았는가? 상대방이 어떤 일이 왜, 무엇을 위해 발생하는지 설명할 수 있는가? 상대방이 구체적인 예를 통해 개념을 이해하고 다른 예에 적용할 수 있는가? 그렇다면 상대방은 무언가를 이해한 것이다. 그러면 이제 이해의 세 가지 요소를 좀 더 자세히 들여다보자. 그리고 이해력을 높이기 위해 이 요소들을 어떻게 구체적으로 활용할지 살펴보자.

척하면 척:
한눈에 이해하기

9월의 어느 따뜻한 아침, 나는 친구들과 자전거를 타고 샌프란 시스코 외곽에 있는 언덕을 지나가고 있었다. 그런데 어떤 진입 로에서 갑자기 자전거를 탄 사람이 한 명 튀어나왔다.

우리는 아무런 문제 없이 그 사람을 피해 지나갔다. 내 친구 중 한 명이 "그 사람은 아무 생각이 없었을 거야"라고 말했다. 그러 니까 아무런 생각 없이 멍하니 있다가 부주의하게 길로 튀어나왔 다는 것이다. 이후 나는 아무 생각 없이 부주의하다는 뜻의 영어 단어인 'oblivious'를 절대 잊어버리지 않았다. 그 단어를 더 이상 사용하지 않았음에도 말이다.

그러니까 우리 뇌는 어떤 정보를 딱 한 번만 접하고도 곧바로 기억하는 엄청난 능력을 숨기고 있는 게 분명하다. 우리는 평생 수많은 일을 딱 한 번만 경험하지만, 그럼에도 그 기억을 잊지 않는다. 초등학교 입학식, 첫 키스, 특별한 휴가, 몇 년 전의 크리스마스 파티 등. 감정적인 사건이었으니 기억에 오래 남는 것도 이상하지는 않다. 게다가 강렬한 감정을 처리하는 뇌 부위는 늘 기억을 구성하는 뇌 부위와 긴밀히 협력한다.

그러나 우리 뇌는 때때로 강렬한 사건이 아니라 비교적 일반적인 개념을 단 한 번만 접하고도 바로 기억해버린다. 예를 들어 브런치 예약이나 셀카 촬영을 위한 휴대전화 조작법 등을 말이다. 모두 가상의 개념이지만 굳이 우리가 재빨리 이해하고 노트에 필기하지 않아도 다시 반복할 수 있는 개념들이다. 최근에 어떤 라디오 진행자가 프로그램을 떠나면서 샤듀Schadieu(아쉬움, 안타까움 Schade을 뜻하는 단어와 작별 인사Adieu를 뜻하는 단어를 합친 말로, 헤어지기 아쉽고 슬프다는 의미 — 옮긴이)라는 말을 사용했다. 나는 그 말을 단 한 번 들었을 뿐이지만 절대 잊어버리지 않는다.

이것이 우리가 언어를 배우는 방식이다. 세상에 태어나자마자 우리 뇌는 외부로부터 들려오는 언어의 높낮이를 차곡차곡 정리한다. 그래서 생후 하루밖에 되지 않은 아기도 AAB 패턴과 ABC 패턴을 다르게 발음한다(잘 들어보면 아기의 발음, 예를 들어 아바부와 아부파는 서로 다른 패턴임을 알 수 있다). 그러나 아기는 18개월이 될 때까지 그리 많은 단어를 배우지 못한다. 많아야 50개 정도다.

하지만 이후부터는 마치 제동이 걸리지 않는 것처럼 빠르게 말을 습득한다. 발달심리학에서는 이를 어휘 폭발기vocabulary spurt 라고 부른다. 이 시기에 아기들은 하루에 열 개 정도의 새로운 단어를 익힐 수 있고, 몇 달 후에는 문장을 통째로 배운다. 이것은 고전적인 반복 학습으로는 불가능한 일이다. 이를 증명하는 새로운 실험에 따르면, 아기는 이미 그전에 몇 달간 특별한 맥락에 따라 쏟아져 내리는 언어에 노출되었기 때문에 놀랄 만큼 빠른 속도로 언어를 습득할 수 있고, 따라서 아기의 언어 습득 곡선은 매우 가파르게 상승한다.

우리는 어른이 되어서도 새로운 개념을 아주 빠르게 배운다. 사람들이 새로운 가상의 개념을 얼마나 빨리 배우는지 실험한 결과, 서너 번만 반복하면 몇 분 안에 학습이 완료되었다. 게다가 실험 참가자들은 실험 직후는 물론 일주일 후에도 대부분의 단어를 기억하고 있었다. 각 신경세포가 새로운 자극에 반응하기까지 몇 시간이 걸린다면 불가능한 일이다.

그러나 나쁜 소식이 있다. 나이가 네 살을 넘으면, 이렇게 초스피드로 언어를 배우는 것이 불가능하다. 모국어를 습득하는 학습 창구가 아주 어릴 때 닫혀버리기 때문이다. 그래서 30개월짜리 아기가 성인인 언어 천재보다 더 빠르게 언어를 습득할 수 있는 것이다.

다행히 좋은 소식도 있다. 어른이 되어도 재빨리 새로운 개념을 흡수해서 계속 기억하는 능력은 남아 있다는 것이다. 그러니까 우리는 계속 반복하지 않아도 어떤 것을 단번에 기억할 수 있다. 이런 원샷러닝 현상은 무언가를 이해할 때 매우 중요하다.

뇌로 가는 여러 갈래 길

사람이 어떻게 학습하는지를 알아보고 싶은가? 정보를 각기 다른 방식으로 제공하면 된다. 말하자면 슈퍼마켓에 진열된 상품들과 같다. 억지로 '때려 넣는' 학습법은 초특가 세일 상품에 해당한다. 그래서 상점 주인은 고객이 슈퍼마켓에 들어섰을 때 초특가 세일 상품이 가장 먼저 눈에 띄게 배치한다. 하지만 고객들을 더욱 완곡하게 유혹하는 방법도 있다. 예를 들어 토마토소스는 스파게티면 옆에 배치하는 식으로 물건을 편의에 따라 진열하는 것이다. 고객들이 서로 어울리는 재료를 한꺼번에 구입할 수 있도록 말이다.

한편 정보를 나누거나 전달하는 방식에 따라 학습법을 분류할 수도 있다. 앞서 언급한 초특가 세일 상품처럼 학습하는 방식은 명시적 학습explicit learning이라고 한다. 연구진은 실험 참가자들에게 대상 혹은 개념을 보여주고 학습하게 했다. 예를 들면, 새로운 혹은 낯선 물체에 붙은 가상의 이름 혹은 개념을 여러 번 제시하며 기억하게 한 것이다.

다음 기호의 이름을 앞으로 차프트니Zaftni라고 하겠습니다: ᕲ

ᕲ – 차프트니

ᕲ – 차프트니

ᕲ – 차프트니를 기억하세요!

중간에 휴식시간을 주고 이 과정을 반복한다. 아니면 해당 기호를 각기 다른 형태, 예를 들어 더욱 굵거나 큰 글자로 혹은 색깔 있는 글자로 보여준다. 이것은 고전적인 학습법이자 명시적인 학습법이다. 이런 학습법의 장점은 집중력에 있다. 차프트니를 기억해야 한다는 목표가 뚜렷했기 때문에 잘못 이해하거나 불필요한 에너지를 낭비할 일이 없었다. 연구진은 토마토소스 옆에 파스타 면을 배치하는 방식의 학습법도 실험했다. 방법은 다음과 같다.

기호 A, F, ᕲ, M이 있습니다.

그루지야어 기호가 세 번째 자리에 있나요?

명시적인 학습법으로 배울 때는 대상을 곧바로 학습했지만, 이 방식으로 배우려면 스스로 탐색해야 한다. 이런 학습법은 비교적 간접적이라서 학습자는 ᕲ를 다른 알파벳과 비교해봐야 한다. 학습자가 능동적으로 사고해야 하는 것이다. 이 과제의 끝에는 느낌표가 아니라 물음표가 있다. 물음표보다 매력적인 것이 또 어디 있겠는가?

연구진은 '빠른 연결fast mapping'이라고 불리는 현상을 알아보기 위해 또다시 실험실 환경에서 실험을 진행했다. 현실에서 우리는 명시적으로 학습하는 경우가 아주 드물고, 대개는 어떤 과정에서 새로운 것을 배운다. 그러나 이렇게 '지나가면서 배운' 내용 또한 학습 결과물이 되기에 충분하다.

2015년에 실시된 실험에서 연구진이 이를 증명했다. 연구진은 참가자들에게 노니열매처럼 잘 알려지지 않은 과일의 이름을 외우게 했다. 연구진은 우선 한 무리의 참가자들에게 고전적인 방식으로 명시적 학습을 진행했다. 노니열매를 실제로 보여주고 "이것은 노니열매입니다"라고 알려준 다음 한 번 더 노니열매를 보여주고는 "노니열매를 기억하세요!"라고 말했다. 연구진은 다른 무리의 참가자들에게는 노니열매의 사진과 함께 다른 과일의 사진을 보여주고 다음과 같이 물었다.

"어떤 것이 노니열매일까요?"

그러자 사람들은 연둣빛 타원형 열매가 체리도 아니고 사과도 아니고 바나나도 아니므로 노니열매일 것이라고 생각했다. 실험 과정에서 참가자들의 뇌 활동을 조사한 결과 예상치 못한 것이 관찰되었다. 두 번째 참가자들의 해마 활동이 첫 번째 참가자들에 비해 훨씬 적은 대신, 단어의 뜻을 곧바로 처리하는 뇌 영역의 활동은 훨씬 활발했던 것이다. 단, 첫 번째 참가자들은 새로운 단어를 배우고 잠을 자는 동안에 단어의 뜻을 곧장 처리하는 뇌 영역이 활발하게 활동했다.

이 실험에서 알 수 있듯이 빠른 연결을 할 때는 뇌가 고전적인 명시적 학습을 할 때와는 다른 움직임을 보인다. 평소 모든 학습 과정에서 중요한 역할을 하는 해마가 빠른 연결 학습에는 그다지 관여하지 않기 때문일 것이다. 게다가 명시적 학습 이후에는 학습한 내용을 대뇌에 저장하기 위해 잠을 자야 하지만(여러분도 기억하겠지만 해마는 중요한 자극을 다시 한 번 반복해 대뇌로 보낸다), 빠른 연결 학습을 할 때는 수면이 불필요하다.

이쯤 되면 모두가 고전적인 학습법을 그만두거나 포기해야겠다고 생각할지 모르겠다. 그전에 두 가지를 분명히 밝혀야겠다. 첫째, 이 실험에서 고전적인 방식으로 배운 사람들의 기억력이 대체로 더 뛰어났다. 둘째, 다른 실험에 따르면 어른은 어린아이에 비해 빠른 연결의 효과가 나타날 가능성이 낮았다.

게다가 연구진이 실험을 어떻게 구성했는지도 매우 중요하다. 어떤 경우에는 사람들이 한 가지 내용에 집중해 그것을 기억해야 했고, 또 어떤 경우에는 직접 과제를 풀어 해답을 찾아야 했다. 어쩌면 사람들은 관찰하고 기억해야 하는 대상이 아닌, 다른 곳에 정신이 팔려서 쓸데없는 내용을 외웠는지도 모른다.

간단히 설명하면, 이 연구는 아직 걸음마 단계인 데다 우리가 일상생활에서 순식간에 어떤 내용을 기억하는 능력을 실험 중에 그대로 재현하기는 쉽지 않다. 다만 원샷러닝이라는 학습법이 존재한다는 사실을 부인할 수는 없다. 그리고 이때 해마가 그다지 중요한 역할을 하지 않는다는 사실도. 어린아이들이 해마가 완전히 발달하지 않았음에도 순식간에 단어를 습득하는 것이 그 증거다.

어쨌든, 노니열매가 뭔지 모르는 사람들을 위해 설명하자면, 노니는 맛없는 열매다. 이 연구에 대해 읽고 곧바로 노니를 먹어봤다. 다시는 먹고 싶지 않았다. 노니열매의 맛을 알게 되었다는 점만으로 충분했다. 그리고 남은 노니는 곧바로 음식물 쓰레기통에 버렸다. 이것이야말로 또 다른 형태의 원샷러닝이랄까.

불명확한 전환

앞에서 철저하게 경계를 정해서 대상의 특징을 구분하고 분류하는 능력이 매우 중요한 이해의 단계라는 걸 배웠다. 예를 들어 카메라 드론은 비행 물체에 속하는 동시에 비행기나 헬리콥터와는 확연하게 구분된다. 즉 드론을 보면 곧장 그것이 무엇인지 알아볼 수 있을 뿐만 아니라 그것이 비행기나 헬리콥터 등이 아니라는 것도 알 수 있다. 빠른 연결과 마찬가지다. 노니열매를 보면 그것이 체리가 아니라는 점을 알 수 있다. 이해란 아무런 오류 없이 정보를 저장하고 기억하는 것이 아니라 재빨리 정리해서 나중에 활용 가능하게 만드는 과정이다.

그리고 이것이 바로 뇌의 특기다. 뇌는 보통 어떤 정보를 처음 맞닥뜨리자마자 그 특징을 분류하고 전달한다. 그래서 사람들에게 가상의 이름을 붙인 새로운 물체, 예를 들어 머리만 두 개 있는 망치를 보여주고 그 이름이 보사Bosa라고 알려주면 사람들은 그 망치를 서너 번만 보고도 그것과 유사하게 생겼으나 색깔이 다른 망치 또한 '보사'라고 부른다. 즉 사람들은 특정한 단어를 배울 때 구체적인 물건과 단어를 연결하는 것이 아니라 그 물건의 특징을 개념화한다. 말하자면 자신만의 생각 모델을 구축하는 셈이다.

여기서 한 가지 의문이 남는다. 이런 추상화 과정에서 사람들은 어떤 부분에 주의를 기울일까? 흥미롭게도 사람들은 다음 단계로 나아가는 데는 별 도움이 되지 않는 정보보다는 새로운 물체와 직접적으로 연관이 있는 특징에 주목한다. 구체적인 예를 들어보자. 여러분이 지금 새로운 물체를 눈앞에 두고 있다고 하자.

다음은 이 그림에 대한 세 가지 정보다.

1. 이 물건의 이름은 모디Modi다.

2. 이 물건을 나에게 처음으로 보여준 사람은 삼촌이다.

3. 이 물건은 모디라는 나라에서 왔다.

여러분이 가장 빨리 인식하고 비슷한 물체에 적용할 수 있는 정보는 무엇인가? 1번 정보는 오해의 여지가 없는 확고한 사실이며, 그 물체를 가장 잘 묘사하는 특징이다. 3번 정보는 그 물체 자체와는 별로 연관성이 없지만 그것을 새로운 범주로 정리할 때 필요하다. 예를 들어 '모디산産 물체'라고 정리할 수 있다. 2번 정보는 흐뭇한 미소가 지어지는 내용이기는 하지만 이를 토대로 '삼촌이 나에게 보여준 물건'이라는 범주를 설정하는 것은 신선하지도 구체적이지도 않다. 바로 이런 이유 때문에 1번과 3번 정보가 다른 물체에도 적용될 만한 정보라는 점을 알 수 있다. 그래서 나중에 여러분이 모디와 아주 비슷하지만 조금 다른 물체, 예를 들어 다음 그림과 같은 물체를 본다면 그 이름이 모디이거나 모디라는 나라에서 온 것이라는 사실을 유추할 수 있다.

이와 관련된 실험 결과도 마찬가지다. 어떤 물체와 관련된 새로운 정보가 명확할수록 그 정보는 다른 물체를 판단하는 데 사용될 가능성이 높았다. 우리는 아주 **빠른** 속도로(앞서 언급된 사례와 같은 경우에는 단 한 번 만에) 새로운 사고 범주를 구축하고 그 범주 안에 새로운 개념을 정리할 수 있다.

깨달음의 순간

여기서 의문이 생길 수도 있다.

"지금까지 소개된 실험이 흥미롭긴 하지만 대체 이해랑 무슨 관계가 있지?"

이런 의문이야말로 이해의 출발점이다. 각각의 사실을 나란히 저장한다고 해서 그것들을 사고 범주로 모으는 과정이 저절로 시작되지는 않는다. 어떤 사실이나 물체에서 고유한 특징을 찾아내 분리하고 분석해야 이런 과정이 시작된다.

빠른 연결은 반드시 기억력을 높이지는 않지만 우리의 사고를 더욱 유연하게는 만들어준다. 생각 모델을 구축하는 것을 돕기 때문이다(생각 모델은 이해의 과정에서 매우 중요한 역할을 한다). 다시 말해, 초반에 조금 고생해서 많은 정보를 모델에 통합한 사람은 결국 이 모델을 통해 새로운 정보를 손쉽게 저장할 수 있다.

그래서 이미 여러 가지 언어를 구사하는 사람은 새로운 언어도 쉽게 배운다. 무엇이 언어 습득에 중요한지 연구한 결과, 단어를 많이 알수록 새로운 단어를 훨씬 쉽게 배운다는 사실이 드러났다. 그때까지 접해보지 못한 완전히 새로운 언어를 배울 때도 이런 효과가 나타난다. 스페인어, 그리스어, 페르시아어를 하는 사람은 스웨덴어 하나만 하는 사람에 비해 핀란드어를 훨씬 빨리 배울 수 있다.

즉 지식이 지식을 낳는다. 그래서 많이 아는 것이 중요하다. 퀴즈쇼에서 엄청난 상금을 손에 넣기 위해서가 아니라, 최대한 많은 정신적 모델을 구축하고 이를 활용해 새로운 과제나 문제를 해결하기 위해서다. 지식은 많을수록 좋다. 얼핏 보기에는 전혀 쓸모없어 보이는 지식조차도 말이다. 쓸모없는 지식은 없다. 그저 무지만이 있을 뿐이며, 무지는 쓸모가 없다.

이런 현상을 생화학 분야에서는 협동성cooperativity이라고 부른다. 협동성은 조금씩 변화한 형태로 각기 다른 상황에 적용된다. 나는 이것을 '쇼핑카트 현상'이라고 부른다. 여러분도 눈치챘다시피 이번 장에서는 슈퍼마켓과 관련된 비유를 많이 썼다.

슈퍼마켓 주차장에 차를 대고 매장 앞에 쇼핑카트가 늘어선 모습을 보면, 짧은 줄보다는 긴 줄이 눈에 띈다. 대개 쇼핑카트는 두세 줄 정도로 정리되어 있다. 그런데 가끔 한 줄이 특히 길고 바로 옆 줄은 매우 짧은 경우가 있다. 여기에는 한 가지 이유가 있다. 쇼핑카트의 줄이 길수록 고객들이 줄의 끝에다 쇼핑카트를 가져다놓기 쉽다. 반대로 바로 옆에 있는 쇼핑카트의 줄이 길수록 줄이 짧은 곳에다 쇼핑카트를 가져다놓기는 어렵다.

지식도 마찬가지다. 지식이 많은 사람은 더 많은 지식을 받아들일 수 있다. 쇼핑카트의 줄이 길면 고객들의 손길이 더욱 늘어나서 사용이 끝난 쇼핑카트가 점점 더 많이 모이는 것처럼. 반대로 지식이 없는 사람은 새로운 지식을 받아들이기 어렵다. 쇼핑카트의 줄이 짧으면 고객들의 손길이 닿지 않는 것처럼.

이해의 기본은 최대한 많은 정보를 인식하는 능력이 아니라 정보를 새로운 방식으로 활용하는 능력에 있다. 그래서 이해하는 과정은 되돌리기가 매우 어렵다. 어떤 단어를 외우면 언제든 다시 잊어버릴 수 있다. 하지만 스스로 구축한 생각 모델로 단어를 익히면 잊어버리기가 어렵다. 이것은 이미 수많은 실험과 테스트로 증명되었다. 그중 심리학 실험의 고전으로 불리는 것이 통찰력 실험이다. 연구진은 실험 참가자에게 단어를 보완해줄 세 가지 개념을 알려준다. 예를 들면 다음과 같다.

- 전화
- (-용) 시계
- (-용) 계산기

여기서 앞에 들어갈 수 있는 말은 '휴대'다. 여러 실험 참가자들에게 이와 같은 테스트를 진행한 결과, 참가자들은 똑같은 반응을 보였다. 그들은 과제를 앞에 두고 조금 고민하다가 갑자기 퍼뜩 깨달았다. 이런 깨달음의 순간을 '아하 모멘트Aha Moment'라고 한다. 마치 구원과도 같은 이 순간을 마주하면 사람들은 곧바로 자신이 과제를 해결했다고 느낀다. 이렇게 과제를 해결한 참가자에게 다시 한 번 똑같은 과제를 내밀면 순식간에 답이 나온다. 단어 퀴즈는 이제 의미 없는 자극이 된다. 즉 참가자들은 확고하고 새로운 생각 모델을 구축한 것이다. 이와 같은 원리로 작동하는 것이 착시그림(히든페이스hidden face 혹은 숨은 그림, 수수께끼 이미지vexierbild라고도 한다 – 옮긴이)이다. 착시그림은 관찰 방식에 따라 각기 다른 해석이 가능한 그림이다.

이 그림에서 대부분의 사람들은 여자 얼굴을 발견한다. 그런데 왼쪽 검은색 부분에 집중하면 색소폰을 연주하는 사람이 보인다. 이 생각 모델을 한번 구축해버리면(그러니까 색소폰 연주자를 보고 나면) 이를 다시 되돌릴 수 없다. 바로 이런 이유 때문에 마술사들이 트릭을 밝히지 않는 것이다. 한번 드러난 생각 모델은 더는 아무런 자극이 되지 못한다.

앞서 단어를 보완해 새로운 개념을 만드는 실험에서 두 가지 흥미로운 사실을 알 수 있었다. 우선 이 실험이 빠른 연결 실험을 떠올리게 한다는 점이다. 사람들은 각 단어를 훑어보고 서로 비교한 다음, 숨은 해답을 찾는다. 처음에는 조금 고민을 해야 하지만 답을 알고 나면 잊기 어렵다. 둘째, 이 과정에서 우리 뇌는 어떤 생각을 할 때와는 다른 움직임을 보인다. 즉 언어 퍼즐로 새로운 단어를 학습할 때는 해마가 활발해지지 않는다는 말이다. 새로운 정보(이 경우에는 새로운 단어 그리고 새로운 단어와 다른 단어를 결합하는 방법)가 낱말의 뜻을 풀이하는 뇌 영역에서 직접 처리되기 때문이다. 이를 뒷받침하는 또 다른 근거로 이해의 과정이 새로운 것을 그저 빠르게 학습하는 과정과는 다르다는 점을 들 수 있다.

무언가를 이해하려면 생각 모델을 구축하는 것이 중요하다. 생각 모델을 구축하면 두 가지 장점이 있다. 우선 새로운 정보의 근본 원리를 납득하고 쉽게 받아들일 수 있다. 토이로Teuro(2002년 독일에서 '올해의 단어'로 꼽혔다. 유로Euro와 비싸다teuer가 합쳐진 말로, 당시 유로화가 도입되면서 물가가 치솟은 현상을 꼬집는 말이다 - 옮긴이)라는 개념이 그렇듯이 말이다. 덧붙여 아하 모멘트에서 알 수 있듯이, 문제를 해결할 때 생각 모델을 곧장 활용하면 어떤 개념이나 물체를 이해하기 쉽다. 그렇다면 이제 이해의 두 가지 중요한 측면, 즉 원인과 결과를 파악하고 스키마에 주목하면서 원샷러닝에 대한 학습을 끝마치도록 하자. 샤듀.

질문이 없다면
이해도 없다

원인과 결과를 파악하는 방법

2012년 초, 기쁜 소식이 전해졌다. BBC가 "초콜릿은 날씬한 몸매 유지에 도움이 된다"는 뉴스를 전한 것이다. 초콜릿을 좋아하는 사람들에게 드디어 과학적 연구를 통해 실제 활용 가능한 결과가 도출된 셈이다.

미국 샌디에이고의 연구진이 1,000명이 넘는 사람들의 식습관을 분석해보고는 규칙적인 초콜릿 섭취가 체질량지수BMI를 감소시킨다는 사실을 밝혀냈다. 온 국민이 비만과 싸우는 미국 같은 나라로서는 상당히 위안이 되는 소식이다. 그러니 다른 언론 매체가 호들갑을 떨기 시작한 것도 놀라운 일은 아니었다.

〈월스트리트 저널〉은 "적어도 초콜릿을 먹는다고 살이 더 찌지는 않는다"는 의견을 담은 짧은 동영상을 올렸다. 나는 내 전공인 생화학 분야의 지식에 의문을 품어야 했다. 초콜릿이 갑자기 날씬한 몸매의 비결이 되다니!

물론 두 언론사는 초콜릿 섭취와 다이어트의 연관성을 탐구한 다른 연구가 없음을 밝혔다. 그러나 뉴스는 전 세계로 퍼졌다. 이미 퍼진 뉴스를 되돌릴 방법은 없었다. 게다가 사람들은 웹사이트에 평균적으로 겨우 15초 머물렀을 뿐이었다. 즉 기사 내용을 꼼꼼하게 읽은 사람은 많지 않았다는 뜻이다. 그러면 사람들의 머리에 남는 내용은 점점 더 짧아진다.

"초콜릿을 먹으면 날씬해진대!"

초콜릿을 먹으면 날씬해진다는 말은 상식적으로 맞지 않는다. 그럼에도 우리는 잘못된 상관관계의 함정에 빠져들고 전혀 존재하지 않는 근거를 만들어내기까지 한다.

2012년에 진행된 다른 연구에서는 초콜릿 섭취가 노벨상 수상과 연관이 있다는 결과가 나왔다. 초콜릿을 먹으면 날씬해질 뿐만 아니라 똑똑해진다니! 진실이라기에는 지나치게 환상적인 결과였기 때문에 연구진은 결론에 맞는 근거를 함께 제시했다. 즉 초콜릿에 포함된 플라보노이드(노란색 계통의 색소로 과일, 채소, 콩류, 차 등의 식품에 주로 함유되어 있고 항암, 심장질환 예방, 항산화 등의 효과가 있다 - 옮긴이)가 뇌의 정신적인 쇠퇴를 막고 능력치를 향상시킨다는 것이다. 초콜릿에 지능을 향상시키는 효과가 있다는 논리적인 근거이기는 하지만 그럴듯하게 갖다 붙인 것 같기도 하다.

또 다른 실험에서 연구진은 비교적 많은 노벨상 수상자를 배출한 국가를 분석해, 다음과 같은 결과를 얻었다. 노벨상 수상자의 수는 놀랍게도 해당 국가 내의 이케아IKEA 매장 수와 비례했다. 이케아 매장 수가 많을수록 노벨상 수상자의 수도 많았다. 초콜릿이 사고력에 영향을 미친다는 인과관계는 어느 정도 납득할 수 있지만, 이케아 매장 수와 노벨상 수상자의 수가 도대체 무슨 상관이란 말인가? 이케아가 노벨상 수상자가 많은 국가에만 진출한 걸까? 어쩌면 반대일지도 모른다. 이케아의 조립식 가구를 자주 구입하는 사람들은 이미 어느 정도 지능이 높거나 가구 조립을 통해 인지 능력이 더욱 향상되었기 때문에 그중에서 노벨상을 수상하는 천재가 배출될 수도 있다고 생각하는 편이 오히려 논리적이다. 게다가 그들이 초콜릿까지 자주 섭취했다면 말할 것도 없다.

농담은 그만두고, 우리는 어떤 사물의 인과관계가 설명되어야만 그것을 이해할 수 있다. 원인과 결과를 설명할 수 없다면 우리는 대상을 그저 관찰하면서 도무지 말도 안 되는 인과관계를 지식으로 삼을 수밖에 없다. 비논리적인 상관관계를 곧이곧대로 믿는 사람은 진실을 보지 못하기 때문에 상황은 더욱 좋지 않다. 비논리적으로 따지고 들면 잘못된 길로 들어선다. 구글 플루 트렌드Google Flu Trends의 예를 봐도 알 수 있다.

2008년 구글은 유행성 독감 현황을 지리학적으로 보여주기 위해 구글 플루 트렌드라는 데이터 서비스를 시작했다. 사람들이 유행성 독감과 연관성이 높은 단어를 구글에서 검색할 경우, 검색한 본인이 독감에 걸렸을 것이라는 추측에서 출발한 서비스였다.

독일 연구진은 독일 전역에서 검색된 독감 관련 단어와 실제로 보고된 독감 환자 수를 비교했다. 둘의 상관관계를 알면 앞으로 어느 지역에서 독감이 유행할지 예측할 수 있다는 가정에서 말이다. 하지만 대실패였다. 2012년 즈음 인플루엔자가 크게 유행하면서 이 시스템이 제대로 작동하지 않는다는 사실이 확인되었다. 사람들의 검색 결과에서 발견된 연관성이 반드시 인과관계로 이어지지는 않은 것이다.

게다가 구글 검색창의 자동 완성 기능이 사람들에게 원하지도 않았던 검색어를 제멋대로 입력하게 하면서 오류를 키웠다. 어쩌면 사람들이 유행성 독감을 다룬 TV 다큐멘터리를 보고 호기심에 구글 검색창에 '독감 증상 치료법'이라는 말을 검색했을지도 모른다.

결국 이 프로젝트는 막을 내렸다. 현재 구글 플루 트렌드 페이지에 접속하면 구글이 예측 모델을 향상시키기 위해 노력하고 있으며, 지금껏 수집한 정보를 여기 활용할 거라는 메시지가 뜬다.

이것이 훨씬 나은 방법이다. 빅데이터가 무용지물이라는 뜻이 아니다. 인간이 어마어마한 양의 데이터를 이해하고 활용하는 것이 중요하다.

상관관계를 찾아야 한다는 생각 때문에 대상을 진정으로 이해할 길이 자주 막히곤 한다. 예측 분석predictive analytics이란 공통점을 분석해 미래를 예측하고, 더 나아가 많은 돈까지 벌고자 하는 분야다. 간단히 말해 과거를 분석해서 미래를 예측하는 것이다. 미친 소리처럼 들리겠지만 예측 분석 기술은 놀라울 정도로 성공을 거두었다.

2015년에 실시된 연구에 따르면, 어떤 사람이 누른 페이스북의 '좋아요'를 150건 정도 분석하면 분석 프로그램이 그의 가족보다 그의 성격에 대해 더 자세히 알 수 있다고 한다(즉 그가 계획적인지 즉흥적인지, 협동적인지 야심적인지 등).

3년 후에 분석 프로그램은 사람의 얼굴형을 보고 그가 동성애자인지 이성애자인지를 정확도 80퍼센트로 분류할 수 있었다. 한 사람의 사진 다섯 장을 입력하자 정확도는 90퍼센트로 올라갔다. 반면 사람이 다른 사람의 외모만 보고 성지향성을 판단한 결과, 예측 정확도는 60퍼센트에 불과했다. 이런 결과가 악용되면 어떤 문제가 생길까? 세상에는 특정 성지향성을 드러내면 처벌하는 국가가 있다. 그런 나라에서 얼굴만으로 사람의 성지향성을 판단하는 '동성애자 판독기'를 맹목적으로 신뢰하면 어떤 일이 벌어질까?

우리가 남긴 데이터의 흔적을 보면 성격, 성적 지향, 능력 등을 비교적 정확하게 읽어낼 수 있다. 그러나 사람들은 원인과 결과에 공감하고 그것이 어떻게 밀접하게 연관되는지 이해하기보다는 그저 패턴을 비교할 뿐이다. 예를 들어 내가 프로축구 구단인 VfB슈투트가르트의 웹사이트를 빈번하게 방문하고 슈투트가르트 지역의 맥주 축제인 칸슈타터 바젠Cannstatter Wasen의 사진을 자주 포스팅하고 슈바벤 지역의 방언에 관심을 보인다면 내가 바덴뷔르템베르크주에 살 가능성이 북해의 질트섬에 살 가능성보다 높을 것이다. 이런 가능성이 도출된 이유는 뭘까? 누군가가 나에 대해 잘 알기 때문이 아니라(얇은 이해를 전제로 한다), 이와 비슷한 행동을 하는 사람들이 대개 슈바벤 지역 출신이기 때문이다.

페이스북에서 장난삼아 내가 전혀 관심 없는 분야에 '좋아요'를 눌러본 적이 있다. 민속음악 밴드인 빌데커 헤르츠부벤Wildecker Herzbuben, 니더작센 지역의 천문학 동호회, 데스메탈 밴드의 페이스북 페이지에 말이다. 내 친구는 "헛수고야. 알고리즘이 모두 알아낼 거라고"라고 말했다. 알고리즘에 저항하는 비순응주의자들마저 그 정도는 예측할 거라고도 했다.

점점 늘어나는 데이터의 양에 따라 상관관계가 발생할 가능성도 높아진다. 동시에 진실을 꿰뚫어볼 힘은 약해진다. 물론 누군가의 쇼핑 습관을 보고 그가 남성인지 혹은 스포츠를 좋아하는지를 알아낼 수는 있다. 그러나 그렇게 따지면 미국 메인주의 일인당 마가린 소비량은 이혼율과 연관이 있음을 인정해야 한다. 그러니 상관관계를 기반으로 어떤 결정을 내리는 실수를 범해서는 안 된다. 그랬다가는 깊은 함정에 빠지게 된다("자기야, 내가 방금 마가린을 사왔거든. 우리 그만 이혼해!").

예를 들어 2018년 〈포춘〉이 선정한 500대 기업에는 여성 CEO가 고작 24명뿐이었다. 그렇다고 다른 회사들이 여성을 CEO 자리에 앉히지 않았기 때문에 성공한 것이라고 말해도 될까? 아니면 반대로 이 회사들은 정상에 오른 여성이 그렇게 적음에도 성공했다고 말해야 할까? 눈에 보이는 상관관계에만 의존하는 사람들은 배경과 근거를 이해하지 못하며, 그 결과 잘못된 판단을 내리게 된다.

아마존이 직원을 뽑기 위해 도입한 소프트웨어도 마찬가지였다. 이 소프트웨어에는 큰 문제가 있었다. 해당 알고리즘은 과거 아마존 입사 지원자들의 정보로 훈련을 받았는데, IT 업계에는 남성 지원자의 수가 압도적으로 많다. 이에 따라 알고리즘은 여성이 남성보다 무능하고, 따라서 탈락시켜야 한다는 결론을 내렸다. 아마존은 2015년에 이 소프트웨어를 폐기했다. 팀원들이 획일적이지 않은, 다양한 관점을 가지고 있어야 훌륭한 팀이 만들어진다. 그러나 알고리즘은 의문을 품거나 탐구하지 않기 때문에 이를 이해하지 못했다.

2018년 초에는 테슬라Tesla의 주식이 알고리즘 때문에 자동으로 대량 판매되는 일이 발생했다. 그 이유는 일론 머스크Elon Musk가 자신의 트위터에 '부활절 달걀을 판매하는 등 각고의 노력을 다했음에도 테슬라는 완전히 파산했다'는 글을 올렸기 때문이다. 머스크가 이 트윗을 올린 날짜가 4월 1일이었기에, 사람이라면 누구나 그것이 만우절 농담임을 알아차렸다. 그러나 자동으로 뉴스를 평가하는 알고리즘이 2018년 4월 1일에 머스크의 트윗을 분석하고 테슬라의 주식을 팔아야 한다는 신호를 보냈고, 그 결과 테슬라의 시총 30억 달러가 순식간에 증발했다. 상관관계나 인과성이 뒤바뀐 이런 예시들을 보면 웃음이 날 것이다.

상관관계에만 집착하다 보면 부정적인 측면이 드러난다. 주식 거래가 기업의 실적과는 분리되고(주식 시장에서 거래 총액의 거의 90퍼센트는 알고리즘에 의해 조종된다), 사람들은 성별만으로 차별당하고, 독감 확산과 관련해 사회적 대변동이 발생한다.

우리 삶은 대개 패턴과 간단한 연관성만으로도 굴러갈 수 있기 때문에, 삶의 98퍼센트 정도는 예측 가능하고 이런 예측으로 수십억 원을 벌어들일 수도 있다. 그러나 남은 2퍼센트는 완전히 다르다. 늘 이면을 들여다보고 어떤 연관성이 있는지 탐구해야 한다. 그러지 않으면 이미 여러 가지 예에서 보았듯이 살얼음판 위를 걷다가 곧장 물에 빠지게 된다.

유유상종

세상에는 상관관계가 가득하다. 그렇다면 두 가지 사건 사이에 인과적인 연관성이 있는지를 어떻게 알아봐야 할까? 우리 뇌는 인과성을 제대로 알아보고 어떤 일이 벌어진 이유를 이해할 수 있을까?

우리가 어떻게 '상관관계를 제대로 알아보지 않는지'는 조금 전에 살펴보았다. 어떤 경우든 상관관계를 과도하게 해석해서는 안 된다. 두 사건이 동시에 일어났다고 해서 서로 연관성이 있다고 지레짐작해서는 안 된다.

그러나 처음에는 선택지가 없다. 디지털 데이터를 평가하는 알고리즘처럼 우리 뇌도 두 가지(혹은 더 많은) 사건이 서로 종속되어 있다고 믿는 데서부터 시작한다. 두 사건이 연속적으로 이어지면 그것들이 어느 시점엔가는 인과적인 관계가 있으리라고 해석하는 것이다.

다음 예에서 우리는 각기 다른 알파벳들이 나열되다가 마지막에 목표 알파벳인 C가 나오는 것을 볼 수 있다.

A, H, B – C

A, A, B – C

M, K, B – C

L, H, B – C

나열된 알파벳들을 보다 보면, C가 늘 B 다음에 온다는 점을 알아차리게 된다. 그러면 사람들은 B가 우연히 C의 앞에 있는 것이 아니라 B가 C를 나오게 한 원인이라고 해석해버린다. 연구진이 실험 참가자들에게 알파벳이 아니라 사진이나 동영상을 보여줬을 때도 이런 일이 벌어졌다. 그런데 이런 식으로 해석하면 착각에 빠질 수밖에 없다. 이런 식이라면 철새들이 겨울에 남쪽으로 날아가는 이유는 나뭇잎이 전부 떨어지기 때문이라고 해석할 수도 있다. 혹은 저녁이 되면 어두워지는 이유는 TV에서 뉴스 방송을 송출하기 때문이라고 해석할 수도 있다.

그런데 뇌를 위해서는 이런 사고 과정도 중요하다. 그 이유는 이 과정을 통해 서로 붙어 있는 사건들을 따로 떼어놓을 수 있기 때문이다. 인과성을 인식하려면 어떤 사건에 근본적으로 영향을 미친 것이 무엇인지 정의해야 한다. 끊임없이 생각하고 의문을 제기하고 탐구하지 않는 사람은 상관관계의 함정에 빠지게 된다.

1단계는 어떤 형태로든 서로 연결되어 있는 사건을 인식하는 것이다. 2단계는 인식한 내용을 시험하는 것이다. 인과관계가 의심스러울 때는 사건을 조작해보는 것이 좋다. 그것이 인식한 내용을 시험하는 가장 좋은 방법이기 때문이다. 여기에서 '조작'이란 실제로 손을 혹은 구체적인 힘을 이용해서 무언가를 바꾼다는 뜻이다. 간단한 예를 일상생활에서 찾을 수 있다. 바로 전시효과 demonstration effect(혼자서 해볼 때는 되던 혹은 안 되던 일이 남에게 보여주는 순간 그 반대가 되는 현상 – 옮긴이)다.

커피머신으로 카푸치노를 만들려고 하는데, 기계가 작동하지 않는다. 당신은 친구에게 커피머신이 작동하지 않는다고 말한다. 그런데 친구가 시험 삼아 버튼을 누르는 순간 카푸치노가 나온다. 그러면 여러분은 "그럴 리가 없는데"라고 말한다. 대체 왜 그럴까? 커피머신이 문제인가 여러분이 문제인가? 논리의 원칙을 따르자면 문제는 여러분에게 있다. 하지만 우리는 기계가 가끔 얼마나 말을 안 듣는지를 알고 있기 때문에 모든 책임을 전시효과로 미뤄버린다(전시효과는 자연적으로 존재하는 것이 아니라 우리 인간이 자신의 정당성을 고집스럽게 유지하기 위해 만들어낸 것이다).

이와 유사한 실험이 16개월 아기들을 대상으로 진행되었다. 연구진은 아기들에게 누르면 소리가 나는 녹색 장난감을 보여주었다. 그다음 아기들에게 소리가 나지 않게 고장 낸 똑같은 장난감을 줬다. 똑같은 장난감인데 소리가 나지 않자, 아기들은 당황했다. 아기들이 생각하기에, 장난감이 소리가 나지 않는 논리적인 이유는 하나밖에 없었다. 자신이 뭔가 잘못한 것이다. 아기들은 곧장 장난감을 부모에게 내밀며 도움을 청했다.

만약 아기들이 똑같은 녹색이 아닌 노란색 장난감을 받았다면 (소리가 나는지, 나지 않는지 모르는 상태다), 노란색 장난감을 몇 번 눌

러보다가 포기하고 다시 녹색 장난감을 갖고 놀았을 것이다. 이 경우에는 장난감이 잘못된 것이 분명하니까 말이다.

이 실험에서는 흥미로운 점이 세 가지 눈에 띈다. 첫째, 아기들이 매우 어렸다. 그전까지만 해도 전문가들은 아이가 적어도 몇 살은 되어야 원인과 결과를 인식할 수 있을 거라고 생각했다. 그러나 새로운 실험 결과 생후 몇 개월밖에 되지 않은 아기들도 인과성을 알아본다는 사실이 밝혀졌다. 둘째, 몇 번의 시도 만에 인과관계가 도출되었다. 셋째, 어른들이 적극적으로 개입하든 아니면 그저 관찰만 하든 아기들은 인과성을 인식했다.

상관관계를 이해하는 데는 적극적인 행동이 중요하다. 우리는 무언가를 이해한다는 의미로 '파악把握한다'는 말을 사용한다. 파악한다는 말이 얼마나 중요한 의미를 지니고 있는지는 5개월 아기에게 다양한 색깔의 공이 놓인 책상을 보여주면 알 수 있다. 한 그룹의 아기들에게는 책상 위의 공이 움직이지 않는 모습만을 보여주었고, 다른 그룹의 아기들에게는 자유롭게 공을 갖고 놀게 했다. 그다음에 아기들에게 동영상을 보여주었다. 그런데 공을 적극적으로 갖고 놀았던 아기들만이 하나의 공에 맞은 다른 공이 화면 밖으로 사라지는 것을 이해했다. 인과관계를 파악한 것이다.

만약 어떤 두 가지 사건이 사람의 개입 없이 동시에 발생했다면 그것은 우연이다. 그래서 초콜릿을 먹는 사람이 날씬하다고 결론짓는 것은 말이 되지 않는다. 만약 과체중이거나 비만인 사람들에게 초콜릿만 먹게 하고 그들의 체중이 절반으로 줄어들었다면 초콜릿이 다이어트에 도움이 된다는 결론을 내놓을 수도 있다. 적극적인 개입과 행동이 그것을 인식하는 근본 원인인 셈이다.

잠깐! 여기서 주의해야 할 점이 있다. 무조건 믿지 말 것!

원인을 알아보기 위해 어떤 상황을 적극적으로 조작하는 일은 실제로 원인이 존재할 때만 효과가 있는 방법이다. 원인이 존재하지 않는다면 스스로 생각의 함정을 만들어버리는 꼴이다. 예를 들어 여러분이 날씨에 영향을 미쳐서 비가 많이 내리게 하고 싶다고 하자. 그래서 여러분은 기우제를 올리며 춤을 추기로 했다. 몇 날 며칠 춤을 추다 보니 언젠가 정말로 비가 내린다. 이 비는 여러분이 춤을 췄기 때문에 내린 것이 아니라, 통계적으로 독일에서는 3일에 한 번 비가 오기 때문에 내린 것이다. 그러나 여러분은 비가 오면 그전에 춤을 췄던 일을 떠올린다. 다시 말해 여러분의 뇌가 인과성을 만들어버린다. "내가 춤춘 덕에 비가 오는 거야!"라고 말이다. 당신이 춤춘 덕에 비가 온 것이 아니지만 한번 구축된 인과성은 머릿속에서 지우기 힘들다.

바로 이런 이유 때문에 사람들은 중요한 시험을 보는 날 '행운의 티셔츠'를 입거나 부적을 몸에 지니거나 드림캐처를 차에 걸어둔다. 누군가가 "그게 효과가 있나요?"라고 물으면 사람들은 이렇게 대답한다.

"제가 20년 동안 드림캐처를 백미러에 걸어두고 운전을 했는데 아직 사고 한 번 안 났어요."

놀라운 일이지만 드림캐처 덕분에 사고가 일어나지 않은 것은 아니다. 그런데 나를 포함해 누구나 이런 함정에 빠진다. 나는 사이클 대회에 나갈 때면 내 참가번호를 늘 같은 문구로 장식하고 행운의 옷핀으로 운동복에 고정한다. 그 문구와 옷핀을 하고 좋은 성과를 냈던 적이 있기 때문이다. 그때까지만 해도 나는 그 행운의 옷핀만 있다면 내게는 아무 일도 일어나지 않을 거라고 생각했다. 어느 날 라이딩을 나갔다가 5번 척추가 부러지기 전까지는. 그 후 난 그 옷핀을 쓰레기통에 처박았다.

원인을 인식할 때마다 우리는 자기중심적이 된다. 우연한 상황과 마주쳤을 때 지나치게 적극적인 행동에 나서거나 많은 것을 시도하다 보면 우리는 점차 그런 행동과 외부효과external effect를 하나로 묶어버리게 된다. 이렇게 자기중심적인 생각에 빠져버리면 결국에는 엉뚱한 인과관계를 맹신하게 된다. 하지만 먹이를 더 많이 찾기 위해 행운의 부적을 지니고 다니는 침팬지는 없다. 그러나 침팬지들은 이미 바나나가 나무 위에서 자라며 바나나를 따려면 나무를 기어 올라가야 한다는 사실을 알고 있다.

그러니 우리가 얼마나 많은 실험을 하고 그 결과를 지켜봤는지는 중요하지 않다. 우선은 실험해볼 가설을 세우는 것이 중요하다. 그러니까 우리는 자신의 생각이나 의견이 맞는지 확인하기 위해서가 아니라 자신의 결론을 맹신하지 않기 위해 의미와 이해력에 기초한 실험을 실시해야 한다. 이것이 미신과 지식의 차이점이다.

영리한 조작

1747년, 전 세계 바다를 지배하기 직전이던 대영제국에 심각한 문제가 발생했다. 해적들의 약탈이나 적국과의 전쟁 따위가 아니라 교묘하게 숨어들어 선원들을 노리던 괴혈병이 문제였다. 콜럼버스 이후 350년 동안 무려 200만 명 이상의 선원이 이 병으로 사망했다. 영국 해군이 조사한 결과 장기간의 항해 중에 승무원이 이 질병으로 사망할 확률은 50퍼센트나 되었다. 이런 질병을 어떻게 극복해야 할까?

문제는 명확했다. 튼튼한 성인 남자들이 바다에서 3개월을 지내고 나면 몸이 허약해지고, 피를 흘리고, 이가 몽땅 빠지더니 결국 사망했다. 상관관계도 명확했다. 높은 파도와 바람에 몸이 계속 흔들리고, 영양소가 제한되어 있고, 위생이 좋지 않았다. 그러나 희한하게도 다른 생명체, 예를 들어 개들은 괴혈병에 걸리지 않았다.

사람들은 여러 가지 방법을 시도했다. 각기 다른 음식을 먹어보면서 괴혈병을 고칠 방법을 찾다가 마침내 아주 중요한 민간요

법에 다다랐다. 스코틀랜드 출신 의사인 제임스 린드James Lind가 질병의 원인을 정확히 알아낸 덕분이었다.

해군 병원 소속이던 린드는 심각한 괴혈병을 앓고 있는 선원 열두 명을 각각 두 명씩 여섯 그룹으로 나눈 다음 14일 동안 똑같이 생활하게 했다. 이 선원들은 같은 선실에 머무르고, 같은 일을 하고, 같은 음식을 먹었다. 그러나 차이점도 있었다. 두 명은 매일 사과와인을 1리터 정도 배급받았고, 두 명은 식초를 2티스푼씩 배급받았으며, 두 명은 바닷물을 0.5리터 배급받았다. 두 명은 물에 희석한 초산 25방울을 배급받았고, 두 명은 매일 오렌지 두 개와 레몬 한 개를 배급받았다. 마지막 두 명, 즉 여섯 번째 그룹은 겨자씨, 마늘, 가루로 만든 뿌리, 다른 식물 추출물 등으로 만든 수제 약물을 처방받았다. 일주일 후에 오렌지와 레몬을 먹은 두 선원이 놀라운 회복세를 보였다. 린드는 괴혈병을 치료한 것이 감귤계 과일이라고 결론지었다.

의학의 역사에서 이 사건은 두 가지 점에서 주목받는다. 하나는 이것이 통제된 환경에서 진행된 최초의 과학적 실험이었다는 점이다. 린드는 딱 한 가지만 다르게 설정된 여러 그룹을 서로 비교했다. 즉 린드는 가능성이 있는 원인을 모두 똑같이 통제했다. 그러니 한 그룹이 회복세를 보인다면 그 원인은 다르게 설정된 단 한 가지 조건 때문일 거라는 사실이 명백했다. 오렌지와 레몬에는 괴혈병을 앓는 사람들에게 부족한 무언가가 포함되어 있는

게 분명했다.

린드는 초콜릿 실험을 했던 과학자들처럼 실험을 진행할 수도 있었다. 그랬다면 그는 누가 언제 얼마나 먹는지를 기록한 다음, 선원들의 식습관과 질병을 연관 지었을 것이다. 어쩌면 그러다가 레몬을 많이 먹은 사람들이 괴혈병 증상을 덜 보인다는 사실을 알아챘을지도 모른다. 그러나 이렇게 실험을 했다면 시간이나 자원 낭비가 심했을 것이고, 괴혈병의 원인에 대해 정확한 결론을 내리기 힘들었을 것이다.

한편으로 이 실험은 무언가를 깨닫는 것만으로는 충분하지 않다는 점을 보여준다. 제임스 린드가 현명하고 똑똑한 실험자였기 때문에 그의 과학적인 접근법이 빛을 발하기는 했다. 그러나 린드는 유능한 의사 전달자는 아니었다. 1748년 고향으로 돌아온 그는 자신이 여행 중에 얻은 의학적인 깨달음을 글로 남겼다. 그의 책은 약 400페이지에 달하는 데다 어렵게 쓰여 있었다. 괴혈병 실험과 관련된 내용은 책의 중간쯤에 약 5페이지 정도 등장한다.

린드가 꽁꽁 숨겨둔 내용은 아무에게도 들키지 않았다. 린드 자신조차도 수없이 되풀이된 괴혈병 실험에 압도되어 괴혈병의 원인을 제대로 인식하지 못했다. 그는 소화 불량으로 막혀 있던 땀구멍이 열리면서 병이 치유된 것이라고 생각했다. 즉 결과를 끝까지 해석하고 이해하지 않으면 실험은 엉뚱하게 끝나기도 한다.

결국 그로부터 40년 이상 지난 후에야 레몬이 괴혈병의 치료약이라는 사실이 증명되었다(그리고 이 사실이 널리 알려졌다). 영국 해군은 곧바로 함선의 식단을 바꿨고 덕분에 대영제국은 바다를 지배하게 되었다.

가끔 사람들이 내게 묻는다. 과학을 최대한 쉬운 언어로 설명한 이런 책을 쓰는 이유가 뭔지. 그때마다 나는 이 일화를 들려준다. 당시에 린드가 더 직접적이고 쉬운 말로 책을 썼더라면 수만 명의 목숨을 더 구할 수 있었을 것이다. 과학은 어떤 현상의 진행 과정을 이해하는 기술 따위가 아니다. 과학은 지식을 서로 연결하는 절차다.

왜? 왜? 왜?

무언가를 이해하려면 왜 그런지, 어떻게 그런지를 알아야 한다. 그리고 그러기 위해서는 무언가를 변화시킨 다음 무슨 일이 일어나는지 관찰해야 한다. 여기서 잠깐 몇 페이지 앞으로 돌아가 보자. 알파벳들이 늘어서 있고, 마지막에는 무조건 C가 나오던 페이지 말이다.

A, H, B - C

A, A, B – C

M, K, B – C

L, H, B – C

　나열된 알파벳들을 그저 들여다보면 C의 원인을 유추할 수 있다(바로 앞에 등장하는 알파벳 B다). 그러나 나열된 알파벳을 적극적으로 바꿔보면 다른 방식으로 C의 원인을 확인할 수 있다. 예를 들어 알파벳의 나열을 다음과 같이 바꿔보자.

　K, M, B –

　그런 다음 마지막 자리에 C가 아닌 D가 온다고 생각해보자(K, M, B – D). 그러면 마지막 글자가 C가 되는 원인이 B라는 가설은 불확실해지고, 우리는 새로운 생각을 하게 된다. 예를 들어 B 뒤에 C가 오려면 B 앞에 쓰인 글자의 발음이 'ㅏ'여야 한다면 어떨까? A, H, K는 독일어로 아, 하, 카라고 읽는다. 이것 또한 그럴듯한 가정이다.

　어쨌든 그저 관찰하는 것만으로는 짧은 시간 안에 무엇이 원인인지 확인하기가 쉽지 않다. 적극적으로 질문을 던지고 생각하는 편이 낫다. 흥미로운 점은 뇌가 원인과 결과를 구분할 때 정신노동을 어떻게 나누느냐다. 우선 뇌의 측두부에서 주변 사건이나 사물로부터 어떻게 결과를 도출해낼지를 계획한다.

동시에 뇌는 대상에 대해 두 가지 활동을 한다. 첫째, 움직임을 예측한다(정수리에 있는 운동피질motor cortex이 맡는다). 둘째, 특정 동작을 했을 때 대상에게 어떤 일이 일어날지 가설을 세운다. 그리고 실제로 동작을 하고 나서 그 결과를 가설과 비교해본다.

결과와 가설이 일치하면, 인과관계가 인정된다. 뒤이어 원인을 예측했던 뇌 부위와 결과를 인식한 뇌 부위의 신경 연결이 강해진다. 다시 말해, 원칙이 성립한다. 그러니까 정확히 말하면 우리는 원인을 인식하는 게 아니라 늘 상호관계를 알아챌 뿐이다. 그런데 누군가로부터 상호관계가 발생하면, 뇌에 있는 신경 연결이 강력해지고 우리는 그를 원인이라고 생각하게 된다.

우리는 우리가 능동적으로 무언가를 풀어낼 수 있다고 생각할 때 원인을 추정한다. 물론 모든 상황에서 성공하는 방법은 아니다. 이것은 인생의 첫해를 보내는 아기가 뇌의 기반을 탄탄하게 다지고 주변 세상의 근본을 이해하는 과정과 같다(공중에서 물체를 놓으면 무조건 땅으로 떨어지고, 물건이 혼자서 방 안을 돌아다닐 수는 없으며, 물은 축축하고, 밤은 어둡다 등등). 그러다 보면 언젠가는 아기가 아무리 알고 싶다고 해도 어쩔 수 없는 순간이 찾아온다. 그때부터 '왜?' 공격이 시작된다.

영국 연구진이 네 살배기 아이들을 대상으로 실험을 실시했다. 부모에게 배에 있는 구멍이 무엇인지 물어보라고 지시한 다음 아이들을 관찰했던 것이다. 그 결과 아이들은 평균 2분에 한 번씩 "왜?"라고 물었다. 부모로서는 짜증이 날 수도 있겠지만 아이에게는 아주 중요한 일이다.

이 정도의 연령대부터 뇌는 타인의 행위를 시뮬레이션할 수 있게 된다. 그리고 상상 속에서 스스로를 다른 위치에 놓아볼 수 있는 특별한 신경망을 활성화한다. 그래서 직접 어떤 행동을 하든, 누군가가 그런 행동을 하는 것을 보든, 누군가가 어떤 행동을 할 것이라고 가정하든, 뇌에는 사실 큰 차이가 없다.

결정적인 사실은 언젠가 '비교'가 일어난다는 점이다. 행동의 결과가 되는 유발 인자를 정확히 구분할 수 있는가? 그러면 뇌는 이것을 원인으로 받아들인다. 아니면 계속 원인을 찾는다. 인과성은 근본적으로 무언가가 극적으로 바뀌었을 때만 인식된다. 그래서 인식 과정은 없고 조작 과정만 존재한다.

흥미로운 관점을 추가로 소개하겠다. 뭔가를 이해하기 위해서는 '자신을 원인 제공자라고 생각하고, 또한 자의식도 갖추어야 한다'면 의식을 지닌 생물만이 세상을 '이해'할 수 있을 것이다. 그렇다면 아무런 의식도 없이 이해하고 생각하는 기계를 만들어 내는 일이 과연 가능할까? 나는 이 질문을 철학자와 정보처리학자들에게 넘기겠다. 다만 뇌와 관련해서는 한마디하겠다. 의식이 없으면 이해할 수도 없다고.

질문하지 않으면 멍청해진다

어떤 일이 일어나는지 이해하려면 결국 우리는 살아가는 동안 내내 무언가를 조작해야 한다. 이쯤 되면 뇌가 대상을 분류하기 위해 생각 모델을 구축한다고 했던 앞의 내용이 떠오를 것이다. 이 과정은 이해의 첫 번째 단계이기도 하다. 두 번째 단계는 여러분이 방금 전에 읽은 내용이다. 즉 생각 모델을 능동적으로 테스트해보는 것이다. 대상이 무엇인지 그리고 왜 그런지를 실험하고 탐구하고 인식하는 과정에서 우리의 생각 모델은 점차 견고해진다. 그러다가 어느 순간 다른 생각 모델과 연결할 수 있을 정도로 단단해진다. 이것이 바로 지금부터 설명할 이해의 세 번째 단계다.

본격적인 설명에 앞서 생각 모델을 능동적으로 바꾸고 실험하는 일, 그러니까 '질문하기'가 얼마나 중요한지 다시 한 번 강조해야겠다. 질문을 해야만 다른 입장에서 생각하고, 원인을 인식하고, 세상을 이해할 수 있다. 그러나 우리는 좋은 질문을 하기보다는 좋은 답을 내놓는 훈련을 더 많이 받았다. 지능검사를 떠올려보라. 지능검사를 받을 때는 모든 문항에 답해야 한다. 그러면 가장 빠른 시간 안에 오류 없이 정답을 맞힌 사람이 가장 높은 점수를 받는다.

학창 시절에 만난 가장 좋은 선생님들은 내게 최고의 답이 아니라 최고의 질문을 던졌다. 그리고 스스로 질문을 던져보라고 격려해주었다.

나는 대학에서 생화학을 전공했다. 이건 우연히 고른 전공이 아니다. 우리는 엉겁결에 대학에 들어갔다가 3년이 지난 다음에야 "이런, 내가 벌써 6학기째 생화학 수업을 듣고 있다니. 이게 대체 어떻게 된 일이지?"라고 말하지 않는다. 누구나 의식적으로 전공을 선택하고, 나 또한 마찬가지였다.

대학에 입학할 당시 나는 수많은 질문을 품고 있었고 시간이 지날수록 궁금한 것이 점점 늘어났다. 그것이 바로 과학이다. 과학은 좋은 질문을 던지는 방법이다. 이쯤에서 유용한 팁을 하나 알려주겠다. 좋은 과학자를 식별하려면 그가 얼마나 좋은 대답을 내놓는지가 아니라(요즘에는 대답을 내놓는 사람이 너무 많다) 남들이 던지지 않는 질문을 던지는지를 살펴보라. 이는 과학뿐만 아니라 정치, 사회, 문화 분야에도 해당되는 말이다. 이 세상은 늘 새로운 질문을 던지는 사람들 덕분에 발전해왔다. 비판적이지 않으면 대상을 이해할 수 없다. 이제 여러분도 내가 계속 질문을 던지는 이유를 이해했을 것이다.

그건 그렇고, '초콜릿을 먹으면 날씬해진다'는 주장은 생각보다 복잡한 논의로 이어졌다. 물론 원래 실험에서는 사람들이 규칙적으로 소량의 초콜릿을 먹으면 BMI 수치가 조금 줄어든다는 사실만이 확인되었다. 그에 대한 한 가지 설명은 다음과 같다. 에

피카테킨epicatechin(녹차나 카카오 열매 등에서 추출되는 대사산물이다. 대사산물이란 신진대사에 필요한 모든 물질을 말한다 - 옮긴이)이 우리 몸의 에너지대사를 촉진해서 날씬해지게 한다는 것이다. 이는 의심의 여지가 없는 사실이다. 실제로 에피카테킨을 많이 먹인 쥐들에게서도 근육의 혈액순환이 늘어났고 자연히 에너지대사도 늘어났다. 그러나 사람이 이와 같은 효과를 보려면 어마어마한 양의 에피카테킨을 섭취해야 한다. 예를 들어 사람의 체중이 50킬로그램이라면, 카카오 함유량이 90퍼센트 이상인 다크초콜릿을 115그램씩 매일 두 번 먹어야 한다. 2주 내내 매일. 그러면 우리도 날씬해질 수 있다.

생각의 스키마:
일반교양의 의미

지금까지는 우리가 무언가를 이해할 때 뇌에서 어떤 일이 일어나는지 알아보았다. 이제 작은 테스트를 해보자. 우선 사고력이 어떻게 흘러가는지 알아보아야 한다. 웃음거리가 될 일은 없으니 걱정하지 마시길.

여기 두 개의 그림이 있다.

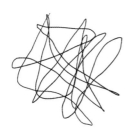 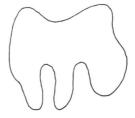

둘 중 어떤 것이 화나고 짜증나 보이고, 어떤 것이 슬프고 의기소침해 보이는가? 아마도 여러분은 왼쪽 그림이 공격적이고, 오른쪽 그림이 슬퍼 보인다고 답할 것이다. 2019년에 진행된 연구에 따르면 대부분의 사람들이 그렇게 답했다. 실험 참가자들에게 직접 그림을 그려보라고 하자 화난 그림은 평균 17~24개의 모서리를, 슬픈 그림은 평균 7~9개의 모서리를 갖고 있었다. 그런 의미에서 헤비메탈 밴드가 앨범 커버에 사용하는 글자체는 비교적 각지고 뾰족한 반면, 아델Adele처럼 멜랑콜리한 음악을 하는 가수가 사용하는 글자체는 둥근 형태인 것도 당연하다.

그런데 이런 '모남'은 주파수 변화를 기록하는 등의 방식으로 목소리, 언어, 몸짓 등에서도 물리적으로 측정 가능하다. 언어의 발음이 대칭적이고 '둥글'수록 더욱 멜랑콜리하고 슬프게 들리는 효과가 있다. 청자가 그 언어를 이해하지 못한다면 더욱 그렇다. 이 문장에서 '둥글다'는 표현이 '발음'을 묘사하고 여러분이 그 의미를 이해했다는 것만으로도 세상의 모든 것을 분류하는 보편적인 사고의 범주가 존재한다는 의미가 된다.

여기서 '보편적'이라는 단어가 핵심이다. 비슷한 연구에서 문화와는 상관없이 인류에게 공통적으로 인식되는 개념이 있다는 사실이 밝혀졌기 때문이다. 즉 실험 참가자가 미국 네브래스카주 오마하 출신인지 아니면 아프리카 나미비아 출신인지는 중요하지 않았다.

우리의 뇌는 생각의 스키마를 만들어내는 데는 세계 챔피언이다. 이런 능력이 자연스럽게 우리 몸에 내재되어 있다고 하더라도 굉장한 정신적 성취임에는 틀림없다.

예를 들어 여러분의 눈앞에 래브라도레트리버와 푸들 그리고 허스키가 한 마리씩 있고 모두 개라고 불린다. 그러면 여러분은 곧바로 '개'라는 생각의 스키마를 만들고 새로운 예시를 그 스키마 안에 집어넣을 수 있다. 그다음에 콜리를 보면, 콜리의 생김새가 래브라도레트리버나 푸들과는 다르다고 하더라도 곧바로 그 동물을 개라고 인식할 수 있게 된다. 아무도 콜리가 개과 동물이라고 알려주지 않더라도, 우리는 콜리를 개의 범주로 분류할 수 있다.

개의 예시를 세 마리 보고 나면, 머릿속에서는 꼬리가 달리고 털이 있고 주둥이가 있고 다리가 네 개인 동물이라면 뭐든지 '개'에 속할 수 있다는 생각의 스키마가 만들어질 수 있다. 눈 깜짝할 사이에 올바른 생각의 스키마를 구축해서 오직 개만을 '개'라는 범주로 분류하게 되는 것이다.

이것이 이해의 본질이다. 보거나 배운 것을 그저 반복만 하는 대신, 다른 대상을 분류하기 위한 생각의 스키마를 만들어내는 일. 이때 여러분은 '개'라는 개념을 배운 것이 아니라 이해한 것이다. 이해는 배움과 다르다. 무언가를 이해하고 나면 곧바로 새로운 대상에 적용할 수 있기 때문이다. 그리고 이것이 생각의 스키마, 즉 정신적인 비밀 무기의 힘이다. 생각의 스키마가 완성되면 생각이 고도로 유연해질 뿐만 아니라 학습에 드는 시간도 최소한 으로 줄어든다.

예를 들어 여러분은 아델의 슬픈 가사를 들으면, 곧바로 블루스 음악이 무엇인지 알게 되고 다른 블루스 음악도 가사로 알아차리게 된다. 브렉시트Brexit라는 단어가 무슨 뜻인지 알면 브리턴Breturn이라는 단어가 무슨 뜻인지도 곧바로 알 수 있다. 이것이 이해다. 이해란 모든 상황에 적용 가능한 생각의 스키마를 빠른 속도로 구축하는 일이다. 그렇다면 의문점은, 뇌가 어떻게 생각의 스키마를 만드느냐는 것이다.

모든 것은 상대적이다: 이해의 수학

우리가 뇌가 되어서 새로운 생각의 스키마를 만든다고 상상해보자. 생각의 스키마를 구체적으로 만들어내기 위해서는 몇 가지 예시만 있으면 된다. 우리는 예시들에서 공통점을 추출한 다음 새로운 예시에 적용할 생각의 스키마를 구성하게 된다. 가령 우리 눈앞에 오펠 코르사, BMW X7, 벤츠 A 클래스, 폭스바겐 파사트 콤비가 각각 한 대씩 있다고 하자. 이 네 가지 예시에서 '자동차'라는 개념을 어떻게 이해해야 할까?

뇌는 확률 계산이 특기이므로 가장 먼저 스키마 구축에 쓰일 서로 다른 가능성을 계산하고 그중 가장 개연성이 높은 것을 골라낸다. 자동차를 이해할 때는 세 가지 가설을 세울 수 있다.

가설 1: 자동차란 바퀴 네 개에 모터가 하나 있으며, 사람을 운반하는 이동수단이다.

가설 2: 자동차란 바퀴 네 개, 모터 하나, 좌석 다섯 개(최대), 운전대 하나, 지붕, 트렁크, 여닫이문 3~5개, 배기장치가 달린 이동수단이다.

가설 3: 자동차란 이동수단이다.

실제 자동차를 눈앞에 두고 '자동차'라는 말을 들으면 이 중에 가장 개연성이 높은 것은 가설 1과 2다. 오펠, BMW, 벤츠, 폭스바겐 중에 단 하나의 예시만 보고 '자동차'가 이동수단이라는 개념을 세우는 것은 이상하다. 그런 경우에는 자전거, 버스, 트럭, 킥보드는 왜 이동수단에 포함되지 않느냐는 의문이 생긴다. 이동수단에는 자동차만 포함되는 것이 아니기 때문이다. 그러니 '자동차'라는 개념에 모든 교통수단을 포함시키는 것은 개연성이 없다.

관점을 바꾸면 또 다른 그림이 보인다. 묘사가 구체적일수록 가설이 점점 개연성을 잃을 수도 있다. 그렇다면 가설 2가 가장 개연성이 없다. 아주 자세한 설명이 이어지기 때문이다. 바퀴 네 개에 모터와 운전대가 하나이고, 지붕과 트렁크가 있으며, 여닫이 문이 3~5개이고, 배기장치가 달린 이동수단은 자동차 외에도 많으니까. 그러니 가설은 오히려 보편적일수록 개연성이 높다.

이상의 모든 내용을 종합해서 결론을 내릴 수 있다. 어떤 경우에는 가설 3이 가장 개연성이 없고, 어떤 경우에는 가설 2가 그렇다. 오직 가설 1만이 어떤 경우에든 개연성이 높고, 어느 쪽으로도 치우치지 않는다. 그러므로 뇌가 이 범주를 구축한 다음 자동차란 바퀴가 네 개이고 모터가 하나이며 인간을 운반하는 이동수단이라고 추론하는 것이 가장 가능성이 높은 결과다.

물론 자동차에는 또 다른 특성이 있기 때문에 이 가설이 완벽하지는 않다. 그러나 이것은 얼마 되지 않는 예시만으로 보편적인 생각의 스키마를 만들어내는 데는 아주 좋은 첫걸음이다.

그 뒤에 숨은 수학이 바로 확률론이다. 우리는 이 사례에서 나타난 모든 고려 사항을 종합해서 베이즈 추론Bayesian inference(통계적 추론 방식으로, 베이지안 추론이라고도 한다. 추론 대상에 대한 사전 정보와 추가 정보를 통해 사후 정보를 추론하는 방법 – 옮긴이)이라는 수학 모델을 만들 수 있다.

베이즈 추론에 사용되는 베이즈 정리에 대해서는 설명을 생략하고 지금까지의 내용만 요약하면 다음과 같다. 뇌는 어떤 범주가 가장 함축적이고 중요한지 알아내기 위해 확률을 이용할 가능성이 높다. 그리고 범주는 너무 독특해서도, 너무 보편적이어서도 안 된다.

그렇다면 여기서 눈에 띄는 점이 있을 것이다. 결국 뇌는 통계를 계산하는 컴퓨터에 지나지 않는다는 뜻인가? 기계도 공통점과 개연성을 찾아내 이를 바탕으로 사고 범주를 만들어낸다. 뇌에서 일어나는 일도 바로 그런 과정이다. 그러나 우리 인간은 특별한 기술을 더 숨기고 있다.

우리는 통계적인 개연성뿐만 아니라 극단을 바라보기도 한다. 예를 들어 치타 다섯 마리가 달리고 있다고 하자. 한 마리는 엄청난 속도로 사바나를 박차고 달리며 누가 달리기의 제왕인지를 똑똑히 보여준다. 다른 세 마리는 그보다 조금 느린 속도로 달린다. 마지막 한 마리는 터벅터벅 걷고 있다. 여러분이 다섯 마리 중에서 최고의 치타를 한 마리 꼽아야 한다면, 어떤 개체를 선택하겠는가? 당연하게도 가장 빨리 달리는 개체일 것이다. 치타는 달리기가 빠르다고 묘사되는 동물이니까.

만약 교과서에 실을 전형적인 치타를 한 마리 꼽아야 한다면, 어떤 개체를 선택하겠는가? 치타라면 당연히 갖추어야 할 능력을 보여주는 가장 빠른 녀석을 선택하겠는가? 아니면 가장 평범하고 평균적인 중간 정도의 속도로 달리는 녀석을 선택하겠는가? 흥미롭게도 여섯 살 이하의 아이들은 가장 빠른 치타를 골랐고, 어른들은 중간 정도로 빠른 치타를 골랐다. 전형적인 개는 가장 크게 짖는 녀석이 아니라 개답게 짖는 녀석이다.

우리는 '가장 뛰어난' 치타, 자동차, 개를 보고 생각의 스키마를 구축한다. 그래서 사람들에게 자동차 그림을 그려보라고 하면 대개 비슷한 결과가 나온다. 사람들은 자동차의 한쪽 단면을 그린다. 바퀴 두 개, 보닛, 트렁크, 문 두 개, 창문 그리고 지붕까지. 그러나 실제로 이런 모습의 자동차는 없다. 그럼에도 우리가 보기에 자동차의 단면 그림은 아주 전형적인 자동차의 스키마에 속한다. 이처럼 어떤 사물이나 대상의 전형적인 특징을 추출하고 발췌하는 능력을 스키마에 더하거나 새로운 대상에 적용하는 것을 본질 추출gist extraction이라고 한다.

뇌에는 새로운 길이 필요하다

놀랍게도 뇌는 생각의 스키마를 만들 때 고전적인 학습법이 아닌 다른 경로를 선택하기도 한다. 실험 참가자들에게 특정한 그림이 어느 위치에 있었는지를 기억하는 기억력 게임을 하게 하면, 해마가 곧바로 활동을 시작해서 그림의 위치를 대뇌(이 경우에는 이마 바로 안쪽)에 전달하고 대뇌가 그 위치를 저장하도록 훈련시킨다.

그런데 이 과정을 몇 주에서 몇 달 동안 반복하면, 뇌의 다른 구역도 활동을 시작한다. 참가자들은 기억해야 하는 그림뿐만 아니라 그 그림이 어떤 위치에 있었는지 그리고 다른 그림들과 그룹을 이루는지도 생각하게 된다. 즉 생각의 스키마를 완성한다. 이쯤 되면 해마의 역할은 더는 필요 없고, 뇌의 다른 구역, 예를 들어 단어의 뜻이나 공간을 처리하는 부분이 훨씬 중요한 역할을 하게 된다.

그리고 이것이 바로 뇌 속에 있는 생각의 스키마 모델이다. 스키마는 뇌 속 어딘가에 저장되어 있는 것이 아니라 각각의 뇌 부위가 상호작용하는 방법을 의미한다. 뇌는 주어진 과제에 잘 맞는 부위를 활성화하고는 마치 백과사전을 들추듯이 원하는 정보를 찾아낸다. 자세히 설명하면, 이 부위는 팽대후부피질 retrosplenial cortex (뇌의 좌반구와 우반구를 연결하는 뇌량의 팽대 바로 뒷부분에 있다. 일화적 기억, 방향 감각, 미래에 대한 상상 등에 중요한 역할을 한다 – 옮긴이), 중측두이랑 middle temporal gyrus (측두엽에 존재하는 부분으로, 상측두이랑과 하측두이랑의 가운데에 있다. 지인의 얼굴을 알아보거나 거리를 예측하거나 글에서 자신이 이미 알고 있는 단어의 뜻에 접근하는 역할을 한다. 참고로 이랑이란 뇌의 피질에서 돌출된 부분을 말한다 – 옮긴이), 상측두고랑 superior temporal sulcus (측두엽에서 상측두이랑과 중측두이랑 사이를 구분하는 역할을 하며, 다감각 처리에 관여한다. 참고로 고랑이란 뇌의 피질에서 깊게 파인 부분을 말한다 – 옮긴이), 측두두정 접합 temporoparietal junction (측두엽과 마루엽, 즉 두정엽을 연결하는 부위다. 시상과 대뇌변연계에서 전달된 정보는 물론 시각, 청각, 감각신경계에서 전달된 정보까지 받아들인다 – 옮긴이), 전방측두엽anterior temporal lobe(측두엽의 앞부분, 즉 관자놀이에 가까운 부분을 가리킨다. 의미 기억에 중요한 역할을 한다 – 옮긴이)이다. 뇌 부위의 이름들은 곧 잊어버려도 된다. 이름을 외우는 것보다는 이 뇌 부위들이 함께 만들어내는 스키마를 이해하는 것이 중요하다.

이 뇌 부위들은 어떤 사건 위에 기억을 구축하고, 공간적인 상상력을 발전시키고, 다른 관점에서 생각해보게 하고, 단어의 뜻을 정리하는 일을 한다. 즉 이성적인 스키마 구축에 필요한 모든 일을 담당한다. 이 뇌 부위들은 모두 뇌의 측면부터 후면에 걸쳐 있으며, 이마 뒤에 있는 전두엽의 조정을 받는다. 이 뇌 부위들이 활동하면서 서로 협력해야 스키마가 구축된다. 그리고 어떤 스키마에 정확히 들어맞는 새로운 정보가 나타나면 비교적 빠르게 처리된다. 해마가 나설 필요도 없이 말이다.

스키마 작용으로 이해하기

우리 뇌는 익숙하지 않은 기억을 불러일으킬 수도 있다. 생각의 스키마라는 속임수를 활용한다면 말이다. 다음 단어 연결에 주의하면서 어떤 공간과 장소를 상상해보자.

교사 - 교실 - 학생 - 칠판

나무 - 돌 - 집 - 직물

이제 이 단어들을 잠시 잊고 우리 이야기를 계속해보자.

스키마는 적은 예시만으로도 훨씬 넓은 범위의 전체를 포괄할 수 있다는 강력한 장점이 있다. 그러나 여기에는 대가가 따른다. 전체 그림을 더 잘 인식할수록(즉 스키마를 더 잘 구축할수록) 세부 사항을 기억하는 능력이 떨어진다.

구체적인 예를 들어보자. 여러분이 외식을 하고 왔다고 하자. 그런데 이내 속이 안 좋아졌다. 앞에서 살펴봤듯이, 그러면 여러분의 뇌는 인과관계를 찾기 시작한다. 모든 인위적인 변화가 메스꺼움을 일으킨 원인일 수 있기에, 여러분은 이렇게 생각한다. 와인을 너무 많이 마셨나? 조개 수프 때문인가? 생선 요리 때문인가? 여러분이 이 레스토랑에 자주 갈수록 생각의 스키마를 구축할 예시가 점점 늘어난다. 이 레스토랑에서 조개 요리를 먹을 때마다 배가 아프다면, 여러분은 조개가 원인이라는 결론을 내릴 것이다.

어떤 연구진이 비슷한 실험을 진행했다(물론 진짜 조개를 써서 실제 복통을 만들어낸 것이 아니라 컴퓨터상에서 이론적으로 복통을 만들어낸 것이다). 실험 결과는 예상대로다. 예가 많을수록 원인을 인식하기 쉬웠고, 스키마도 쉽게 구축되었다. 그러나 실험 참가자들은 스키마 구축에 활용한 예시들을 정확하게 기억하지 못했다.

현실도 이와 별반 다르지 않다. 조개 수프든 조개 샐러드든, 조개구이든, 조개가 들어간 무언가를 먹고 복통을 겪었다면 원인은 조개이고, 그는 모든 조개를 피하게 될 것이다. 즉 예가 많으면 더욱 포괄적인 스키마를 구축할 수는 있지만 모든 예시를 기억하기는 불가능하다.

한편 우리는 세부 사항을 기억하지 않는 대신 견고하고 보편적인 스키마를 구축할지, 아니면 세부 사항을 기억하는 대신 설득력이 없는 스키마를 구축할지 선택할 수 있다. 조개가 있든 없든 우리는 선택을 해야 한다. 생각의 스키마를 구축하면 우리는 상황을 일반화하고 각각의 예를 넘어 폭넓게 생각할 수 있게 된다. 앞서 보았던 단어들의 나열로 돌아가 보자. 단어들의 나열 중에 어떤 것이 더 기억에 남는가?

교사 – 교실

교사 – 학생

나무 – 돌

나무 – 집

만약 여러분이 다른 대부분의 사람들과 비슷하다면, 아마도 교사-교실이라는 단어의 짝을 기억하기가 제일 쉬웠을 것이다(즉 이 단어 조합이 스키마에 잘 들어맞는다). 앞에서 언급하지는 않았지만 교사-학교도 많은 사람이 기억한 단어의 조합이다. 반대로 나무와 연관된 단어 조합은 사람들의 기억에 잘 남지 않았다. 교사라는 개념으로는 생각의 스키마를 구축했지만 나무라는 개념으로는 생각의 스키마를 구축하지 않았기 때문이다.

실험 결과, 사람들은 새로운 정보와 스키마가 명백하게 결합되는 경우에 해당 정보를 빠르게 습득했다. 이 과정은 해마가 나설 틈도 없이 아주 빠른 속도로 진행된다. 새로운 정보는 다른 기관을 거치지 않고 곧장 대뇌의 생각 스키마에서 처리된다. 이때 가끔씩 한계를 넘어서는 경우가 있지만(예를 들어 '교사-학교'라는 예가 목록에 없더라도 해당 조합을 만들어내는 경우), 우리는 대개 이 기술을 통해 스키마를 응용할 새로운 가능성을 개발한다. 실험 참가자들에게 몇 가지 예를 보여주고 스스로 생각 범주를 구축하게 하면, 참가자들은 아무런 문제 없이 해당 범주에 들어맞는 새로운 예시를 스스로 만들어냈다. 그리고 참가자들을 사전에 훈련시키지 않아도 이 과정은 몇 초 만에 일어난다. 이것이 이해의 힘이다.

이 모든 과정이 왜 필요한가?

이번 장을 꼼꼼히 읽은 독자라면 앞서 살펴본 인과성 생각 모델과 생각의 스키마가 별 차이가 없다는 사실을 눈치챘을 것이다. 나무가 아닌 숲을 보면 맞는 말이다. 개별 예에서 추론해야만 스키마를 구축할 수 있기 때문이다. 하지만 스키마는 원인과 결과를 단순히 이해하는 것 이상의 일을 가능하게 한다. 예를 들어 여러 개의 스키마를 서로 조합할 수 있다. 그리고 이를 위해서는 대상의 의도나 목적을 인식하는 것이 중요하다. 인간은 아주 어릴 때부터 스키마를 구축하고 여러 스키마를 서로 조합할 수 있다.

한 살 반 정도 된 아기들을 대상으로 실험한 결과, 사람이 상대의 의도를 파악하는 능력이 얼마나 뛰어난지 알 수 있었다. 실험 진행자는 빨랫감을 빨랫줄에 널어두고 빨래집게를 떨어뜨린 다음 줍지 못하는 척했다. 그러자 아기들은 묵묵히 자리에서 일어서서(잘 알겠지만 18개월짜리 아기들은 말을 하지 못한다) 실험 진행자가 무엇을 원하는지 알아내려는 듯이 빤히 바라보았다. 그런 다음 스스로 빨래집게를 주워서 진행자에게 내밀었다. 명확한 지시를 받지 않았음에도, 실험 진행자가 모르는 사람이었음에도, 게다가 그렇게 함으로써 보상을 받는 것이 아니었음에도 말이다. 아기들은 실험 진행자가 빨래집게를 일부러 떨어뜨렸는지 아니면 실수로 떨어뜨렸는지도 정확히 알고 있었다. 빨래집게가 실수로 떨어진 경우에만 실험 진행자를 도왔기 때문이다.

단순한 상황처럼 보이지만, 그 순간에 인지적으로는 어떤 일들이 일어나는지 생각해야 한다. 우선 아기들은 타인이 의도를 품고 있다는 것(저 사람은 빨래집게를 다시 손에 넣고 싶어한다)과 지금 내가 완전히 다른 행동을 하면 타인의 문제를 해결해줄 수 있다는 사실을 인식해야 한다. 이와 같은 타인의 의도에 대한 시뮬레이션, 공감, 문제의 이해, 문제 해결을 위한 계획, 능동적인 행동 등이 로봇이나 컴퓨터 시스템에게는 절대로 불가능하다. 어떤 기계도 사람의 입장이 되어 생각할 수는 없다.

하지만 사람은 언제든 타인의 입장에서 생각할 수 있다(그리고 침팬지도. 똑같은 실험에서 침팬지도 궁지에 처한 인간을 도와주었다). 공감하려면 타인이 왜 그런 행동을 하는지뿐만 아니라 어떤 의도로 그런 행동을 하는지까지 생각해야 한다. 그래야 계획을 세우거나 미래를 구상할 수 있다. 반면 '왜?'라는 질문은 과거 지향적이다.

드론 이야기를 기억하는가? 우리는 "드론은 왜 하늘을 날지?"라는 질문을 던질 수도 있다. 답변은 이렇다. 모터가 프로펠러를 돌리면서 공기를 위쪽으로 밀어내는 압력을 만들어 드론을 공중으로 띄우기 때문이다. 아주 좋은 답변이다. 하지만 다음과 같이 질문한다면 드론이라는 개념을 더욱 빨리 파악할 수 있다.

"드론은 무엇 때문에 하늘을 날지?"

답변은 이렇다. 공중에서부터 내려다보는 영상이나 사진을 찍으려고. 이 개념을 파악하면 이를 완전히 다른 비행 물체에 적용해 새로운 카메라 드론을 개발할 수도 있다. 핵심은 드론이 하늘을 날면서 영상이나 사진을 찍는다는 것이다. 여러분도 이런 식으로 아주 빠르게 대상이나 사건의 의미를 이해하면 그것을 사고의 범주에 적용할 수 있다. 저 테이블은 무엇 때문에 저기 있지? 물건을 놓을 곳이 필요하니까. 이 핵심을 이해하고 나면 여러분은 형태와 디자인이 다양한 테이블들을 개발할 수 있다.

다만 무엇 때문에 혹은 무엇을 위해서라는 질문이 도움이 되지 않는 경우가 두 가지 있다. 하나는 자연과학 분야다. 이 분야에서는 '왜?'라는 질문만 통용된다. 그래서 "기린은 무엇 때문에 목이 길지?"라는 질문은 할 수 없다. '높은 곳에 달린 풀이나 열매를 먹으려면 목이 길어야 유리하므로 이 동물의 목을 길게 만들어야지'라고 모든 계획을 세운 '만물의 신'은 존재하지 않는다. 자연에는 아무런 목표도 목적도 없다. 다만 근거가 있을 뿐이다. 기린의 목은 왜 그렇게 길까? 목이 짧은 개체가 덜 번식했기 때문이다. 결과적으로 목이 긴 개체들만 살아남았다. 자연과학 분야에서는 '무엇 때문에?'라는 질문이 아무런 의미가 없다.

아무것도 모르면 모든 것을 구글링해야 한다

교육의 과업은 사람의 머릿속에 많은 정보를 저장하는 것이 아니다. 그보다도 사람이 생각 모델을 구축하고 새로운 과제를 풀 수 있는 힘을 기르게 하는 것이 훨씬 중요하다. 오늘날 우리는 어떤 정보든 아주 빠르고 손쉽게 얻을 수 있는 세상에 살고 있기 때문에 안타깝게도 생각 모델 구축을 지나치게 과소평가하는 경우가 잦다. 우리는 미심쩍은 정보라면 뭐든지 구글에 찾아보면 만사 오케이라고 생각하고, 그 결과 개념을 파악하고 연관성을 인식하는 능력을 잃어버리게 된다. 다른 말로 설명하자면, 아무것도 모르는 사람은 모든 것을 구글링해야 한다.

문화비관주의적인 견해 아니냐고? 나는 절대 비관주의자가 아니다. 하지만 과학적인 측면에서는 이런 지식의 발달이 긍정적으로 느껴질 수밖에 없다. 우리는 이미 오래전부터 사람들이 무엇을 알고 있는지 연구했다. 1980년에는 토머스 넬슨Thomas Nelson과 루이스 내런스Louis Narens가 300개 문항이 포함된 검사 방법을 개발했다. 두 사람은 광범위한 과학 분야(지리학과 생물학에서부터 예술과 문화까지 아우른다)에서 각기 다른 난이도의 질문들을 개발했기 때문에 그들의 검사법은 '표준적인 검사법'이라는 평가를 받으며 수많은 심리학 연구에서 학습 능력, 인지력, 사고력 등의 측정에 사용되었다.

다만 1980년대 이후 많은 변화가 있었기 때문에 연구진은 2012년에 새로운 실험 참가자 650명에게 똑같은 문항으로 재검사를 진행했다. 그리고 과거 실험 참가자들의 정답률과 현대 실험 참가자들의 정답률을 비교했다. 놀라운 사실은 검은색과 흰색

줄무늬가 섞인, 말과 비슷한 동물을 뭐라고 부르느냐는 질문에 93퍼센트가 '얼룩말'이라고 답했다는 점이다(나는 나머지 7퍼센트가 어떻게 답했는지가 더욱 궁금하다). 이 문항은 정답자가 가장 많은 문항이었다.

1980년에는 프랑스의 수도를 묻는 질문('파리'가 정답이다)의 정답률이 6위였는데, 32년 후의 재검사에서는 23위였다(73퍼센트가 정답을 말했다). 각국의 수도를 묻는 질문은 정답률이 높지 않았다. 헝가리의 수도가 부다페스트라고 정확히 알고 있던 사람은 3퍼센트뿐이었다. 21퍼센트는 심지어 부다페스트가 인도의 수도라고 말했다. 덴마크의 수도가 코펜하겐이라는 사실을 알고 있던 사람은 3퍼센트도 채 되지 않았다. 한편 79퍼센트는 바그다드가 아프가니스탄의 수도일 것이라고 말했고, 26퍼센트는 부에노스아이레스가 스페인의 수도일 것이라고 말했다. 60퍼센트 이상이 나일강은 남아메리카에서 가장 긴 강이라고 답한 것, 12퍼센트가 프랑스의 통화는 루피라고 답한 것, 29퍼센트가 태양이 태양계에서 가장 큰 행성이라고 답한 것, 약 30퍼센트 정도가 지구상에서 가장 큰 조류가 펭귄이라고 답한 것은 별로 놀라운 일도 아니었다.

혹시 교양 있는 사회의 몰락을 우려하는 사람들이 있을까봐 덧붙이자면, 실험에 참가한 사람들은 켄터키 주립대학교 및 오하이오 주립대학교의 신입생들이었다. 이들이 전체 인구를 대표하는 것은 아니지만, 어쨌든 대학교에까지 진학한 학생들은 인구 평균보다 교육 수준이 높다. 여기서 다음과 같은 의문을 품는 사람들도 있을 것이다.

"그래서? 답을 틀려도 상관없잖아. 어차피 검색만 해보면 나오는 것들인데."

그러나 연구 결과를 보면 상관이 없지 않다. 지식이 풍부한 사람은 새로운 지식을 훨씬 쉽게 받아들인다. 2019년 연구 결과에 따르면, 기본 지식이 풍부한 사람의 뇌는 더욱 촘촘하게 연결되어 있다. 여기서 우리는 애초에 뇌가 더 잘 연결되어 있기 때문에 더 많은 정보를 기억할 수 있는 것인지, 아니면 지식을 많이 알고 있기 때문에 뇌의 연결이 더 좋아지는 것인지 물어보아야 한다(상호작용과 인과관계). 둘 다 옳을 가능성이 높다. 일반 상식은, 말하자면 '정신적인 아령'이고, 뇌는 이 아령으로 생각 모델을 구축하는 방식을 훈련하고 나중에 이를 사용한다.

더 많은 지식을 알고 있다면 또 다른 장점이 있다. 바로 틀린, 혹은 거짓 정보의 유혹에 빠지지 않는다는 점이다. 인간을 조종할 때 가장 자주 쓰이는 방식이 '오류적 진실효과illusory truth effect' 혹은 '진실효과truth effect'라는 심리적인 효과를 일으키는 것이다.

잘못된 정보를 계속 접하면 사람은 그것이 진실이라고 믿게 된다. 정치적인 프로파간다뿐만 아니라 일반적인 마케팅에도 활용되어 사람들을 생각의 오류에 빠뜨리는 기술이다. 예를 들어 일반상대성이론이 아인슈타인이 아니라 뉴턴이 만든 이론이라는 설명을 자주 들으면, 어느 순간부터는 그렇게 믿게 되는 것이다. 여기서 벗어나게 해줄 유일한 해독제는 일반교양이다. 일반교양은 특히 젊은이들을 보호하는 데 매우 중요하다. 젊은이들은 진실효과의 함정에 빠지기 쉽기 때문이다.

일반교양이 얼마나 효과적으로 거짓 주장을 물리치는지는 다음 실험 결과를 보면 알 수 있다. 더 나이가 많은 실험 참가자들은 자신들이 알고 있는 지식을 강력하게 신뢰하는 경향이 있었던 반면, 어린 실험 참가자들은 이해하기 쉽거나 기억하기 쉬운 허위 보도에 더 쉽게 속아 넘어갔다.

예를 들어 구체적인 의견("칠레의 수도는 리마입니다")을 들으면 젊은 사람들은 충동적으로 그렇다고 답한다. '리마는 남아메리카 어딘가에 있는 도시이고, 칠레는 남아메리카 어딘가에 있는 국가이니 맞는 말이겠지'라고 생각하는 것이다. 그러나 나이가 좀 더 많은 참가자들은 자신들이 알고 있는 지식을 기반으로 그것이 틀린 정보라는 점을 깨닫고는 함정에 빠지지 않았다.

요컨대 지식은 삶에 도움이 되며, 그것이 바로 교육의 의의다. 나중에 모든 내용을 틀리지 않고 기억해내기 위해서가 아니라(물론 이것 또한 교육의 긍정적인 부수적 효과지만 말이다), 잘못된 정보를 제대로 걸러내고 새로운 지식을 빠르게 받아들여, 다른 상황에 적용하기 위해서 배우는 것이다. 아무것도 모르는 사람은 아무것도 이해할 수 없다. 구글링을 하든, 안 하든.

일반교양의 의의

　내가 다닌 학교는 오늘날처럼 효율성을 중시하는 관점에서 보면 유행에 뒤처진 곳이었다. 그 학교에서 나는 지금은 사어死語인 라틴어를 배웠고, 칸트의 정언명령의 세 가지 조건을 배웠고, 뒤렌마트의 희곡 「노부인의 방문」과 셰익스피어의 희곡들을 읽었다. 다항식 함수를 풀었고, 프로이센의 3등급 선거제도(선거권자를 납세액에 따라 3등급으로 나누는 선거제도. 각 등급에 속한 사람들의 표의 비중은 그들의 수에 따라 정해졌다 – 옮긴이)를 공부했고, 알칼리성 금속과 알칼리 토류 금속의 차이점을 직접 실험으로 알아보기도 했다. 다만 나는 소득세 신고서를 작성하는 법이나 주택 임대차 계약 시의 주의할 점 또는 저렴한 호텔을 예약하는 방법 등은 배우지 못했다. 그럼에도 학교에서 배운 내용에 무척 만족했다. 훨씬 더 중요한 것을 배웠기 때문이다. 바로 이해하는 방법 말이다.

　교육은 훈련보다 중요하다. 교육의 목적은 지식(사고 체계)을 구축하는 능력을 기르도록 돕는 것이다. 물론 그 과정에서 커리큘럼을 따라야 하지만, 계속 새로운 시대정신에 부합하는 교과목만을 요구하는 사람들은 교육의 역할을 잘못 생각한 것이다.

구체적인 예가 있다. 오늘날 새로운 교과목으로(혹은 적어도 보충 수업 과목으로라도) 채택되어야 한다는 논의가 끊이지 않는 과목으로 '프로그래밍'이 있다. 물론 프로그래밍을 배우는 게 나쁘다는 뜻은 아니다. 다만 미래는 프로그래밍을 잘하는 사람들이 만드는 것이 아니라는 말을 하고 싶을 뿐이다. 오히려 그 반대다.

만약 미래의 컴퓨터가 지금보다 훨씬 똑똑해진다면, 인간이 프로그래밍할 필요 없이 컴퓨터가 스스로 프로그램을 만들 것이다. 그러면 프로그래머라는 직업은 사라지게 된다. 반대로 사라지지 않는 것은 스스로 어떤 프로그램을 만들지 생각하고, 무엇 때문에 그 프로그램을 활용해야 하는지 이해하는 능력이다.

내가 아는 최고의 프로그래머들은 어렸을 때부터 레고 블록으로 기사의 성이나 해적선 또는 경찰서 등을 만들었다. 레고 블록을 갖고 놀면서 새로운 건축 모델을 구상하는 능력을 키운 것이다. 그들의 머릿속에는 어떤 기술을 완벽하게 사용하고 싶다는 희망 사항이 아니라 정확한 그림과 목표가 있었다.

그러니 프로그래밍만을 위한 프로그래밍 수업은 헛수고다. 프로그래밍 수업을 들었다고 해서 누구나 페이스북의 소스코드를 보며 이 소셜 미디어가 사람들을 중독되게 만드는 심리학적인 속임수가 무엇인지를 알아내지는 못한다. 그래도 프로그래밍, 그러니까 컴퓨터 프로그램의 도움으로 어떤 문제를 해결하고자 한다면 파이썬과 C언어를 배우길!

우리가 학교에서 배운 스페인어는 30년 후에도 바르셀로나에서 커피를 주문할 때 써먹을 수 있지만, 오늘날과 같은 형태의 파이썬은 30년 후에 아무런 문제도 풀어주지 못할 것이다. 하지만 프로그래밍이 진정 무슨 뜻인지를 이해했다면 앞으로 어떤 새로운 기술이 탄생하더라도 유연하게 대처할 수 있을 것이다.

이는 역사 수업과 비슷하다. 역사적인 사건을 다수 알고 있는 사람이라면 모든 시대의 사람들이 파괴욕에 사로잡혀서 전쟁을 일으켰다는 스키마를 구축할 수 있을 것이다. 이를 이해한 사람이라면 생각의 스키마를 현대와 미래에 적용하여 전쟁의 전조가 무엇인지, 재앙을 일으킬 작은 사건들이 일어나고 있는지 파악할 수 있다. 프로그래밍도 이와 다르지 않다. 우선은 프로그래밍이라는 개념을 이해하는 것이 중요하다. 그러면 레고 블록 만들기보다 훨씬 많은 일을 할 수 있다.

프랑크푸르트에 있는 내 연구소로 가려면 레고 매장을 지나쳐야 한다. 그럴 때면 나는 오늘날의 세상이 어떻게 굴러가는지 깨닫는다. 레고 매장 안쪽으로는 기사의 성도, 해적선도, 경찰서도 보이지 않는다. 어린 시절 상상 속의 세계는 이제 없다. 대신 고급 차량인 부가티 시론이나 엠파이어스테이트 빌딩 레고 블록이 전시되어 있다.

나는 레고 블록으로 림프절을 만들어서 '면역 체계 놀이'를 한

적이 있다(내가 과했다는 건 나도 안다). 이제 사람들은 다른 사람이 생각해낸 아이디어에 따라 레고 블록을 만든다. 어린이들의 창의력을 이끌어내는 것이 아니라 호기심만 자극할 뿐이다.

이런 생각을 교육 분야로 끌어들이면, 우리를 인간으로서 존재하게 하는 무언가가 사라진다. 우리는 창의적으로 앞을 내다보고 생각하면서 스스로 부품을 모아 새로운 모델을 만들어내기 때문에 인간으로서 존재할 수 있다.

그러나 이제 우리는 아이들이 창의적으로 생각하도록 도와주지 못하고 이미 다른 사람이 떠올린 아이디어에 따라 생각하라고 가르친다. 그러면 수동적이고 싫증을 잘 내는 인간이 탄생한다. 결국 이 세상은 선구자가 아니라 재생산자로만 가득 차게 되고, 재생산자들은 타인의 아이디어와 공학 성능으로만 살아가야 한다.

물론 약간의 가르침이나 안내는 중요하다. 모든 사람이 바퀴를 발명해낼 수 있는 건 아니니까. 예를 들어, 나였다면 혼자 아무리 노력해도 정언명령에 도달하지 못했을 것이다. 누군가가 나에게 정언명령이 어떻게 작동하는지 보여주고 명확한 구조를 알려줘야만 했다(칸트가 이 사실을 알았다면 행복했으리라). 그리고 사람들은 누구나 무언가를 시작할 자유가 있다. 칸트가 존엄성을 정의했듯, 누군가가 동물을 잡아먹는 것이 도덕적인지 아닌지를 증명할 수도 있을 것이다. 이 모든 것이 더 현명한 상호작용에 달려 있다.

엠파이어스테이트 빌딩 모델과 기사의 성 모델은 모두 일종의 안내다. 그러나 엠파이어스테이트 빌딩은 사람을 벽장에 가두는 반면 기사의 성은 사람을 자유롭게 뛰어놀게 한다.

그러므로 오늘날 창의력 워크숍에서는, 이른바 레고 시리어스 플레이Lego Serious Play(레고 블록으로 서로 문제를 논의하고 토론하며 해결 방안을 찾고 조직과 팀의 커뮤니케이션을 효과적으로 돕는 방법 – 옮긴이)가 절대로 빠져서는 안 된다. '시리어스'와 '플레이'가 함께 나온다니 매우 모순적이기는 하다. 어쨌든 레고 시리어스 플레이를 할 때는 오늘날 사람들이 직장 생활에서 잊어버리기 쉬운 일들을 해야 한다. 즉 새로운 것과 비정상적인 것을 생각한 다음 그것을 다른 레고 블록과 합쳐서 새로운 블록을 만들어야 한다. 우리가 어린 시절에 늘 하던 일을 다시 해야 한다. 바로 세상을 바꾸는 것이다.

그래서 나는 포괄적인 일반교양을 강력히 지지한다. 일반교양이 있어야만 구글링으로는 찾지 못하는 것, 그러니까 어떤 대상이나 사건들이 어떻게 연관되는지 이해하는 힘을 기를 수 있다. 스키마가 이해력 향상에 아주 중요한 구성요소라면, 교육도 스키마를 성공적으로 구축하는 방법을 따라야 한다. 다수의 사례를 접하고 인과관계를 파악한 다음 새로운 현상에 유용하게 사용하는 응용력을 키워야 하는 것이다. 지식은 머릿속에 저장된 수많은 정보가 아니라 정보를 다루는 능력을 의미한다.

3부

이제, 어떻게
공부해야 하는가

Das neue Lernen

효과적인 공부를 위한
이해의 세 단계

몇 년 전 당시 세 살이던 이웃집 아이와 마당에서 축구를 한 적이 있다. 그러다가 갑자기 내 몸이 골네트에 휘감겼다. 나는 소리쳤다.

"이런, 못 빠져나가겠어!"

그러자 이웃집 아이가 "걱정 마세요!"라고 소리치더니 "기다리세요, 유압장비를 가져올게요!"라고 덧붙였다. 옆에 서 있던 아이의 어머니가 유압장비란 소방서에서 사용하는 것으로서, 부서진 자동차 문을 꾹 눌러 열고는 차 안에 갇히거나 끼인 사람을 구조하는 도구라고 설명했다.

그 순간 내 머릿속에는 몇 가지 의문이 떠올랐다. 아이는 도대체 어디서 유압장비를 가져온다는 걸까? 유압장비로 정말 나를 구할 수는 있을까? 아이는 도대체 어떤 장난감을 갖고 있는 걸까? 이 아이는 혹시 평소에 아침부터 저녁까지 유압장비, 구조용 가위, 소화기, 소방용 쇠갈고리를 갖고 노는 걸까? 그러고는 잘 아는 사람에게 올바른 도구 사용법을 배운 다음(아이의 아버지는 소방관이다) 그물에 걸린 나를 구해주려는 걸까?

유압장비가 무엇인지 아이가 알고 있었을 가능성은 거의 없다. 게다가 아이가 나를 구해주기 위해 가져온 것은 모래놀이용 장난감이었다. 아이는 그 장난감으로 그물을 펼치고 나를 구해주었다. 그걸 보면 아이는 유압장비가 어떤 일을 하는 도구인지는 알고 있었던 것 같다. 원리를 이해한 사람은 완전히 다른 도구로도 유압장비와 같은 효과를 낸다.

그저 재미있는 일화처럼 들리겠지만, 생각의 '챔피언스 리그'를 명백하게 보여주는 사건이기도 하다. 몇몇 예들 덕분에(나는 세 살배기 이웃 아이의 방 안에 유압장비나 금속 가위 등이 즐비하리라고는 생각지 않는다) 우리는 이미 앞에서 살펴봤던 '원샷러닝'을 일반화할 수 있다. 이런 인지 능력을 귀납적 학습inductive learning이라고 한다. 여기서 드는 의문은 귀납적 학습이 어떻게 작동하는지 그리고 어떻게 활용되는지다.

가령 세 화가의 화풍을 배워야 한다고 하자. 어떻게 하면 간단하게 세 화가의 화풍을 구분할 수 있을까? 첫 번째 화가의 그림을 연달아 보고 나서 잠깐 쉬었다가 두 번째와 세 번째 화가의 작품을 연달아 보는 식으로 학습해야 할까? 아니면 미술관에 가서 직접 그림을 관람해야 할까? 아니면 그림을 직접 따라 그려보아야 할까? 대부분의 사람들이 차례차례 정보를 입력하는 방식, 그러니까 화가들의 그림을 차례차례 살펴보는 방식을 택한다. 그러나 이것이 최선일까?

연구진은 실험 참가자들에게 두 가지 방식으로 화가의 화풍을 배우게 했다. 일부 실험 참가자들(1번 그룹)은 각 화가의 그림을 차례차례 살펴보았다. 2번 그룹은 각 화가의 그림을 무작위로 번갈아 살펴보았다. 그런 다음 잠시 휴식을 취하고, 다시 한 번 그림을 뒤죽박죽으로 보았다. 이것을 인터리빙interleaving(컴퓨터 기술에서 주기억을 n개의 뱅크로 분할해 접근 속도를 향상시키는 방법 - 옮긴이) 혹은 간섭법이라고 한다. 그런데 결과는 아주 흥미로웠다. 2번 그룹은 이전에 본 적이 없는 새로운 그림도 화가와 정확하게 연결했다. 반면 1번 그룹은 그림에 더 큰 비중을 두고 암기했음에도 화풍을 정확히 이해하지 못했다. 범주별로 나누고 블록 단위로 학습하는 방식은 예상만큼 효율적이지 않았다.

이와 비슷한 또 다른 실험에서는 약 4분의 3 정도의 참가자들이 실험을 진행하는 동안 블록 단위 학습이 더욱 효율적일 것이라고 생각했다. 마지막 테스트에서 그런 학습 방식이 더 낮은 점수를 기록했음에도 말이다.

아주 모순적이지만, 학습 과정이 뒤죽박죽일수록 학습자의 이해도가 높았다. 그 이유는 명백하다. 포괄적인 생각의 스키마를 구축하려면 대상이 무엇인지뿐만 아니라 무엇이 아닌지도 알아야 한다. 그림을 뒤죽박죽으로 봤던 사람들은 그 그림이 누구의 그림인지뿐만 아니라 다른 화가의 화풍과는 어떻게 다른지도 알 수 있었다. 그러니 무언가를 이해하는 가장 좋은 방법은 경계를 넘나드는 학습이다. 그래야만 어디에서 하나의 개념이 끝나고 다른 개념이 시작되는지 알 수 있기 때문이다.

이것을 식별 대조 가설discriminative-contrast hypothesis이라고 한다. 두 개념을 구분(식별)하고 비교(대조)하는 방법이다. 이를 통해 각 개념이 어떻게 구성되는지 알아보고 새로운 상황에 적용할 수 있다. 이 원리는 화풍을 알아볼 때뿐만 아니라 수학 문제를 풀고, 심리학 사례연구를 하고, 운동 능력을 습득할 때도 도움이 된다.

예를 들어 농구를 배운다면 항상 한 가지 슛 자세를 완벽하게 익힌 다음 다른 자세를 연습해야 할까? 아니면 여러 슛 자세(예를 들어 가슴부터 던지기, 머리 위로 던지기, 한 손으로 던지기 등)를 번갈아가며 연습해야 할까? 당연히 후자가 훨씬 효과적이다. 여러 자세를 번갈아 배우면 움직임을 더욱 빨리 익힐 수 있을 뿐만 아니라 시합에서 새로운 상황이 연출될 때도 자신이 배운 내용을 직관적으로 빠르게 적용해볼 수 있다. 고전적인 학습법을 옹호하는 사람들만이 모든 요소를 하나로 묶은 다음 차례차례 학습하는 방식이 가장 효율적이라고 말한다.

그렇다면 많은 사람이 범주별로 차례차례 배우는 것이 더 낫다고 느끼는 이유는 무엇일까? 범주별로 학습하는 것이 가장 먼저 좋은 효과를 내기 때문이다.

구체적인 문제에 연산법을 적용하는 방법을 가르치는 실험에서는 범주별로 차례차례 배운 실험 참가자들이 가장 좋은 점수를 냈다. 그들은 몇 번의 시도 끝에 오류 없이 문제를 풀었다. 반대로 여러 연산법을 뒤죽박죽 배운 사람들은 열 개의 문제 중에 여덟개 정도만 풀 수 있었다.

다만 연산법을 뒤죽박죽 배운 사람들은 하루가 지난 다음에도 정답률이 80퍼센트에 머물렀다. 그런데 놀랍게도 범주별로 배운 사람들의 정답률은 40퍼센트 이하로 크게 낮아졌다. 정보를 뒤죽박죽으로 제시하는 방식이 더 나은 효율성을 보인 것이다. 즉 순서 없이 정보를 받아들인 사람은 더 빨리 배울 뿐만 아니라 더 잘적용했다. 내 꼬마 이웃이 여러 가지 장난감을 갖고 놀면서 어떤 상황에 어떤 구체적인 도구를 사용해야 할지 곧바로 이해한 것처럼 말이다.

얽히고설킨 학습 과정을 거친 사람들은 나중에 더 많은 것을 얻는다. 물론 말로 하기는 쉽지만, 사실 범주별 학습에서 벗어나 이런 방식으로 학습하기란 어려운 일이다.

이해의 속임수 1: 스스로를 자극하라!

여러 대상을 이해하려면 그것들을 서로 비교해야 한다. 이런 이해 방식은 심리학 실험실이 아닌 실제 환경에서 더 중요하다. 우리는 자신에게 편리한 생각 모델로 되돌아가려는 경향이 있다. 또한 우리는 차이점 대신 공통점을 찾으려고 한다. 문제는 오늘날처럼 소셜 미디어가 수많은 정보의 원천이 되는 현실에서 이런 방법이 과연 효과적이냐는 것이다.

이를 증명하기 위해 연구진은 정보를 받아들이는 태도가 극단적으로 다른 두 그룹에 주목했다. 한 그룹은 과학을 중시하고 한 그룹은 음모론을 중시했다. 두 그룹을 조사한 결과, 연구진의 예상과 달리 각 그룹 내의 사회적인 역학은 비슷했다. 즉 과학을 중시하든 음모론을 신봉하든, 각 그룹은 자신의 입장을 표명하고 정보가 자신의 관점에 맞는지를 기준으로 정보를 분류했다.

한편 페이스북 사용자들에게 5만 건이 넘는 폭로성 게시 글을 보여준 결과 그들이 과학을 중시하는지 아니면 음모론을 신봉하는지에 따라 차이점이 나타났다. 과학을 중시하는 사람들만이 올바르게 정정된 내용에 반응했고, 음모론 신봉자들은 이를 무시했다.

이 연구 결과를 보면 과학을 중시하는 사람들은 의심하고 탐구하고 생각한 다음 오류를 바로잡았다. 그러나 더욱 섬세하게 실험해본 결과 두 그룹 모두 정정 글에 보인 반응은 부정적인 것이었다. 애초에 반응을 보였다면 말이다.

다시 말해 소셜 미디어는 사람들을 범주에 따라 생각하는 함정에 빠뜨리고, 과학 중시자들마저도 비판적인 태도를 취할 수 없게 했다(원래대로라면 스스로 따져보고 탐구했을 텐데 말이다). 게다가 사람들은 각자의 그룹 내에서, 그러니까 자신의 관점이 진실이라고 동조해주는 사람들하고만 상호작용했다. 정정 글은 비생산적이고, 사람들의 사고 범위를 확장하지 못했으며, 오히려 차단벽을 더욱 두텁게 만들었다.

이런 위험성에는 충분히 주의를 기울여야 한다. 오늘날처럼 다양한 문제가 뒤섞여 점점 더 복잡해지는 세상에서는 통찰력을 잃기 쉽다. 그래서 사람들은 대상들 간의 차이점을 능동적으로 정리하기보다 공통점을 찾는 쪽을 택한다.

그러나 범주별로 배우고 생각하는 방식은 우리가 오류에 저항하는 것을 방해한다. 예를 들어 트위터에서는 잘못된 내용이 올바른 내용보다 100배나 더 많이 퍼져나간다. 미디어 자체가 문제가 아니라 묻지도 따지지도 않고 미디어를 사랑하는 우리의 행동 그리고 자신의 의견이 옳다고 확인받고 싶다는 욕구에서 발생하는 맹신이 잘못된 것이다.

우리는 문명화되고 혁신적이며 다채로운 지식사회에 살고 있다고 우쭐해한다. 그러나 현재 가장 가치 있는 회사들의 비즈니스 모델은 그와 상반된 현상에 기반을 두고 있다. 이들은 사람들이 깊이 고민하지 않고 자신만의 생각 속에 편안하게 머물게 한다.

근본적으로 우리가 사는 세상은 범주별 생각 속에 놓여 있다. 그것이 편리하기 때문이다. 예를 들어 아마존은 사용자의 쇼핑 품목에 맞는 책을 추천한다. 하지만 "이 책을 구입한 독자들은 다음 책을 싫어했습니다"라는 정보를 추천하는 편이 더 흥미롭지 않을까? 구글 검색창이 "당신이 입력한 질문과는 상관없지만 그럼에도 이 내용을 보여드리겠습니다"라는 메시지를 보여준다면 어떨까? 그러나 이렇게 하면 기업들이 돈을 벌지 못한다. 그리고 우리는 스스로 잘못을 저지르기 전에 새로운 미디어의 도움으로 융통성을 없애는 연습부터 한다. 우리는 미디어에 갇혀 차이점과 지식의 한계를 인식하고 점검하고 확장하는 방법을 잊는다.

예를 들어 우리는 인터넷에서 모든 것을 찾을 수 있다고 생각한다. 그러나 실제로는 우리에게 가장 잘 맞을 것 같은 정보를 찾을 수 있을 뿐이다. 반면 신문을 구입하면 내가 절대 읽지 않을 기사에 돈을 낭비하는 기분이 든다. 그러나 신문을 사면 인터넷 알고리즘이 내 접근을 막는 정보에도 접근할 기회가 생긴다.

이 책에 소개한 거의 모든 연구 내용과 사례는 인터넷에서 검색한 것이 아니라 다른 연구진과의 대화, 신문·잡지·책 등에 실린 글에서 나온 것들이다. 내가 인터넷을 거부한다는 뜻은 아니다. 오히려 나는 몇 시간 동안 인터넷에서 검색을 하고 정보를 모은다. 하지만 좋은 아이디어는 대부분 오프라인 세상에서 탄생한다.

휴식의 힘

여러분은 꽃에 물을 얼마나, 어떻게 주는가? 아마도 규칙적으로 조금씩 줄 것이다. 여러분의 집에 있는 실내 식물에 물을 10리터 정도 줘야 한다고 해서 월 초에 10리터를 한꺼번에 부어버리는 것은 매우 비생산적인 일이다. 화분 흙이 그 많은 물을 전부 머금을 수 없으니 물은 화분 밖으로 넘칠 것이고, 최악의 경우 식물 뿌리가 썩을 것이다.

그런데 우리는 때때로 이런 방식으로 공부한다. 최대한 빨리 (그리고 앞선 내용에서 보았듯이 범주별로 묶어서) 정보를 머릿속에 때려 넣는 것이다. 그러면 물을 너무 많이 먹은 식물과 같은 효과가 나타난다. 물론 우리의 뿌리가 썩는다는 말이 아니라, 머릿속에 욱여넣은 정보 대부분이 그대로 흘러넘쳐서 제대로 처리되지 않고, 남은 정보를 개념 정리할 시간도 없다는 뜻이다.

사람들은 정보 과잉에서 벗어나 정보를 잊을 수 있기를 바란다. 그래서 많은 사람이 시험이 끝난 뒤에는 머릿속을 비워서 그때까지 알고 있던 지식과 학습 스트레스를 날려버린다. 하지만 이렇게 해서는 아무것도 남지 않는다.

그러므로 우리는 학습할 때 무조건 쉬어야 한다. 이를 간격효과spacing effect라고 한다. 사실 간격효과는 상당히 오래전부터 알려져 있었다. 130여 년 전에 독일의 심리학자인 헤르만 에빙하우스Hermann Ebbinghaus가 간격효과를 정리한 이후 수많은 실험으로 증명되었다.

공부도 꽃에 물을 주는 것과 비슷하다. 만약 한 달 후에 시험이 있고, 공부할 시간이 열 시간 있다면, 시험 전날에 열 시간을 전부 사용하는 것보다는 일주일에 두 시간 반씩 공부하는 편이 효율적이다. 신경세포가 어떤 자극에 익숙해지는 데는 시간이 필요하기 때문이다.

전문적인 조언을 더하자면, 중간에 휴식시간을 얼마나 끼워 넣어야 하는지는 시험이 언제인지에 따라 다르다. 경험법칙에 따르면 1대 5 학습법이 가장 효율적이다. 정보가 사용되기까지 걸리는 시간의 약 10~20퍼센트 정도를 휴식시간으로 정해두는 것이다. 예를 들어 10일 후에까지 학습한 내용을 기억하고 있어야 한다면 휴식시간은 하루 이틀 정도다. 1년 후에까지 학습한 내용을 기억하고 있어야 한다면 휴식시간은 두 달 정도다.

여기까지는 문제없다. 그런데 과연 휴식시간이 학습한 내용을 새로운 상황에 응용하는 데도 도움이 될까? 이를 구체적으로 알아보기 위해 연구진이 심리학을 전공하는 학생들을 대상으로 짧은 기상학 특강을 진행했다. 심리학 수업에서 구름이나 대기역학이 언급되는 일은 드물기 때문에 대부분의 참가자들에게 기상학 정보는 새로운 지식이었다. 한 그룹은 특강을 듣고 바로 다음 날 온라인으로 기상학 강의를 또다시 들었다. 다른 한 그룹은 특강을 듣고 8일 후에 온라인 강의를 들었다. 그리고 그들이 마지막 강의를 듣고 35일이 지난 다음 테스트를 진행했다.

각각의 학습 사이에 7일의 휴식시간을 가진 학생들은 기상학과 관련된 내용을 더 잘 기억하고 있었다(7일이라는 휴식시간은 1대 5 규칙에 따른 것이다). 게다가 7일의 휴식시간을 가졌던 학생들은 배운 정보를 이전에 접해본 적이 없는 새로운 문제(예를 들어 새로운 구름 정보)에 응용하는 능력도 더 뛰어났다. 휴식시간에 우리는 정보를 더 잘 정리할 수 있었던 셈이다.

간격효과를 설명하는 이론은 여럿이다. 아마도 정보 입력을 차단하고 휴식을 취하는 동안 주변 환경이 변하기 때문에 간격효과가 효과적인지도 모른다. 여러 날에 나눠서 정보를 습득하는 사람은 그사이에 각기 다른 환경을 겪는다. 하루는 뭔가를 먹고 나서, 하루는 햇빛이 비칠 때, 하루는 노래를 듣고 나서, 하루는 해가 질 때 정보를 접하게 되는 것이다. 다시 말해 학습 조건이 다양할수록 나중에 그 정보를 새로운 상황에 응용할 능력도 커지는 것이 아닐까?

이해의 속임수 2: 휴식의 함정 피하기

정보로 지식을 생산하려면 소화 과정이 필요하다. 영양 공급과 마찬가지다. 나는 과일을 자주 먹는다. 그리고 과일을 먹을 때마다 '과일 분자'가 몸속에서 수많은 '근육 분자'로 바뀌기를 바란다. 하지만 그러려면 우선 소화를 해야 한다. 과일을 끊임없이 먹다 보면 언젠가 배가 터질 것이다.

정보도 이와 비슷하다. 계속 정보를 받아들이기만 하고 머릿속에서 소화하지 않는다면, 머리가 폭발하고 만다. 이때 어떤 증상이 나타나는지는 여러분도 잘 알고 있을 것이다. 정보화 시대를 살아가는 현대인들이 많이 앓고 있는 일반적인 증상이기 때문이다. 자꾸 쫓기는 기분이 들고, 시간이 너무 빨리 흐르는 듯하고, 집중이 어렵고, 중요한 것과 중요하지 않은 것을 구분하기 힘들고, 사소한 일이나 중요한 일들을 까먹는 증상이 나타난다.

그렇다면 정보를 쪼개고 쪼개서 한입거리로 만든 다음 학습하는 편이 타당하지 않을까? 오늘날 사람들은 어떤 것을 집중적으로 배울 시간이 부족하다. 그러니 정보를 작게 쪼개서 의지가 있을 때, 시간이 있을 때, 기분이 내킬 때 학습하는, 이른바 '지식 투고to go'가 훨씬 의미 있지 않을까? 특히 기업 분야에서는 이런 학습법이 널리 사용되고 있다. 이를 학습 너깃learning nuggets, 한입학습bite sized learning 혹은 마이크로 러닝micro learning이라고 부른다. 하지만 이런 학습법이 과연 목표 달성에 도움이 될까?

이런 의문에 과학적인 답변을 얻고자 한다면 다음 실험을 살펴보자. 실험 참가자들이 어떤 방식으로 사진에 대한 생각 범주를 구축하는지 알아보는 실험이다. 1번 그룹은 각기 다른 나비 종의 사진이 뒤섞인 정보를 받았다. 2번 그룹은 같은 종의 나비 사진끼리 분류된 범주별 정보를 받았다. 예상대로 1번 그룹이 새로운 나비 사진을 범주별로 분류하는 테스트에서 더 좋은 점수를 얻었다. 그런데 중간에 휴식시간을 끼워 넣자, 뒤섞인 정보로 학습할 때의 긍정적인 효과가 사라지면서 1번 그룹과 2번 그룹의 점수가 비슷해졌다.

그러니까 휴식시간이 모두 같은 휴식시간인 것은 아니다. 좋은 휴식은 범주별 학습의 지루함을 없앤다. 예를 들어 어떤 수학 개념을 공부하고 있다면, 각 범주를 학습하는 '중간에' 휴식을 취하는 것이 좋다. 휴식을 취한 다음에는 반드시 이전에 배운 정보를 다시 한 번 훑어보라. 하지만 각 범주를 뒤죽박죽 섞어서 학습하면 중간에 휴식을 취하기가 어렵다.

중요한 것은 분별없이 자주 쉬는 것이 아니라 현명하게 쉬어야 한다는 점이다. 물론 1대 5 규칙을 따라야 한다. 예를 들어 50분 공부했다면 10분 휴식하는 식이다. 단, 지루함이나 단조로움에서 벗어날 수 있을 경우에만 휴식을 취하는 편이 좋다. 더 좋은 방법은, 휴식시간이 지나면 작업의 종류나 학습 주제를 바꾸는 것이다. 그러면 중간중간 얼마나 짧은 휴식시간만으로도 효율적인 작업 혹은 학습이 가능한지를 깨닫게 될 것이다.

불명료하게 만들기

지식을 전달할 때는 최대한 명료하고 간단하게, 혼란을 야기하지 않아야 한다. 그러나 지나치게 간단한 설명이 이어지면 사람들은 금세 지루함을 느낀다. 이미 배운 내용을 빠르게 반복해봐야 새로운 정보가 없기 때문이다. 우리 뇌에서 가장 중요한 기준은 정보의 새로움이다. 반복되는 내용은 뇌에서 필터 역할을 하는 영역인 시상thalamus에서 막혀버린다. 참고로 시상은 그리스어로 공간이라는 뜻으로, 우리 뇌에서 대기실과 같은 역할을 한다. 사람들이 신발이 발을 누르는 감각이나 손가락에 반지가 끼워진 감각을 계속 느끼지 않는 이유도 여기에 있다.

신경세포가 계속 똑같은 감각을 받아들이다 보면 어느 순간에는 그 감각에 전혀 반응하지 않는다. 예를 들어 여러분이 앉아 있는 자리 바로 옆에 갑자기 풍선이 나타나면, 여러분은 깜짝 놀랄 것이다. 하지만 여러분의 옆자리에 5초마다 한 번씩 풍선이 나타난다면, 열 번 정도 지난 다음에는 전혀 놀라지 않을 것이다. 충격 효과가 0이 되는 셈이다. 같은 이유로 향수를 뿌린 다음 오랜 시간이 지나면 후각이 점차 약해진다. 신경세포의 습관 작용 덕분이다.

냄새뿐만 아니라 정보도 마찬가지다. 계속 똑같은 정보를 접하다 보면 주의력과 호기심이 점점 낮아진다. 오히려 정보가 불명료할 때 주의력과 호기심이 높아진다. 그러니 휴식을 취하고, 정보의 종류를 바꾸고, 테스트를 해야 한다. 앞에서 소개했던 최고의 학습 기술은 바로 스스로에게 묻고 테스트하는 것이었다. 그런데 테스트 혹은 시험에는 이해를 돕는 더욱 중요한 효과가 있다.

불명료한 정보와 마주치면 원샷러닝 기술이 발동된다. 무언가가 어떻게 작동하는지 전혀 알 수 없을 때 우리는 시험 삼아 그것을 직접 사용해보고 테스트하고 검사하면서 문제를 해결하려고 한다. 바로 그때 우리는 새로운 지식을 받아들일 준비가 된 상태다.

이 원리에 따라 실험실 환경에서 참가자들에게 여러 세트의 사진을 보여주었다. 한 세트의 사진을 보고 나면 참가자들은 돈을 잃거나, 아니면 상금을 받았다. 말하자면 어떤 사진이 연달아 나오느냐에 따라 돈을 잃을지, 딸지가 결정되지만 정확히 왜 그런 결론이 나오는지는 참가자들이 알지 못했다. 실험이 끝난 다음 연구진은 참가자들에게 어떤 구체적인 그림이 금전적 손실과 연결되는지 확실히 알려주었다. 놀랍게도 참가자들은 정보가 불명료할수록 올바른 해답을 듣고 더 빠르게 머릿속에 집어넣은 다음 절대 잊어버리지 않았다.

도대체 그 이유가 무엇인지 뇌 스캔을 해본 결과, 참가자들이 확신하지 못하는 상태일 때마다 관자놀이의 위쪽에 있는 뇌 부위가 활발해졌다(외배측전두엽피질ventrolateral prefrontal cortex이라고 한다). 이 부위 덕분에 우리는 불확실한 상태일 때 더 집중력을 발휘해 학습 능력을 끌어올리게 된다. 이 부위 덕분에 우리는 큰 어려움 없이 정보의 관련성을 파악할 수 있다. 반대로 말하면, 상황이 명료하고 명확할수록, 흥미는 떨어진다. 우리가 확신에 차 있을수록 배우려는 갈망은 줄어든다.

그러니 불명료함은 성공적인 지식 전달로 도약하는 가장 중요한 발판인 셈이다. 많은 사람이 호기심이야말로 학습과 이해의 핵심이라고 믿는다. 우리는 타고난 호기심을 바탕으로 주변 환경을 탐색하기 때문이다. 모든 아이는 세상의 모든 것을 알고 싶어 한다. 단, 학교에 입학하기 전까지만.

하지만 학교는 호기심을 앗아가거나 호기심을 버리라고 가르치는 곳이 아니다. 우리가 학교에서 배우는 내용은 다른 모든 교육 분야에서 배우는 내용과 마찬가지다. 바로 '불명료함을 줄이는 것'이다. 학교에서 학생들이 지식을 습득하게 하는 가장 강력한 동력은 불명료함을 피하는 것이다. 학교에서는 불명료함, 불명확함, 혼란이 가장 나쁘다.

우리는 그런 상태를 싫어하기 때문에 불명료함을 해결하기 위해서라면 수단과 방법을 가리지 않는다. 그래서 사람들이 새로운 지식을 만들어내도록 동기를 부여하고 싶다면 그들을 불명료한 상황에 처하게 하면 된다. 그렇게 하기 위해 질문을 던지고 수수께끼를 내고 미지의 현상을 소개한다. 그러면 사람들이 걸려든다.

우리는 불명료할수록 학습 과정을 자주 중단한다. 그리고 정보를 효율적으로 묶는 대신 자주 바꿔줄수록 더 잘 이해한다. 이를 뇌과학 분야에서는 '바람직한 어려움desirable difficulty'이라고 부른다. 제시되는 정보나 지식이 간단하고 단조로울수록 그것을 받아들이는 사람은 노력을 적게 해도 된다. 모든 것이 명백하다면 스스로 생각할 필요가 어디 있겠는가? 지식 전달, 개념 구축, 문제 해결, 이 모두는 우리가 능동적으로 노력할 때만 성취할 수 있는 결과다.

이해의 속임수 3: 맥락을 바꿔라!

여러분이 의사이고, 악성 뇌종양 환자를 치료한다고 상상해보라. 치명적인 종양이기 때문에 고단위 방사선으로 치료해야 한다. 그런데 문제는 강력한 방사선을 쬐면 주변에 있는 건강한 뇌세포와 신체 조직까지 피해를 입는다는 점이다. 그렇다고 방사선 양을 줄이면 종양을 치료할 수 없다. 의사인 여러분은 어떻게 하겠는가?

잠시 생각해보자. 중간 세기의 방사선을 쬐면 되지 않을까? 아니면 외과 수술로 종양을 제거한 다음 수술 부위를 방사선에 직접 노출시키면 되지 않을까? 곧바로 결론을 내리지 못했다고 해서 실망하지 마시길. 대부분의 사람들도 여러분과 비슷했다. 실험 결과, 참가자의 10퍼센트만이 종양을 제거하면서 건강한 조직은 훼손되지 않게 하는 치료법을 스스로 생각해냈다. 그런데 이 문제를 풀다 보면 불명료한 순간과 마주하게 된다. 그 순간이 바로 이해로 가는 좋은 출발점이다. 다른 사람의 도움을 받더라도 말이다.

다른 사람의 도움이나 정보는 맥락을 바꾸고 유추 해석을 이끌어내는 도구다. 여러분이 장군이고, 어떤 성곽도시를 점령하고 싶다고 치자. 이곳은 해자로 둘러싸여 있고, 해자 건너 성안으로 이어지는 다리가 다섯 군데 있다. 다리는 모두 높은 하중을 견디지 못한다. 모든 병사를 다리 하나로 보내면 다리가 무너져서 모두 해자에 빠질 것이다. 그렇다면 장군인 여러분이 이곳을 점령하려면 어떻게 해야 할까? 여러분은 이렇게 답할 것이다.

"병사들을 나눠서 동시에 다리 다섯 개로 건너게 한 다음 공격하면 되지."

이 원리가 뇌종양 치료에도 적용된다. 강력한 방사선을 한꺼번에 쬐는 대신, 각기 다른 방향에서 종양을 조준해 약한 방사선을 쏘면 되는 것이다. 그러면 종양이 있는 위치에서 약한 방사선이 하나로 뭉치면서 주변에 있는 세포나 조직은 손상시키지 않고 종양만을 제거하게 된다. 주변 세포나 조직에 전해지는 방사선은 매우 약한 수준이기 때문이다.

이것은 이미 1980년대부터 알려져서 이제는 고전이 된 연구 결과다. 아무런 도움이 없을 경우에는 올바른 답을 찾은 사람이 거의 없었지만, 성곽도시를 점령하는 문제를 추가로 듣고는 참가자의 4분의 3이 올바른 답을 찾아냈다. 이 실험은 생각의 근본적인 문제점을 명확하게 보여준다.

우리는 번번이 처음 주어진 생각의 범주에 붙잡혀서 그곳을 벗어나지 못한다. 스키마를 구성하여 생각하는 방식은 아주 유용하지만 이를 맹신하면 위험하다. 이렇게 학습할 당시의 맥락에 따라 대상을 고려하고 생각의 스키마를 구축하는 것을 맥락 의존적 기억context dependent memory이라고 한다. 예를 들어 주변이 시끄러운 상황에서 단어를 외웠다면, 단어 시험 또한 시끄러울 때, 그러니까 맥락이 똑같을 때 치러야 좋은 점수를 낼 수 있다. 맥락이 바뀌면 생각도 바뀌면서 확실하게 학습했다고 믿었던 정보가 사라져버린다. 흔히 알고 있는 문지방 효과 혹은 출입구 효과 doorway effect가 바로 이것이다. 문지방 효과란 문을 열고 방 안으로 들어가는 순간 하려던 일을 잊어버리는 것을 의미한다. 문을 여는 순간 주변 환경(맥락)이 바뀌고, 잠시 사고가 차단된다.

말하자면 우리의 생각은 주변 환경에 단단히 의존하고 있다. 앞서 살펴보았듯이 우리는 이 사실을 유용하게 활용할 수 있다.

어떤 문제를 풀다가 막히면, 주변 환경을 바꾸면 된다. 그러면 갑자기 새로운 아이디어가 떠오르기도 한다. 해답을 찾기 위한 또 다른 생각의 범주가 활성화되었기 때문이다. 바로 이런 이유 때문에 사람들은 여행에서 돌아오고 나면 좋은 아이디어를 떠올린다. 그래서 인구가 많은 대도시는 작은 도시에 비해 더 창의적이다. 그런데 인구가 두 배 많다고 해서 대도시가 작은 도시에 비해 정확히 두 배 창의적이거나 생산적인 것은 아니다(예를 들어 특허의 숫자나 1인당 소득을 보면 확인할 수 있다). 오히려 두세 배 이상 문제 해결 능력이 높다.

흥미로운 실험을 통해 연구진은 어떻게 이런 효과가 가능한지 알아보았다. 연구진은 대도시 거주자들에게서 얻은 익명의 전화 통화를 듣고는 해당 전화가 다른 도시로 발신된 것인지 아니면 같은 도시 내로 발신된 것인지 살펴보았다. 그 결과 대도시에서 생산성과 창의성이 월등하게 성장하는 요인 중 하나는 사회적 교류인 것으로 나타났다. 즉 사람들이 그냥 타인과 소통하는 것이 아니라 더욱 발전적인 방향으로 소통하는 것이 매우 중요했다. 여기서 발전적인 방향의 소통이란 살아온 배경과 경험 그리고 능력이 각기 다른 타인과 소통하는 것을 말한다.

대도시에는 많은 사람이 모여 살기 때문에, 아이디어가 풍부하다. 자신의 관점과는 다른 관점을 접할 가능성이 높은 데다 맥락을 변화시킬 수도 있기 때문이다. 같은 실험 결과, 아프리카, 아시아, 동유럽에 있는 메가시티megacity들이 놀라운 성장을 보이지 못하는 이유를 알 수 있었다. 인프라가 낙후되어 있을수록 사람들은 수많은 타인과 빠르게 소통할 수 없었다. 인프라가 부족하면 거대한 도시가 작은 도시로 쪼개지고 만다. 바로 옆에 있는 작은 도시들처럼 말이다.

그렇다면 메가시티에도 한계가 있을까? 그렇다. 시뮬레이션 결과, 도시의 인구가 4,000만 명이 넘으면 대도시로서의 긍정적인 효과가 오히려 줄어들어, 더 이상 성장이 이루어지지 않았다. 하지만 어떤 도시가 인구 4,000만 명 이상으로 성장하기까지는 시간이 걸린다. 그리고 작은 도시에 사는 사람들도 창의적일 수 있다. 떠들썩한 도시에서 벗어난 한적한 분위기 속에서 다양한 아이디어를 낸 사람들도 많다. 다만 그들은 아이디어를 내기 전에 도시에 간 적이 있었다. 즉 도시에 살든 그렇지 않든, 주변 환경을 바꾸는 것이 매우 중요하다.

창의적인 도시 이야기가 나온 김에 내 경험에 대해 이야기해보려고 한다. 당시 난 미국 샌프란시스코에서 내가 제일 좋아하는 라디오 방송을 듣고 있었다. 랩과 힙합 음악을 들려주는 방송이었다. 나의 음악 취향은(아마도 대부분의 사람들이 마찬가지겠지만) 사춘기 시절에 굳어진 다음 거의 변하지 않았다.

아무튼 내가 즐겨 듣던 라디오 방송은 굉장히 다양한 분야의 노래들을 소개했다. 열 곡 중에 여섯 곡은 절대 스스로 골라 듣고 싶지 않은 그저 그런 음악이었지만 나머지 네 곡 정도는 새롭고 신선한 음악이었다. 노골적으로 말하자면, 쓰레기 같은 음악을 들으면서 시간을 낭비해야 했지만 덕분에 마음에 드는 새로운 음악도 알게 되어서 좋았다.

오늘날 우리는 자신의 음악 취향을 스포티파이Spotify 같은 스트리밍 앱에 맡긴다. 우리는 좋아하는 음악이 넘쳐나는 환경에만 머물면서 거의 비슷한 음악들만을 골라 듣는 셈이다. 라디오에서도 비슷한 음악이 마치 무한 루프처럼 재생된다.

우리는 우리가 좋아하는 뉴스 채널에서 소식을 얻고, 좋아하는 신문을 읽고, 좋아하는 라디오를 듣고, 좋아하는 웹사이트를 찾는다. 이미 화가의 화풍을 분류하는 실험에서 살펴보았듯이, 우리는 늘 같은 화가가 그린 그림만을 보고 있는 셈이다. 그러다가 새로운 것이 나타나면 우리는 그것을 이해하지 못한다.

이해를 가로막는
몇 가지 함정들

시간이 지날수록 사람은 점점 똑똑해져서 아무런 문제 없이 모든 것을 설명할 수 있게 된다. 재미 삼아 역대 가장 중요한 축구 경기의 통계를 찾아본 적이 있다. 오늘날 경기 분석가들은 마치 스포츠계의 영웅이나 마찬가지다. 숫자는 거짓말을 하지 않으며, 데이터에 기반한 분석의 세계에서 모든 것을 설명하는 존재다.

내가 찾아본 축구 시합의 숫자는 놀라웠다. 한 팀은 유효 공격을 쉰다섯 번 시도했고 열여덟 번 슛을 쐈고 볼 점유율은 52퍼센트였고 크로스를 스물두 번 찼고 코너킥을 일곱 번 했고 골키퍼의 클리어링 시도는 겨우 네 번이었다. 다른 팀은 이 팀에 비해 스물한 번이나 적은 서른네 번의 유효 공격을 시도했고 열네 번 슛을 쐈고 크로스는 열 번 찼고 코너킥은 다섯 번 했고 골키퍼의 클리어링 시도는 다섯 배나 많은 스무 번이었다. 이런 통계 정보만 보면 첫 번째 팀이 두 번째 팀을 이겼을 듯하지만, 가장 중요한 통계 정보는 그렇지 않았다. 바로 결과 말이다. 첫 번째 팀은 브라질 대표팀이었고, 두 번째 팀은 독일 대표팀이었다.

당시 브라질의 점수는 1점, 독일의 점수는 7점이었다. 즉 데이터가 모든 것을 말해주지는 않는다. 이 시합에 대한 모든 사실과 데이터를 평가하고 분석했다고 할지라도 브라질이 대패했다는 사실을 모른다면, 브라질 사람들이 완전히 실패하거나 모든 것이 엉망진창이 되었을 때 "7대 1이야"라고 말하는 이유를 이해하지 못할 것이다.

그러니 브라질이 패한 이유를 이해하는 데는 데이터 분석 외의 무언가가 필요하다. 원칙적으로 우리는 대상을 설명할 수 있어야 비로소 그것을 이해할 수 있다. 대상에 대해 설명한다는 것은 인과관계를 도출해서 다른 사람에게 전달할 수 있다는 뜻이기 때문이다.

설명은 능동적으로 학습하는, 아주 좋은 방법이다. 가능성 있는 원인을 모아 그것들을 사실과 비교한 다음, 모든 것이 잘 맞아떨어지는지 인지하고 논리적으로 증명 가능한 설명 모델로 통합할 수 있기 때문이다. 우리는 설명을 통해 어떤 내용의 근본적인 특성, 즉 원인을 파악한다. 게다가 설명을 하면서 인과관계를 개념화하고 비슷한 상황에 적용할 수도 있다. 다만 여기서 말하는 설명이란 그저 상황에 대해 묘사가 아니다.

예를 들어 연구진이 실험 참가자들에게 간단한 연산을 하게 하면(예를 들면 4 나누기 2분의 1) 대부분의 사람들이 큰 어려움 없이 문제를 푼다. 그런데 참가자들은 어떤 원리에 따라 분수 계산이 이루어진 건지 이해했을까? 이를 알아보기 위해 연구진은 1번 그룹의 참가자들에게 계산식을 어떻게 풀었는지 묘사해보게 했다. 그러자 참가자들은 분수를 역수로 만들어 곱했다고 답했다. 2번 그룹의 참가자들에게는 연산 과정을 설명해보게 했다. 연산 과정을 설명하는 것은 그저 묘사하는 것과는 다르다. 왜 그렇게 계산하는지를 정확히 말해야 하기 때문이다. 마지막에 연구진은 두 그룹의 개념 지식을 시험해봤다. 즉 참가자들에게 분수 계산식을 그림으로 설명하거나 주관식으로 풀게 했다. 그러자 흥미로운 결과가 나왔다. 2번 그룹의 평균 점수가 1번 그룹보다 높았던 것이다.

설명의 효과는 이미 다른 실험들에서도 증명되었다. 어떤 상황에 대해 설명하고 나면 사람들은 그 구조나 원리를 다른 상황에 더 잘 적용할 수 있었다. 이론은 다음과 같다. 우리는 스스로 설명하는 과정을 거침으로써 내가 아직 모르는 부분이 어디인지, 그러니까 아직 메워지지 않은 지식의 틈이 어디인지를 직접 깨닫는다. 그러면 대상을 더 잘 이해할 수 있게 된다. 그저 간략하게 서술하거나 묘사한다면 겉만 핥을 뿐이다.

그러니 설명은 이해력 향상에 아주 중요한 요소다. 그렇다고 모든 설명이 도움이 된다는 뜻은 아니다. 예를 들어 음모론처럼, 사람들은 헛소리도 그럴듯하게 포장할 수 있다. 그리고 우리가 대상을 설명하는 방식이 피상적이거나 간략한 부분에만 머문다면 우리는 곧 샛길이나 생각의 오류에 빠지고 만다.

오컴의 면도날

여러분이 브라질 축구 대표팀의 팬이라고 가정해보자. 여러분은 2014년 7월 8일에 도대체 왜 그런 비극이 발생했는지 알아보려고 한다. 어떻게 하겠는가? 아마 몇몇 근거를 찾을 것이다. 예를 들어 브라질의 센터백들이 너무 빨리 앞으로 치고나가면서 전략적인 정렬이 흐트러졌고 수비가 뚫리게 되었다. 또 브라질 선수들의 카운터 프레싱(상대팀에 공을 빼앗겼을 때 수비 태세에 돌입하지 않고 곧바로 반격에 나서 빠른 재공격을 노리는 전술 – 옮긴이)이 지나치게 대인 방어 중심인 데다 미드필더들은 공간을 제대로 지배하지 못해서 진영에 큰 구멍이 뚫렸다. 반면 독일 대표팀은 견고한 4-1-3-2 전술로, 브라질의 윙 포지션을 완벽하게 막아 위협적인 공격을 불가능하게 했다.

이런 식으로 당시 경기에 대해 여러 가지 설명이 가능하겠지만, 이 중 단 한 가지 설명만으로 시합 전체를 설명할 수는 없다. 하지만 이 모든 상황을 한마디로 정리할 수는 있다. 브라질의 최고 전력인 네이마르와 티아고 실바가 경기를 뛰지 못하는 상황이었다는 것 말이다. 슈퍼스타 두 명이 빠진 브라질 팀에는 기회가 없었다. 이렇게 간단한 설명만으로도 사람들은 상황을 완벽하게 이해할 수 있다. 사실에 근거한 통계 분석을 좋아하는 사람은 없다. 단순한 해답이 훨씬 이해하기 쉬울 뿐만 아니라 더 많은 것을 설명해준다. 그러니 이 시합에 대해서는 네이마르가 빠진 브라질 대표팀은 침몰할 수밖에 없었다고 설명하는 편이 간단하다.

이것이 인간 사고의 근본 원리로서, 이미 14세기에 철학자이자 신학자인 윌리엄 오컴William of Ockham에 의해 개념화된 내용이다. 이를 흔히 오컴의 면도날Ockham's Razor이라고 부른다. 오컴은 똑같은 대상이나 상황에 대해 여러 설명이 존재한다면, 가장 단순하고 간단한 것이 진실일 가능성이 높다고 했다. 복잡한 설명(예를 들어 브라질 팀의 전술 분석 등)을 면도날로 깎아버리고 남은 부분이 가장 경제적으로 가장 많은 것을 설명해준다(네이마르의 부재).

이런 설명 원리는 축구 팬들뿐만 아니라 과학자들에게도 들어맞는다. 2012년 에지 재단Edge Foundation(영국의 과학 기술 및 학술 관련 싱크탱크)이 생물학, 물리학, 사회과학 등 각기 다른 분야에 몸담고 있는 194명의 유명 과학자들에게 그들이 가장 좋아하는 방대하면서도 우아하고 아름다운 설명이 무엇이냐고 물었다. 그러자 재미있게도 거의 모든 과학자가 가장 간단하면서도 공감이 가고 많은 내용을 함축한 설명을 선호한다는 결과가 도출되었다. 옳은 동시에 간단한 것이 과학자들에게는 '아름다운' 것인 셈이다.

예를 들면 진화론이 그렇다. 세 가지 규칙, 즉 변이, 재조합, 선택만 있으면 지구상에 존재하는 다양한 생물학적 존재를 설명할 수 있다. 그러니 많은 과학자가 진화론을 '가장 아름다운 이론'으로 꼽는 것도 이해가 간다. 그런데 다른 많은 사람에게는 진화론조차 그다지 간단하지 않다. 적자생존에 의해 모든 생명체가 만들어졌다는 것보다 더 간단한 설명은 바로 신이 세상을 6일 동안 창조했다는 설명이다. 그 때문인지 미국인의 3분의 1 정도가 모든 생물은 신이 창조했다고 믿는다. 설명 모델이 잘못된 방향으로 빠질 가능성은 언제나 존재한다.

그럼에도 설명은 우리가 무언가를 이해하기 위한 필요 조건이다. 다만 설명에도 숨겨진 결함이 있다. 그래서 지금부터는 가장 흔하게 발생하는 네 가지 설명의 함정과 함께 함정에 빠지지 않기 위한 방어법을 알아볼 것이다.

함정 1: 모든 원인을 통일하고자 하는 욕구

여러분이 의사라고 하자. 눈앞에 피로와 체중 감소를 호소하는 환자가 있다. 여러분은 증상에 대해 다음과 같이 설명할 수 있다. 하나는 식욕이 감소해서 환자가 음식을 너무 적게 먹고 있다. 다른 하나는 수면 장애 때문에 피로가 축적되었다. 또 다른 하나는 환자가 우울한 상태여서 식욕을 잃고 수면도 제대로 취하지 못하고 있다. 어떤 설명 모델로 진단을 내리겠는가?

아마도 여러분은 대부분의 사람들과 같이 증상의 원인이 우울증이라고 결론 내릴 것이다. 똑같은 증상에 대해 가능한 원인이 세 가지(우울증, 식욕 상실, 수면 부족) 있음에도 말이다. 그리고 가능한 세 가지 원인 중에 우울증은 설명되지 않는 반면, 다른 두 가지는 체중 감소와 피로의 근본 원인임이 입증되었다. 사람들은 설명되지 않는 원인을 최소한으로 줄이려고 하는 경향이 있다. 그래서 다른 원인을 설명해줄 근거를 찾아내기도 한다. 모든 원인을 같은 뿌리로 한데 모은다면, 설명 모델의 불명료함이 줄어들고 내용이 간단해진다.

한 실험에서 참가자들에게 똑같은 과제가 주어졌다. 연구진은 참가자들에게 질병의 여러 증상을 연달아 보여준 다음, 원인으로 추정되는 각기 다른 질병의 사진을 제시했다. 대부분의 참가자들은 각각의 증상에 맞는 질병을 하나씩 고르는 것이 아니라 모든 증상에서 공통된 원인을 찾았다. 결국 연구진이 공통된 원인이 발생했을 가능성을 열 배쯤 낮추고 나서야 참가자들은 납득을 하고 자신의 의견을 포기했다. 앞의 예와 연결해서 설명하면, 식욕

부진과 수면 장애가 우연히 함께 발생할 가능성보다 우울증이 발생할 가능성이 열 배가량 낮아야 우울증이라는 선택지를 포기한다는 뜻이다. 사람들은 대상을 하나의 공통적인 원인에 연결 지으려는 경향이 있다.

음모론도 이런 사고원리에 기초한다. 예를 들어 우리는 9.11 테러 사건을 테러범의 정치적 극단화로 설명한다. 그러면서 이 테러범들은 독립적으로 조직되었고 비행 훈련을 마쳤으며 날씨가 좋은 날에 동시다발적으로 여러 고층 빌딩을 공격해 전 세계 언론의 이목을 집중시켰다고 덧붙일 수 있다. 하지만 이 모든 내용에는 우연이 너무 많이 겹쳐 있다는 느낌이 든다. 그래서 이런 우연 대신에 미국이 이라크를 공격할 구실이 필요했기 때문에 테러 공격이 발생했을 것이라는 음모론을 믿게 된다.

이처럼 음모론은 원칙적으로는 올바른 설명과 같은 메커니즘으로 만들어진다. 단, 원인은 늘 하나뿐이다. 물론 선택적 지각 selective perception(사람은 자신이 보고 싶은 것만 본다)의 영향도 있는데다, 사람들은 자신의 설명 모델에는 의문을 품지 않고, 의견이 같은 사람들하고만 소통하는 경향이 있기 때문에 이런 일이 발생한다. 같은 이유로 사람은 미신을 따르기도 하고 신앙심을 갖기도 한다. 우리는 늘 모든 사건에서 공통된 원인 한 가지를 찾으려고 한다.

그러니 아주 복잡하고 혼란스러운 사건의 원인이 단 한 가지라고 설명된다면 일단 주의하라. 대부분의 경우 틀린 답이기 때문이다. 특히 사회 속에서 살아가는 현대인이라면 이 점을 명심하고 있어야 한다. 우리가 사는 사회에서 발생하는 모든 사건은 여러 가지 원인 때문에 일어난다.

함정 2: 오컴의 면도날, 아름다움에 대한 추구

2000년 6월 26일, 미국 대통령이던 빌 클린턴이 기자들 앞에 섰다. 역사적이고 경사스러운 순간이었고 클린턴의 목소리는 격앙되어 있었다. 모든 사람이 상상할 수조차 없을 정도의 거대한 과학적 진보를 목도하고 있었다. 클린턴은 다음과 같이 말했다.

"오늘 발표할 내용은 단순히 과학과 이성의 승리가 아닙니다. 오늘날 우리는 신이 생명을 창조했을 때와 같은 언어를 배우고 있습니다. 우리는 신이 보낸 가장 의미 있고 거룩한 선물의 다양성과 아름다움 그리고 경이로움에 앞으로 더욱 놀라게 될 것입니다. 이 대대적이고 새로운 지식 덕분에 우리 인간은 치유로 가는 새로운 힘의 문턱에 서게 될 것입니다."

클린턴은 이어서 "향후 몇 년 동안 의료 종사자들은 알츠하이머, 파킨슨 병, 당뇨, 암과 같은 질병의 유전적인 뿌리를 파헤칠 수 있을 것입니다"라고 덧붙였다.

대체 무슨 일이 일어난 것일까? 2000년 6월에 인간유전체 프로젝트Human Genome Project(인간유전체 중 99퍼센트의 염기 서열이

99.99퍼센트의 정확도로 해석되었다 - 옮긴이)가 완전히 종료되면서 인간에게 남겨진 수수께끼의 빗장이 완전히 풀렸던 것이다. 몇 년 동안 생명공학 분야에서 계속되던 격렬한 경쟁이 끝났고, 앞으로는 의학 분야의 파라다이스가 열릴 것으로만 보였다.

그러나 이후 몇 년 동안 냉정한 각성이 이어졌다. 그사이 우리는 당뇨, 파킨슨 병, 암 등이 어떻게 발생하는지 자세히 알게 되었지만, 이런 질병을 근본적으로 치료할 수 있으려면 아직도 먼 길을 가야 한다는 것 또한 알게 되었다. 질병의 원인이 베일에 싸여 있는 경우가 대부분이기 때문이었다. 예를 들어 알츠하이머만 해도 원인에 대한 설명이 여러 가지다. 유전자가 모든 것을 설명하지는 못하는 것이다. 결과는 언제 어떻게 어떤 조건에서 어떤 방식으로 유전자가 결합해 활성화했느냐에 따라 달라진다.

마찬가지로 요리 레시피를 본다고 해서 완성된 음식이 어떤 맛일지 알 방법은 없다. 어떤 재료가 어떻게 조리되느냐에 따라 다르기 때문이다. 제아무리 뛰어난 레시피를 따라한다고 해도, 재료를 너무 오래 끓이는 등 조리 시간을 지키지 않으면 결과물은 망가진다.

이 때문에 주변 환경이 세포 속의 유전자를 어떻게 변화시키는지 알아보는 생물학 분야인 후성유전학epigenetics도 생겼다. 그런데 후성유전학적 설명은 유전학에 대한 고전적인 설명 모델에 비해 훨씬 복잡하다. 게다가 게놈 지도에 따르면 인간의 유전체 중에 최대 3퍼센트 정도만 단백질 효소를 위해 존재하고, 나머지 부분은 왜 존재하는지 아직 이유를 알지 못한다. 여러 이론이 있지만 어떤 것도 단순하고 아름답지 않다.

과학의 역사는 아름다움에 대한 경솔한 갈망으로 가득 차 있다. 그렇다 보니 막다른 길에 도달하는 경우가 잦았다. 아름다움이 곧 진실로 가는 표지판은 아니었기 때문이다. 때때로 이상하거나 아름답지 않은 설명이 많은 내용을 함축하기도 한다. 최근 신경과학 분야만 해도 아름다우면서도 단순한 설명이 우글거리지만 대부분은 틀렸다. 예를 들어 인간의 뇌가 컴퓨터처럼 작동한다거나, 오른쪽 뇌반구는 창의력을 담당하고 왼쪽 뇌반구는 논리력을 담당한다거나, 사람에 따라 잘 맞는 학습법이 존재한다거나 하는 설명은 솔깃하고 단순하지만 모두 틀렸다.

인간의 뇌는 예측과 이해가 대단히 어려운 데다, 우리는 아직도 뇌의 사고원리를 간단하고 과학적인 언어로 표현할 방법을 찾지 못했다. 어쩌면 그런 방법은 애초에 존재하지 않을지도 모른다. 물리학 분야에서 '모든 것의 이론Theory of Everything'(만물 이론. 자연계에 존재하는 네 가지 힘인 중력, 전자기력, 약력, 강력을 하나로 통합해 설명할 수 있다는 가상의 이론. 이 이론이 있으면 우주와 자연의 모든 것을 하나의 이론으로 설명하고 앞으로 발견될 모든 실험 결과를 예측할 수 있다 – 옮긴이)이 영원한 환상으로 남아 있는 것처럼.

함정 3: 매력적인 유혹, 사이비 학문에 대한 추구

여러분이 이성적인 설명 모델을 얼마나 잘 인식하는지 테스트해보자. 여러분은 과학자이고, 다음 실험을 비평해야 한다.

신경심리학자들이 여러 명의 여성과 남성에게 공간적 상상력을 알아보는 실험을 진행했다. 그 결과 남성들의 평균 점수가 여성들보다 높았다. 그리고 연구진이 참가자들에게 생활환경에 대해 질문한 결과, 남성들은 어릴 때 여성들보다 자주 스포츠를 했다는 사실이 드러났다. 여러분에게는 다음과 같은 설명이 제시되었다.

1. 과학자들은 남성과 여성이 공간적 상상력에서 차이를 보인 이유는 남성이 어릴 때 더 많은 스포츠를 했기 때문이라고 추론했다.
2. 공간적 상상력에서 중요한 역할을 하는 우측 전운동피질을 뇌 스캔한 결과 여성의 전운동피질 능력이 남성보다 낮았다.

어떤 설명이 더 분명한가? 실질적으로는 첫 번째 설명이 더 명확하고, 두 번째 설명은 헛소리다. 그러나 참가자들은 두 가지 설명을 보고 어떤 것이 헛소리인지 골라내는 데 어려움을 겪었다. 게다가 설명 모델 안에 신경과학적인 전문 용어가 포함되어 있으면, 내용이 아무리 헛소리여도 더 그럴듯하게 들린다.

이런 생각의 함정을 우리는 '매력적인 유혹효과seductive allure effect'라고 부른다. 만약 내가 "사람들은 자신의 세계관에 맞지 않는 낯선 아이디어를 거부한다"고 설명하면 여러분은 이 설명이 이해하기 쉽지만 별로 새롭지는 않다고 생각할 것이다. 그런데 만약 내가 "사람들이 낯선 아이디어와 조우하면 뇌의 편도체와 뇌섬엽이 활성화한다. 그러면 우리는 위협당한다고 느끼고 방어 태세를 취하게 된다"고 설명하면 여러분은 '아하, 사람들이 왜 낯선 의견을 거부하는지 과학적으로 설명이 되는군'이라고 생각할 것이다. 사실 두 번째 설명에도 새로운 내용은 들어 있지 않다. 방어태세조차도 뇌의 명령에 따른 것이라는 점을 제외하면 말이다.

그런데 신경과학 분야에서만 이런 일이 일어나는 것은 아니다. 어떤 재미있는 실험에서 학술적인 조예가 깊은 참가자들에게 과학 간행물의 질을 평가하게 했다. 참가자들에게 제시된 것은 논문 등의 앞부분에 있는 짧은 요약(초록)이었다. 초록에 아무런 의미 없는 수학 공식이 쓰여 있으면, 참가자들은 해당 논문을 수학 공식이 쓰여 있지 않은 논문에 비해 높이 평가할 가능성이 높았다. 사회과학, 화학, 생물학 분야에서도 마찬가지였다. 사람들은 중요해 보이는 복잡한 학술 용어가 몇 개 들어 있으면 결과물의 신뢰성이 높다고 여긴다.

과학이 옳으려면 복잡한 용어로 설명되어야 한다는 그릇된 결론을 내려서는 안 된다. 어쩌면 여러분이 이미 눈치채고 의아하게 생각했을지도 모르지만, 나는 이번 장에서는 신경과학 분야의 학술 용어를 사용하지 않았다. 그럴 필요가 없었기 때문이다. 하지만 걱정 마시길. 몇 페이지 뒤에는 다시 뇌과학 분야의 전문 용어가 등장할 테니까. 그러려고 내가 신경과학을 전공했기 때문이다.

함정 4: 목적론적 오류, 의미에 대한 추구

문제: 하늘에는 왜 구름이 있을까?
답: 비를 내리려고.

물론 말도 안 되는 헛소리다. 구름이 존재하는 데는 아무런 의미도 목적도 없다. 다만 구름은 공기 중의 수증기가 차가운 온도 때문에 수많은 물방울로 변해 만들어진 것일 뿐이다. 그런데 아이들은 자주 이와 유사한 문답을 주고받는다. 공장의 냉각탑 근처를 지날 때 굴뚝에서 수증기가 피어오르면 아이들은 "구름이다!"라고 소리친다. 귀엽지만, 틀린 말이다.

어떨 때는 어른들도 이런 설명의 함정에 빠진다. 이를 목적론적 오류teleological fallacy라고 한다. 즉 아무런 의미도 목적도 없는 대상에게 어떻게든 의미와 목적을 부여하려다가 오류를 범하는 것이다. 사람은 보통 이런 설명의 오류에 빠져도 불굴의 의지로 살아남아 다시 오류의 함정에 빠진다. 예를 들어, 물은 사람들이 배를 띄우고 이동하게 하려고 존재하는 것이라고 주장하는 사람은 없을 것이다. 그런데 만약 누군가가 물은 사람들이 마시기 위해 존재하는 것이라고 주장한다면 어떨까? 이 또한 틀린 설명이지만, 틀렸다는 사실을 증명하기가 까다롭다.

그래서 우리는 시간이 없을 때 설명을 단순화하는 함정에 빠지기 쉽다. 한 실험에서 박사학위를 받은 물리학자들을 대상으로 어떤 설명이 옳고 어떤 것이 그른지 평가해보게 했다. 연구진은 한쪽 그룹의 참가자들에게 3.2초 안에 평가하라고 시간 제한을 주었다. 참가자들은 3.2초 내에 다음과 같은 짧은 문장을 읽고 평가를 내려야 했다.

박테리아는 항생제에 저항하기 위해 스스로를 변화시킨다.
지구는 오존층으로 자외선을 차단한다.
나무는 생명체가 숨을 쉴 수 있도록 산소를 만들어낸다.
어린이들은 겨울에 손가락을 따뜻하게 하려고 장갑을 낀다.

신기하게도 박사학위를 받은 사람들은 그렇지 않은 사람들과 똑같은 생각의 함정에 빠졌다. 참가자들은 틀린 것이 명백한 문장을 옳은 것으로 평가했다. 이 예시에서는 첫 세 문장이 그렇다.

오존층은 지구를 지키기 위해 존재하는 것이 아니라, 오존층이 존재하는 덕분에 지구가 부수적인 이득을 보고 있을 뿐이다.

덧붙이면 우리는 원인이 틀린 결론보다 의도가 틀린 결론의 함정에 빠지기 쉽다. 구체적인 예를 들어보자. "지구상에 오존층이 만들어진 이유는 생명체를 자외선으로부터 지키기 위해서다"라는 말은 마치 지구가 스스로 오존층을 만들어야겠다고 마음먹은 것처럼 들린다. 오히려 "지구상에 존재하는 오존층 덕분에 생명체가 보호받는다"라고 설명하는 편이 낫다. 설명이란 목적을 알아내려고 하는 우리의 심리적인 기본자세다.

사람은 누구나 어떤 일을 할 때 목표, 그러니까 목적을 갖는다. 그래서 자연스럽게 원인과 의미가 연관성이 있다고 추론하는 것이다. 우리가 삶의 의미를 찾는 이유는 삶에는 원인이 있기 때문이다. 무언가에 실패했을 경우 우리가 그 속에서 숨은 의미를 찾으려고 하는 것은 실패한 원인이 있기 때문이다. 우리는 운명적 시련이 무슨 의미를 갖는지 샅샅이 뒤진다. '운명적 시련이 아무런 이유 없이 생겼을 리가 없다'고 믿기 때문이다. 물론 아무런 이유나 원인 없이 발생하는 일은 없지만, 아무런 의도나 목적 없이 발생하는 일은 있다. 예를 들어 식물은 햇빛을 받았기 때문에 잘 자란다. 하지만 햇빛이 비치는 목적은 식물을 키우기 위해서가 아니다.

한 가지 조언이 있다. 자연과학 분야에서 의미와 목적을 묻는 것은 정말 부질없는 일이다. 오히려 진정한 이해를 어렵게 만들 뿐이다. 다만 목적을 묻는 질문이 정당화되는 단 한 가지 경우가 있다. 바로 사건의 구체적인 원인이 사람일 때다.

설명의 함정에 빠지지 않도록 스스로를 지키는 방법

설명이 이렇게나 중요하다면, 전형적인 생각의 함정에 빠지지 않도록 스스로를 훈련해야 한다.

비결 1: 전체를 인식하기

누구나 스토리텔링storytelling의 원리를 알고 있다. 어떤 소식이나 의제를 발표할 때 이야기로 포장하면 효과가 가장 좋다. 스토리가 사람들의 기억에 오래 남기 때문이다. 우리는 스토리텔링을 지식 전달에도 적용할 수 있다. 이야기를 즐기며 배우는 것이다.

예를 들면 이런 이야기. 클리포드, 클레오, 티본이라는 이름의 개 세 마리는 친한 친구들이다. 어느 날 이 개들은 KC라는 이름의 개와 만난다. KC는 새 친구를 찾고 있으며, 다리가 세 개밖에 없다. 클레오는 회의적이다. 다리가 세 개밖에 없는 KC라는 녀석이 병이라도 옮기면 어쩌지? 클리포드는 좀 더 개방적이지만 KC가 장애 때문에 사소한 일에도 도움을 필요로 할 것이라고 생각한다. 그러나 시간이 지날수록 개들은 처음에 느꼈던 편견을 극복하고 좋은 친구가 된다.

이 이야기에 담긴 교훈은 무엇일까? 다섯 살배기 아이들에게 이 이야기를 들려준 다음 무엇을 배웠느냐고 물어보면, "다리가 세 개인 개도 상냥하게 대해줘야 해요!"라고 대답한다. 장애인에 대한 편견을 벗어던지고 좋은 친구가 될 수 있다는 보편적인 아이디어를 다섯 살 아이들은 찾아내지 못한다.

뒤이은 실험에서 연구진은 조건을 바꿔서 아이들에게 왜 개들이 다리가 세 개인 KC와 결국에는 함께 놀고 친구가 되었는지 설명해보라고 했다. 그러자 결과가 조금 달랐다. 아이들은 그 근본에 있는 도덕적 교훈을 알아차렸고 이를 다른 상황에도 적용할 수 있었다. 즉 아이들은 이야기에 담긴 아이디어를 일반화하고 주제가 무엇인지 이해한 것이다. 말하자면 단순히 도덕적인 이야기를 듣기만 했을 때보다는 스스로 내용을 설명했을 때 근본적인 교훈을 이해할 가능성이 높았다.

누군가 떠먹여주는 것을 받아먹기만 하면 재미가 없다. 우리는 능동적으로 대상을 탐구할 때만 이해력을 높일 수 있다. 도덕을 직접적으로 보여주고 가르쳐야 한다는 교육학 분야의 고전적인 접근법은 이 실험에서는 효과가 적었다.

어쩌면 이야기의 교훈을 알아채고 일반화하는 능력이 실험 참가자들의 나이에 달린 것이 아니냐는 의문이 들지도 모른다. 물론 성인들은 이 이야기를 훨씬 더 잘 이해했다(참가자의 91퍼센트 정도가 숨겨진 교훈을 알아차렸다). 그러나 스스로 설명해보는 학습 원리를 절대 과소평가해서는 안 된다. 앞의 이야기는 매우 단순하지만, 어른들은 대개 훨씬 복합적인 문제와 마주한다. 그때부터는 상황을 묘사하는 것만으로는 앞으로 나아갈 수 없다. 연관성을 이해하려면 설명이라는 기술을 사용해야 한다.

복합적인 문제를 다루기 힘든 까닭은 간단한 인과관계를 찾아내기 어렵기 때문이다. 복합적인 문제는 조금 다른 역학을 따른다. 예를 들어보자. 최신형 자동차에는 온갖 기술, 기계 장치, 전자 부품이 장착되어 있는데, 이런 시스템은 복합적이라기보다는 복잡하고 어렵다. 다만 운전하는 방식은 직관적이다. 자동차 핸들을 오른쪽으로 돌리면 오른쪽으로 가고 왼쪽으로 돌리면 왼쪽으로 간다. 하지만 복합적인 시스템에서는 조금 다르다. 핸들을 오른쪽으로 돌리면 자동차는 처음에는 오른쪽으로 갔다가 다시 왼쪽으로 갔다가 마지막에는 멈출지도 모른다.

복합적인 시스템의 특징은 예측 불가능하다는 점이다. 게다가 일률적이지도 않다. 그러니 어떤 구체적인 상태가 존재한다고 하더라도 그다음 상태가 어떻게 변할지 예측할 수는 없다. 그렇다고 해서 복합적인 시스템이 오로지 우연에 따라 작동한다는 뜻은 아니다.

예를 들어 날씨는 복합적이다. 주식시장, 교통 흐름, 생태계, 인터넷상의 데이터 흐름, 인간의 행동이나 뇌 활동 등도 복합적이다. 어떤 날에든 날씨는 있다. 나는 지금껏 날씨가 없는 날은 겪어보지 못했다. 날씨는 온전히 자연에 의해 결정되며, 우리는 기상학과 대기역학에 따른 자연의 법칙을 알고 있다. 그러나 지금 대기 중에 있는 모든 분자의 정확한 상태를 알아낼 수 있다고 하더라도 일주일 동안의 날씨를 완벽하게 알아맞힐 수 있는 것은 아니다(역설적이지만 날씨가 지나간 다음에야 왜 그런 날씨가 발생했는지 정확히 알 수 있다).

그렇다면 이런 복합적인 문제에 깊이 빠져들었을 때 그 인과관계를 알고 일반화하려면 어떻게 해야 할까? 해답은 바로 묘사가 아니라 설명이다. 설명이 완벽하게 맞아떨어지지 않더라도, 그것을 시도한 것만으로 연관성을 일반화하기가 쉬워진다.

사람들이 실제 상황에서 어떻게 문제를 해결하는지 알아본 실험이 있다. 실험 참가자들은 기후 모델을 이해해야 했다. 그러려면 단순한 원인만을 알아서는 안 된다. 복합적인 시스템은 피드백, 역치, 떠오름 현상(갑자기 새로운 구조가 나타나는 현상) 등을 만들어내기 때문이다.

연구진은 1번 그룹에게 수일간 교육을 시작하면서 복합성의 구체적인 원리(예를 들어 되돌릴 수 없는 역치현상)를 설명하고 이를 컴퓨터 시뮬레이션으로 실감나게 체험하게 했다. 2번 그룹에게는 이를 반대로 진행했다. 즉 설명부터 하는 대신에 그들 스스로 시험해보고 자신만의 설명을 만들어내게 했던 것이다. 그리고 마지막에는 두 그룹의 답변을 모범답안과 비교했다.

그 결과 1번 그룹이 효율적으로 작업을 진행했지만, 복합적인 시스템의 근본 원리를 응용하는 능력은 2번 그룹이 더 뛰어났다. 교육과정에 포함되지 않았던 복합성의 특성을 2번 그룹이 더 잘 개념화한 것이다. 2번 그룹은 "자율 로봇이 낯선 행성에서 효과적이고 효율적으로 금을 채굴하려면 어떻게 해야 할까?"라는 질문에도 더 깊이 있고 근본적인 답변을 내놓았다.

복합적인 사건을 정확히 이해하려는 경우 가장 중요한 활동은 대상을 스스로 설명해본 다음 다른 사람들과 테스트하는 것이다. 물론 쉬운 일은 아니다. 사람은 누구나 대상을 묘사하는 것에서 그치려는 경향이 있기 때문이다. 계속 탐구하거나 설명하지 않는 사람은 결국 대상을 제대로 이해하지 못하게 된다. 지금처럼 구글링으로 간편하게 답변을 얻을 수 있는 세상에서는 질문이나 설명의 과정이 생략되기 쉽다.

하지만 이런 시대를 살고 있다고 해서 비판적인 생각을 전혀 못 하는 수동적인 상태에 빠져서 판단력이 마비되어서는 안 된다. 이마누엘 칸트는 이미 230여 년 전에 "미숙한 상태로 있는 것은 매우 편하다"면서 "돈을 지불할 수만 있다면 생각할 필요가 없다"고 덧붙였다. 이처럼 현대사회를 적절하게 묘사한 말이 있을까?

어떤 설명을 찾아야 할 때 나도 구글을 애용한다. 하지만 나는 구글에 검색어를 입력하기 전에 늘 내가 품은 의문의 답이 무엇일지 스스로 생각해본다. 아무런 고민 없이 구글링으로 정답을 찾아내는 것보다는 우선 스스로 생각해보면 대상을 이해하는 데 도움이 된다. 틀리더라도 스스로 해보는 것이 이해로 가는 중요한 발걸음이다.

비결 2: 오류를 명백히 밝히기

양손에 공을 들고 있다고 하자. 하나는 매우 무겁고, 다른 하나는 깃털처럼 가볍다. 이제 두 공을 높이 치켜들고 동시에 떨어뜨린다. 어떤 공이 바닥에 먼저 닿을까? 무거운 공일까? 가벼운 공일까? 물리학의 낙하법칙을 잘 모른다고 하더라도 본능적으로 무거운 공이 더 빨리, 더 세게 바닥에 떨어지리라는 사실쯤은 추측할 수 있을 것이다.

이와 같이 답변했다면, 공 두 개를 하나로 묶어서 떨어뜨리면 얼마나 빠르게 바닥에 도달하는지도 설명할 수 있어야 한다. 예를 들어 무거운 공은 바닥에 떨어지는 데 1초가 걸리고, 가벼운 공은 2초가 걸린다고 하자. 그러면 두 공을 하나로 묶어서 떨어뜨리면 몇 초가 걸릴까? 가벼운 공이 무거운 공의 속도를 늦추어서 바닥에 떨어지기까지 시간이 좀 더 걸릴까? 그렇다면 하나로 묶인 두 공이 평균 속도인 1.5초 만에 바닥에 떨어져야 한다.

그런데 이게 사실이라면 무거운 물체가 가벼운 물체보다 더 빨리 떨어진다는 설명과는 맞지 않는다. 하나로 묶인 두 공은 무거운 공 하나보다 더 무겁기 때문이다. 그러니 하나로 묶인 두 공은 더 빨리 바닥에 떨어져야 한다. 즉 무거운 물체가 가벼운 물체보다 더 빨리 떨어진다는 설명은 모순적이다. 따라서 이 문제를 푸는 열쇠는 다음과 같다. 무게에 상관없이, 모든 공은 똑같은 속도로 떨어진다.

이런 사고의 방법을 귀류법이라고 한다. 어떤 사건이나 대상을 설명할 때 일부러 논쟁을 일으키고 모순을 보여주는 방법이다. 이때 설명을 하는 이유는 단순히 설명의 모순을 보여주기 위해서다. 이 모순을 알아차려야만 자신의 생각 모델을 검토해볼 수 있게 된다. 그래서 어떤 것을 바르게 설명하는 것보다는 일단 설명부터 하는 것이 중요하다.

다만 이런 방법은 자신의 오류를 수정하고 사실에 순응할 정도로 마음이 열린 사람에게만 효과가 있다. 안타깝게도 오늘날 이런 마음가짐은 점점 사라지고 있지만 말이다. 어쨌든 자신의 설명에서 오류를 찾아내는 것은 대상을 더욱 깊이 이해하는 훌륭한 방법이다.

그럼에도 이런 의문이 남는다. 잘못된 설명이 이해로 가는 길을 막지는 않을까? 사람들을 진실과 멀리 떨어뜨려놓는 것은 아닐까? 이를 알아보기 위해 연구진이 실험 참가자들에게 인간의 혈액순환과 관련된 글을 읽게 했다. 1번 그룹은 글을 한 번 더 읽었다. 2번 그룹은 글을 단 한 번만 읽은 다음 곧바로 혈액순환이 어떻게 이루어지는지 설명해야 했다. 2번 그룹의 설명에는 오류가 많았음에도, 이해력 테스트에서는 이들의 평균 점수가 높았다. 이들은 혈액순환의 원리를 개념화하고는 자신이 읽은 내용과 관련된 질문에 대해 생각해볼 수 있었다. 다시 말해 내용을 온전히 내 것으로 만들지 못했다고 하더라도 스스로 설명을 해보면 도움이 된다. 설명을 해야만 내가 아직 모르는 부분이 어디인지가 분명해지기 때문이다.

스스로 설명을 하고 자신의 설명을 점검하다가 불명확한 영역으로 들어갈 수도 있다. 때때로 설명 자체가 오류일 가능성이 있기 때문이다. 2부에서 이미 알아보았지만, 우리는 대상을 통제하고 검사해서 마지막에 무슨 일이 일어나는지를 파악했을 때만 인과관계를 인식할 수 있다.

실제로 통제와 검사를 할 수 없다면 상상으로 해보면 된다. 이런 정신적인 통제가 바로 설명이다. 뇌는 주변 상황을 통제해서 생각 모델을 조정하는데, 이런 일은 우리가 뭔가를 설명할 때도 일어난다. 설명에 따르는 모든 오류는 자신의 설명 모델을 향상시킬 좋은 기회다. 오류가 발생하면 우리는 불안해지지만, 바로 그 순간이 학습의 동력이다. 우리는 이 동력을 적극적으로 활용해, 다른 호기심을 생산해내거나 스스로에게 계속 질문을 던져야 한다.

비결 3: 자신을 속이기

미군의 훈련 과정에 핫워싱hotwashing이라는 것이 있다. 신병들이 가상의 시뮬레이션 전투를 벌이는 훈련이다. 그런데 신병들이 모르는 점이 한 가지 있다. 그들이 상대하는 병사들은 이런 전투를 여러 번 경험했을 뿐만 아니라 관련 훈련까지 받은 노련한 병사들이라는 사실이다. 당연하게도 신병들은 흠씬 두들겨 맞게 된다.

그런데 모든 훈련이 끝나고 나면 훈련에 대한 비평이 이어진다. 계급이나 이름과 무관하게 모든 사람이 자신의 관점에서 잘못된 점이 무엇인지, 자신이 패배한 이유가 무엇인지 의견을 말한다. 그리고 다음에는 어떻게 하면 더 영리하게 대처할 수 있을지 생각한다. 이런 핫워싱, 즉 AARAfter Action Review(프로젝트 참가자들이 무슨 일이 왜, 어떻게 일어났는지 그리고 어떻게 하면 결과를 개선할 수 있을지 분석하고 토론하는 과정 - 옮긴이)에는 모든 병사가 참여한다. 압도적인 차이로 졌다면, 그 책임을 서로에게 전가해봐야 의미가 없으니 병사들은 더 적극적으로 의견을 교환하게 된다.

이겼을 때보다 졌을 때 배우는 것이 많다면 거기에서부터 일반적인 개념을 이끌어낼 수 있다. 자동차 경주대회인 포뮬러원F1에서 메르세데스 팀을 이끄는 토토 울프Toto Wolff는 상대방보다 먼저 탐구하고 해답을 찾는 방식을 엄한 사랑tough love에 비유했다.

이것은 다소 고통스럽기는 하지만 학습과 이해에 도움이 되는 현명한 방식이다. 흥미롭게도 우리는 반대에 부딪치거나 모순에 빠졌을 때 대상을 가장 잘 이해한다. 생각에 오류가 있을 경우 과잉정정 효과hypercorrection effect가 발생한다. 우리는 자신의 지식이나 이해력을 확신하고 있는 사람들일수록 고집이 세서 잘못을 정정하기가 어렵다고 생각한다. 하지만 사실은 오히려 반대다.

2019년 무엇이 학습이나 이해력을 촉진하는지 알아보기 위해 실험이 진행되었다. 연구진은 참가자들에게 다음과 같은 일반상식을 물었다.

> 달에 처음으로 착륙한 달착륙선의 이름은?
>
> 라디오를 발명한 사람의 이름은?
>
> 유럽에서 두 번째로 큰 섬의 이름은?

이와 비슷한 난이도의 질문이 100개 준비되었고, 참가자들은 자신이 어떻게 답을 냈는지 그리고 자신이 얼마나 많은 정답을 맞혔을지 직접 예측해 발표했다. 이후 연구진은 참가자들에게 실제 점수를 알려줬다. 그러고 나서 두 번째 문제 풀이가 진행되었다. 이번에는 첫 번째 문제 풀이에서 참가자들이 틀렸던 문제만 나왔고 참가자들의 정답률은 올라갔다.

연구진이 그 이유를 확인해본 결과, 참가자들이 불명료함과 놀라움을 경험했기 때문에 학습 효과를 높일 수 있었던 것으로 드러났다. 즉 참가자들이 자신의 답이 맞다고 확신했으나 틀린 경우에 학습 효과가 올라갔다. 당황하거나 놀랐을 때만 호기심이 자극되는 것이다. 그리고 사람이 가장 놀랄 때는 자신이 알고 있다고 생각하던 것을 틀렸을 때다.

테스트와 탐구는 지식을 빨리 습득하고 오래 지속되게 하는 좋은 기술이다. 이미 여러 연구에서 밝혀졌지만, 빠른 해마와 느린 대뇌피질이 실시간으로 동기화하면 새로운 지식을 습득할 수 있다. 다시 말해 질문에 대답을 해야 하거나 설명을 해야 할 때 사람은 이미 알고 있는 지식을 재활성화하면서 자신의 한계를 깨닫고 새로운 정보를 더하거나 생각 모델(혹은 설명)을 적응시킨다.

이 과정에 선조체striatum라고 불리는 뇌의 스파이 조직이 도움이 된다. 이 부위는 뇌의 아주 깊숙이에, 연결망이 탄탄한 부분에 자리 잡고 있다. 그리고 우리가 어떤 과제를 능동적으로 해결하려는 경우 활성화된다. 예를 들어 시험 문제를 푸는 경우 선조체가 활발해지지만, 시험 내용을 다시 복습하는 경우에는 선조체의 활동이 점점 줄어든다. 그래서 우리는 시험을 보면서 생각 모델을 적응시켜야 하는 순간을 정확히 알 수 있다. 바로 불명료한 것이 나타나 스스로 탐구하고 지식을 다시 확인해야 할 때다.

2014년 브라질 축구팀이 독일 축구팀에 졌다. 아마 독일 팀 또한 이런 상황을 경험해보았기 때문에 이길 수 있었을 것이다. 2004년 독일은 유럽 챔피언을 꿈꿨지만 체코에 1대 2로 패하면서 꿈이 산산조각 났다. 독일인은 완전히 풀이 죽어서 노래도 응원도 없이 각자 집으로 돌아갔다.

시합 직후 모든 과정을 되짚어본 축구 대표팀 감독 위르겐 클린스만Jürgen Klinsmann은 능동적으로 나섰다. 클린스만의 활약 덕분에 대표팀 내에는 스포츠심리학 전문 피트니스 코치, 언론 담당자 등 새로운 직종이 생겼고 팀 매니저가 고용되었다. 그리고 새로운 훈련 방식이 도입되었다. 이후 거대한 과잉정정 효과가 발생했다. 클린스만이 대표팀에 미친 영향은 2014년 7대 1로 브라질에 승리할 때도 발휘되었다는 해석이 가능하다.

그러니 2014년에 대패한 브라질이 2024년에 어느 정도의 능력을 보일지 기대해도 좋다. 과잉정정 효과가 맞다면 브라질은 2024년에 36대 1로 승리해야 한다. 그때 브라질의 상대팀이 독일이 아니길 바란다.

르브론의 역설:
핵심을 이해하는 네 가지 방법

1999년 11월의 어느 아침, 학교 창문에 빗방울이 후드득 떨어지고 있었다. 교실 분위기가 축 처져 있던 찰나, 역사 선생님이 힘차게 문을 열고 들어왔다. 선생님은 가방으로 교탁 위를 세차게 내리치더니 의자에 앉았다. 그리고 소리쳤다.

"제군들이여, 나는 교황이다!"

우리는 웅성거렸다.

"네? 뭐라고요?"

선생님은 말을 이었다.

"나는 교황이다! 지난 시간에 배워 알겠지만, 1076년에 신성로마제국에서는 교황의 권력이 가장 강했지."

선생님은 주먹으로 교탁을 쳤다.

"그걸 이해하지 못한 오직 한 사람이 바로 황제였다! 황제는 교황에게 보고할 필요가 없다고 생각했지. 용납할 수 없는 일이다. 내가 교황인데, 고작 황제가 나를 모욕하고 내 권위를 무너뜨리려고 하다니! 그럼 나는 교황으로서 어떤 행동을 해야 할까? 얘기해볼 사람?"

우리는 여전히 당황한 채였지만 각자 생각에 빠지기 시작했다. 황제를 공격하면 되지 않을까? 하지만 황제가 전쟁을 일으킨다면? 차라리 황제의 측근들을 매수하면 어떨까? 그러려면 돈이 많이 들고 지루한 물밑 작업이 이어질 것이다. 황제를 공개적으로 굴복시키고 웃음거리로 만든 다음 그것이 교황의 권력임을 보여주면 되지 않을까? 좀 더 어려운 말로 표현하자면, 교황은 황제를 파문하고 황제에게 더는 신의 은총이 없다고 선언해서 황제의 심복들이 했던 충성 맹세가 정당성을 잃게 하는 것이다. 그러면 황제는 정치적으로 고립된다.

"좋은 생각이야."

선생님이 말했다.

"하지만 황제를 그저 굴복시키는 것만으로는 충분하지 않아. 황제의 심복들까지 모두 굴복시켜야지."

우리는 이어서 생각했다.

'여론을 영리하게 조작하면 어떨까?'

어쩌면 선생님은 우리에게 이런 간접적인 방식이 아니라 고전적이고 직접적인 방식으로 가르칠 수도 있었다. 역사책을 펼쳐서 '카노사의 굴욕'이 나오는 대목을 읽는 식으로 말이다. 황제 하인리히 4세가 1076년부터 1077년까지 추운 겨울에 알프스를 넘어 교황을 찾아갔다는 내용을 말이다(파문을 취소해달라고 빌기 위한 굴욕적인 발걸음이었다). 아니면 성직 임명권을 둘러싸고 황제와 교황이 다퉜던 서임권 분쟁이나 모든 갈등의 틈바구니에서 귀족들이 했던 역할 등에 대해 자료를 읽어보고 짧은 토론을 진행할 수도 있었다.

하지만 직접 교황이 직면한 문제를 생각해보고 아직 결론이 내려지지 않은 상태에서 어떻게 하면 교황이 자신의 통치권을 명확하게 보여줄 수 있을지를 고민하면서 우리는 점차 당시 정치의 원리를 명확히 이해하게 되었다. 이런 이해의 과정을 다른 상황에도 적용할 수 있다. 상징적인 정복이나 공개적인 굴복은 인간의 역사에서 계속 등장하기 때문이다. 게다가 앞선 과정 덕분에 나는 당시 교황이 황제에게 얼마나 화가 났을지 절대 잊어버리지 않았다.

역사는 이미 지나간 과거가 아니라, 현재를 살아가는 우리만큼 멍청하거나 똑똑하게 살아 움직이던 사람들에 의해 만들어진 것이다. 역사가 살아 숨 쉰다는 사실은 지금 이 순간에도 분명히 느낄 수 있다. 나는 40~50년 후의 사람들은 오늘날의 우리를 비웃을 것이라고 생각한다. 그리고 1,000년 후의 사람들이 우리를 어떻게 생각할지는 상상조차 할 수 없다. 만약 먼 미래 사람들이 우리 선생님 같은 교사를 만난다면 우리의 현실을 조금이나마 가깝게 느껴볼 수 있을 것이다.

내가 앞에서 서술한 모든 내용은 이해가 수동적인 과정이 아니라는 사실을 알려주려는 것이다. 그러니 지금부터는 앞에서 나온 이해의 기술을 통합하고 생산적 실패productive failure에 대해 배워보자.

지식은 '거추장스러운' 크리스마스 선물 같아야 한다

학습은 학습자의 능률을 최대한 높여주는 효율적인 과정이어야 한다. 우리는 학습을 위해 책을 사거나, 세미나에 참가하거나, 튜토리얼을 따라하거나, 놀이처럼 재미있게 외국어를 가르쳐주는 앱을 다운로드할 수 있다. 혹은 3분 만에 제2차 세계대전이 왜 발발했는지 배울 수도 있다. 5분 만에 이항정리 공식으로 이차방정식을 푸는 방법을 배울 수도 있다. 이 모두는 문제를 빨리 해결하고 싶거나 시험에 대비해 구체적인 지식을 빨리 쌓고 싶거나 곧바로 답변을 내놓아야 하는 특정한 의문을 품은 사람들에게 도움이 된다. 하지만 이 방법으로 진정한 지식을 얻지는 못한다.

훌륭한 지식 전달이란 언제나 조금은 비효율적이다. 마치 크리스마스 선물처럼 말이다. 크리스마스 선물을 하려면 상대방이 받고 싶은 선물을 알아야 하고, 카드를 써야 하고, 선물을 사야 한다. 그리고 선물을 포장해야 한다. 선물을 포장하는 이유는 단순히 받는 사람이 풀어보게 하기 위해서다. 이 얼마나 비효율적인 과정인가! 만약 이것이 기업의 사업 추진 과정이라면 고문들은 이렇게 말할 것이다.

"전부 최적화하세요! 번거롭게 포장지를 사서 포장하는 과정을 줄이고 선물을 빨리 전달하세요!"

맞는 말이기는 하지만, 그러다가는 크리스마스 분위기를 망치게 된다.

지식 또한 포장하지 않은 크리스마스 선물처럼 빠르고, 단순하고, 효율적으로 전달할 수 있다. 웃긴 애니메이션이나 재미있는 그래픽으로 표현할 수도 있다. 물론 모두 효과적이고 좋은 접근법이다. 나 또한 이런 방법으로 독일 사이언스 슬램 챔피언이 되었다. 사이언스 슬램에서는 자신의 연구 분야를 10분 동안 간략하고 이해하기 쉽게 발표하는 게 중요하다. 마지막에는 대중들이 가장 뛰어난 발표자를 선정한다.

처음으로 사이언스 슬램에 참가했을 때, 무대 뒤에서 진행자와 어떻게 사람들이 빠르고 쉽게 학술적인 주제에 관심을 갖게 할지에 대해 이야기를 나눴다. 그가 말했다.

"헤닝 씨, 사이언스 슬램은 정말 멋진 무대예요. 그런데 늘 놀라운 것은, 발표 내용 중에 사람들의 기억에 남는 건 거의 없다는 점이죠. 이곳에서 나가 다음 날이 되면, 어제 들은 발표가 재미있었다는 건 기억하지만 자세한 내용은 거의 기억하지 못하죠. 내가 지금까지 기억하고 있는 내용이라고는 냉장고에 맥주 캔을 넣을 때는 절대 눕히지 말고 세워둬야 한다는 겁니다. 그런데 그 이유는 기억나지 않아요."

그다음부터 나는 사이언스 슬램에서 발표할 때 사람들에게 지식을 전달하기보다는 그들이 어떤 주제를 듣고 놀라거나 감탄하게 하는 데 집중했다. 사람들이 감탄하게 하거나 편견을 없애거나 호기심을 깨우는 데는 사이언스 슬램 같은 행사가 적격이었다. 그러나 이해의 과정에서 매우 중요한 '오래 가는 놀라움'은 발생하지 않았다.

올바른 지식의 전달은 두 단계를 따른다. 우선 문제, 수수께끼, 비밀을 제시한 다음 포장된 지식 선물을 전달한다. 하지만 이것만으로는 부족하다. 그다음에 선물을 전달받은 사람이 포장을 전부 풀고 내용물을 꺼내야 한다. 물론 이 과정에서 도움을 받아도 좋다. 누구나 바퀴를 발명할 수 있는 것은 아니니까. 마지막에는 포장지 안에서 무엇이 나올지 확실해져야 한다. 장난으로 대충 포장을 푼다면 선물을 완전히 손에 넣을 수 없다. 포장을 풀도록 도와주는 지식 전달자의 역할도 중요하다.

이해가 전부이지만, 절대 간단한 과정은 아니다. 학습도 마찬가지다. 훌륭한 학습과 완전한 이해는 재미있다. 또한 시간을 절약해주고 동기와 영감도 부여한다. 하지만 절대 간단하지 않다. 학습과 이해는 거추장스럽다. 때때로 먼 길을 돌아가기도 한다. 우리가 적극적으로 생각하고 시험하고 탐구해야 하는 과정인 동시에 탄탄한 사고구조를 만드는 방법이기도 하다.

그나저나 수많은 정보 채널(예를 들어 위키피디아나 유튜브의 학습 튜토리얼 등)이 지금처럼 사랑받는 이유는, 정보를 빠르고 쉽게 전달하기 때문이 아니다. 그보다도 사람들이 능동적으로 문제의 답을 찾기 때문이다. 위키피디아 웹페이지나 학습 동영상을 일부러 검색해보는 사람들은 벌써 중요한 발걸음을 내디딘 셈이다. 즉 무언가에 관심이 있고, 답(지식)에 굶주려 있다. 그렇다면 새로운 내용을 받아들이고 다시 다른 분야에 적용하기란 어렵지 않다.

사람이 새로 맞닥뜨린 문제를 지금까지 쌓아온 지식으로는 도무지 해결할 수 없을 때에만 새로운 지식이 생겨난다. 그러나 우리는 지식 전달 과정에서 실수로 여기에 역행하는 행동을 하게 된다. 그러니까 먼저 설명을 들은 다음, 그 지식을 적용해서 시험 과제를 푸는 것이다. 말하자면 "자, 이게 덧셈 공식이야. 여기 계산 문제가 스무 개 있으니 풀어보렴"이라는 식의 학습 과정이 이어진다. 오해하지 마시길. 나중에 다른 문제 풀이에 활용할 구체적인 능력을 습득해야 하는 환경에서는 앞서 언급한 학습법이 올바른 도구로 쓰인다.

그러나 더욱 깊이 있는 사고 개념에 공감하고 변형된 문제를 해결하려면 앞서 언급한 학습법과는 상반된 방법이 더욱 효과적이다. 이른바 문제 해결식 수업problem solving instruction이란 스스로 문제를 해결하기 위한 아이디어를 낸 다음 마지막에 올바른 설명을 듣는 방식이다. 스스로 이해하고 다른 사람들을 이해시키기 위해서는 이 개념을 어떻게 활용하는 것이 좋을지 이어서 알아보도록 하자.

1단계: 수동적이기보다 능동적으로!

여러분은 농구팀의 트레이너다. 여러분의 팀은 아주 중요한 시합을 앞두고 있다. 선발팀을 구성하면서 여러분은 다섯 명의 선수 중에 네 명을 이미 선발했다. 그런데 아주 중요한 포지션인 슈팅가드 후보가 두 명이다.

슈팅가드는 먼 거리에서 다득점을 할 수 있는 선수다. 후보 1번의 이름을 스티븐이라고 하자. 스티븐은 지난 다섯 번의 시합에서 각각 25, 23, 27, 21, 23점을 넣었다. 후보 2번의 이름은 르브론이라고 하자. 르브론은 지난 시합에서 각각 20, 12, 41, 38, 8점을 넣었다.

늘 일정한 기량을 보이는 선수는 누구인가? 여러분이라면 동료 트레이너에게 누구를 선택하자고 말할 것인가? 이번에 이기지 못하면 내일이 없을 정도로 중요한 시합이라는 점을 염두에 두고 생각해보자.

몇 년 전에 9학년(한국의 중학교 3학년 - 옮긴이) 학생들을 대상으로 이와 비슷한 실험이 진행되었다. 1번 그룹은 수학 공식을 기반으로 둘 중 어떤 선수가 일정한 기량을 보이는지 생각했다. 학생들은 한 시간 동안 답을 찾았다. 그리고 그들이 내놓은 결과는 흥미로웠다.

몇몇 학생은 두 선수의 득점 평균값을 구한 다음, 득점 평균값보다 더 많이 득점한 시합과 더 적게 득점한 시합이 몇 번인지 알아보았다. 즉 득점 평균값이 고를수록 더 일정한 기량을 유지한다고 생각한 것이다. 다른 학생들은 시합별로 득점 차이를 비교했다. 득점의 차이가 작을수록 기량이 일정하다고 판단한 것이다. 하지만 올바른 답에 도달한 학생은 아무도 없었다. 올바른 답은 다음과 같다.

$$s = \sqrt{\frac{\sum_{i=1}^{n}(x_i - \bar{x})^2}{n-1}}$$

이것은 표준편차를 구하는 수학 공식이다. 장담하건대 9학년 학생 중(그리고 성인 중 일부도) 60분 안에 이 해답에 도달할 사람은 없다. 중요한 것은 이 공식이 아니다. 훨씬 중요한 것은 학생들이 스스로 고민하고 생각해서 자신만의 해답으로 가는 길을 탐구하는 과정이다.

학생들은 평균 여섯 번 정도 어떻게 하면 이 문제를 풀 수 있을지 구상했다. 누구도 정답을 맞히지는 못했지만, 능동적으로 시도해보는 과정은 다음 과정을 위한 발판이 되었다. 모범답안을 찾아내는 것보다 스스로 부족한 부분이 어디인지 경험하는 것이 중요하기 때문이다. 그리고 바로 이 부족한 부분에서 호기심이 생겨난다. 부족한 부분을 찾은 사람은 정답을 어떻게 찾아가야 하는지 알고 싶어한다. 마지막에 학생들에게 정답을 알려주었다. 교사가 한 시간 동안 표준편차의 개념을 설명하고 이 문제를 어떻게 풀지 알려주었던 것이다.

만약 고전적인 학습법을 따랐다면, 교사가 우선 공식부터 설명했을 것이다. 고전적인 학습법에서는 이것이 효율적인 지식 전달 방식이라고 생각하기 때문이다.

"자, 이게 표준편차 공식이야. 여기 나온 연습 문제를 풀어보고, 이건 숙제로 집에서 풀어와. 그럼 과제를 가장 많이 맞힌 사람이 가장 높은 점수를 받을 거야. 그리고 나면 다음 수학 공식을 배우도록 하자."

이 실험에서, 2번 그룹에게는 고전적인 방식으로 가르쳤다. 교사가 우선 한 시간 동안 표준편차 공식을 설명한 다음 농구 문제를 냈던 것이다. 그 결과, 2번 그룹이 내놓은 새로운 아이디어는 1번 그룹의 절반 수준에 지나지 않았다. 물론 문제의 답은 모두 맞혔다. '정답을 맞혔으면 됐잖아?'라고 생각할 수도 있다. 고전적이고 직접적인 강습도 효과를 보인 셈이기 때문이다.

그래서 연구진은 마지막으로 어느 그룹이 표준편차라는 개념을 더 잘 이해했는지 알아보았다. 그러자 1번 그룹이 표준편차에 대해 이해도가 훨씬 높은 답변을 내놓았다. 예를 들어 다른 것과 현저한 차이를 보이는 측정값을 어떻게 다뤄야 하는지 등에 대해서 말이다. 과학적인 실험에서는 대개 표준편차와 두 배 이상의 차이를 보이는 측정값은 제외한다.

그뿐만이 아니었다. 1번 그룹은 다른 응용문제도 훨씬 잘 풀었고, 정규화(위치와 모양이 다른 분포를 모양이 일정한 하나의 정규분포로 만드는 과정. 서로 다른 대상을 비교할 때 쓰인다 – 옮긴이)에 대해서도 설명할 수 있었다. 이전에 정규화 수업을 들은 적이 없었음에도 말이다. 학생들이 스스로 생각하도록 시간을 투자한 것이 효과가 있었던 셈이다.

갑자기 수학 공식이 알파벳이나 숫자의 임의적인 배열을 넘어서서 의미를 갖게 된 것이다. 즉 학생들이 아무것도 모르는 채로 직접 생각해낸 아이디어가 구체적인 공식의 형태가 되었다. 이렇게 스스로 생각해본 사람은 공식을 모르는 새로운 문제와 마주쳤을 때(혹은 살아가면서 대부분의 일반적인 문제와 마주쳤을 때) 직접 탐구해본 경험의 도움을 받는다.

프랑크푸르트의 금융 회사들을 위해 새로운 교육과정을 만들 때도 중요한 것은 지식을 다른 방식으로 전달하는 것이었다. 이 때 앞서 언급된 농구 실험이 유용하게 쓰였다. 농구선수의 득점 현황이 주식 시장과 유사한 변동을 보이기 때문이다. 그리고 주식 시장의 변동 또한 표준편차 공식으로 계산할 수 있다. 수백 명의 금융 업계 종사자들이 9학년 학생들과 똑같은 문제를 보고 옆 사람과 상의해가며 어떤 선수를 선발로 내보내야 할지 생각했다.

다만 이들의 직군에 따라 문제 해결 방식이 달랐다는 점이 눈에 띈다. 외근, 영업, 판매직 사원들은 두 번째 선수, 즉 르브론을 선호했다. 르브론은 평균보다 낮은 점수를 여러 번 냈지만, 때때로 가장 높은 점수를 냈기 때문이다. 그래서 외근, 영업, 판매직 사원들은 "이 선수가 좋은 성과를 낼 거야. 나는 트레이너로서 이 선수가 중요한 시합에서 높은 성과를 내도록 채찍질할 거야"라고 말하면서 르브론을 택했다.

반면 내근직 사원들은 대부분 첫 번째 선수, 즉 스티븐을 택했다. 이들은 늘 비슷한 기량을 보여야 한다는 압박을 느끼기 때문에 스티븐을 선택할 수밖에 없었을 것이다.

다음 단계에 연구진은 실험 참가자들이 가상의 트레이너로서 수학 공식에 기초해 결정할 수 있다는 사실을 알려주었다. 그런 다음 참가자들에게 표준편차 공식을 사용하면 농구 시합에서 이

길 수 있을 뿐만 아니라 강력하게 반등할 주식을 알아낼 수 있다고 말해주었다. 주식 시장의 변동성을 수학적으로 묘사하는 재미있고 유쾌한 방법이 있다니, 누가 생각이나 했을까?

수동적으로 학습할수록 이해력은 떨어진다. 자신이 가진 지식의 한계를 명확하게 알수록 규칙과 연관성 그리고 개념을 더욱 깊이 받아들일 수 있다. 그리고 지식의 한계는 직접 넘어서봐야 경험할 수 있다. 무슨 일이 일어날지 직접 테스트하지 않고 머릿속으로만 그려보는 사람은 새로운 지식을 구축하기 어렵다. 나또한 실험실에서 연구할 때마다 새삼 깨닫는다. 연구진이 실험 참가자들에게 네 개의 방에서 40개의 물건을 찾게 했다. 첫 번째 실험이 끝났을 때 방 네 개에 있는 물건 40개를 전부 찾은 사람은 아무도 없었다. 그런데 두 번째 실험이 시작되고 나서도 대부분의 참가자들은 직접 물건을 찾아 돌아다니는 대신 제자리에 서서 물건들이 어디에 있었는지를 생각했다. 재빨리 능동적으로 물건을 찾아 돌아다니는 방법이 훨씬 좋은 결과를 내는데 말이다. 역사상 최고의 아이스하키 선수로 꼽히는 웨인 그레츠키Wayne Gretzky가 "슈팅을 하지 않으면 득점은 100퍼센트 불가능하다"고 말한 것처럼.

2단계: 기존 지식을 구축하라!

나는 여러분이 식물세포의 화학작용에 대해 얼마나 알고 있는지 모른다. 하지만 지금 여기서 여러분이 식물세포의 개념을 얼마나 잘 구축하는지는 테스트할 수 있다. 우선 스스로가 나무라고 상상해보라. 나무인 여러분에게 주어진 과제는 태양빛에서 최대한 많은 에너지를 얻어 당분을 만들어내는 것이다. 식물세포를 어떻게 구성해야 이 과제를 완수할 수 있을까?

식물세포의 구성에 대해 사전지식이 전혀 없더라도, 태양빛에서 어떻게 에너지를 얻어내는지는 조금 알고 있을 것이다. 태양전지를 본 적이 있다면 식물 내의 빛수용체가 어떻게 작동하는지 이해하기 쉽다. 수용체가 받아들인 에너지를 사용하려면 나무는 이 에너지로 당분자를 만들어낼 일종의 작은 공장이 필요하다. 생성된 당분자가 세포 사이를 이리저리 돌아다니다가 길을 잘못 들지 않도록 저장 공간도 필요하다. 당공장을 건축하려면 몇 가지 건축 계획도 짜야 한다. 그리고 당연히 제자리에 건축 자재를 옮겨야 하니 운송 시스템이 있으면 좋을 것이다. 마지막으로 단단한 벽이 있어야 당분자들이 도망가지 못한다.

식물세포가 어떻게 구성되었는지 모르더라도 조금만 생각해보면 스스로 식물세포의 구조를 알아낼 수 있다. 실제 식물세포도 앞서 언급한 것과 비슷하게 활동한다. 그러나 안타깝게도 우리는 식물세포든 다른 사건이든 이와는 반대 방향으로 배운다. 우선 모형이나 도표를 보여주고 각 부위의 이름을 적어 넣은 다음 상대방이 이해하기를 바란다. 그러나 무언가를 배우거나 이해해본 적이 있는 사람들은 어느 순간 이런 의문을 품었을 것이다.

"그래서 이게 왜 필요하지?"

"왜?"라는 질문부터 시작해보자. 아니면 곧장 의의나 목적을 설명하든지. 여러분이 농구팀 트레이너이고 시합에서 이기고 싶다면 어떻게 접근하겠는가? 여러분이 조금 변동성을 보이는 주식에 투자하고 싶다면 어떻게 하겠는가? 햇빛을 받아 최대한 많은 당분을 생산하고 싶다면 어떻게 하겠는가? 이런 상황에 처하면 사람들은 사전지식을 활용한다. 곧바로 모범답안을 찾아내지는 못하겠지만, 결국 상황을 이해하게 된다.

최근 한 연구에서 이런 원리가 아주 복잡한 일을 설명할 때 유용하다는 사실이 밝혀졌다. 연구진은 첫 학기를 마친 약학과 학생들이 생리학적인 문제를 얼마나 잘 이해하고 해결할 수 있는지 알아보기로 했다. 구체적으로는 신장의 기능을 규명하는 것이었다. 이를 위해 실험 참가자들은 실험 대상자의 혈액과 소변 내 대사물질의 농도, 체중, 나이 등을 측정해야 했다. 말하자면 이 실험은 다소 까다로워서 이제 막 첫 학기를 마친 대학생들이 40분 안에 모든 과정을 마치고 콕크로프트-골트 공식Cockcroft-Gault formula(신장이 일정 시간 동안 특정한 물질을 여과하기 위해 필요한 혈장량을 신사구체여과율이라고 하며, 이 공식은 신사구체여과율 계산에 흔히 쓰인다 ― 옮긴이)을 세워서 신장의 기능을 확인하기란 불가능했다.

연구진은 1번 그룹에게는 환자 데이터를 주고 신장 기능을 확인하게 했다. 비교군인 2번 그룹에게는 처음부터 공식을 알려주고 몇 가지 연습 문제를 풀게 했다. 그동안 1번 그룹은 공식을 세우려고 끙끙거렸다. 1번 그룹은 되는 대로 공식을 만들어내는 것이 아니라 구체적인 데이터를 기반으로 수학적, 생물학적 사전지식을 활용해 문제를 해결해야 했다. 45분가량이 지난 다음 1번 그룹에게도 공식을 알려주었다.

이 실험의 결과는 다음과 같다. 두 그룹 모두 공식을 이용해 간단한 연습 문제를 풀 수 있었다. 즉 예시로 주어진 숫자를 공식에 대입해 계산할 수 있었다. 그런데 새로운 신장질환 환자의 사례를 제시하고 이를 진단한 다음 어떤 치료법이 가장 효과적일지 생각해보라고 하자, 1번 그룹이 고전적인 방식으로 학습한 2번 그룹에 비해 훨씬 더 높은 성과를 보였다.

3단계: 적극적으로 교류하라!

내가 7학년 때 종교과목 선생님이 우리 중에 선생님과 자신이 가장 좋아하는 주제 혹은 취미에 대해 대화를 나눠보고 싶은 사람은 손을 들라고 했다. 곧장 몇몇 학생이 손을 들었고 운이 좋게도 내가 뽑혔다. 나는 잘됐다고 생각했다. 내가 인체생물학에 대해 아는 것이 얼마나 많은지 그리고 자연과학이 얼마나 위대한지 종교과목 선생님에게 정확히 보여줄 기회라고 생각했기 때문이다.

그런데 대화는 내가 기대한 것과 전혀 다르게 흘러갔다. 내 지식을 뽐내기도 전에 대화는 내가 당시에는 전혀 대답할 수 없었고, 자연과학 분야에서도 아직 베일에 싸여 있던 주제 쪽으로 빠르게 꺾여 들어갔다. 몇 분 만에 나는 이 세상의 모든 이치를 설명할 잠재적인 해설자에서 별 볼일 없는 의심자로 변화했지만, 내가 잘못했다는 생각은 들지 않았다.

그다음에 우리 모두가 깜짝 놀랄 일이 벌어졌기 때문이다. 도대체 무슨 일이었을까? 선생님은 곧바로 설명했다. 우리가 나눈 대화의 의도는 아는 체하고 싶어하는 열세 살짜리 학생에게 아는 것이 많다고 칭찬하려는 것이 아니라 지식에는 한계가 있음을 스스로 인지하게 하는 것이었다. 이미 2,000여 년 전에 소크라테스가 아테네에서 시도한 적이 있는 대화법이었다.

자연과학의 열렬한 팬이던 나는 그때 비로소 우리가 아직 세상의 이치를 찾아내지 못했다는 점을 인정해야 했다. 선생님은 단순히 소크라테스의 대화법을 설명하는 대신 우리가 그것을 직접 경험하게 했다.

그때부터 나는 과학이란 사실 무지無知의 가장 현실적인 형태라는 것을 깨달았다. 과학적으로 주어진 답변에는 그 몇 배나 되는 새로운 질문이 따라붙는다. 이것은 절망적이거나 자극적이다. 아직 풀리지 않은 문제만큼 재미있는 것은 없다. 그렇지 않은가?

능동적인 학습 전략의 일환으로 실험과 오류를 반복하는 여러 실험 과정에서 연구진은 대개 참가자들을 여러 그룹으로 나눈다. 이는 우연이 아니다. 자신만의 생각 모델을 구축하는 과정을 최적화하려면 적극적인 교류가 필요하기 때문이다. 우리는 다른 사람에게 지식을 전달해야 할 때 이해력을 더 높일 수 있다. 즉 이런 경우에는 지식을 혼자만 이해하고(소비하고) 넘어가는 것만으로는 충분하지 않다. 더욱 생산적인 방향으로 나아가 내용을 자신만의 언어로 정리하고 설명해야 하는 것이다(그리고 설명에 어떤 효과가 있는지는 이미 앞에서 알아보았다). 한편 사람들은 타인의 실패나 좌절을 보면서 어떤 행동을 하지 말아야 할지를 경험할 수 있다. 하지만 안타깝게도 사람들은 이런 원칙을 지식 전달 과정에서 자주 사용하지 않는다.

전형적인 예가 바로 최근 유튜브에서 흔하게 찾아볼 수 있는 설명 동영상이다. 최적의 설명 동영상은 어떤 형식인가? 연구진이 물리학 설명 동영상을 활용해 실험을 실시했다. 실험 참가자들은 동영상을 보고 뉴턴의 운동 법칙을 배워야 했다.

뉴턴 운동 법칙의 기본 원리는 $F=ma$, 즉 힘은 질량과 가속도의 곱과 같다는 것이다. 한 동영상은 어떤 사람이 자동차를 타고는 한 번은 시속 50킬로미터로 달리다가 5초 동안 속도를 0으로 늦추고, 한 번은 시속 100킬로미터로 달리다가 갑자기 브레이크를 밟는 모습을 보여주었다. 이 사람은 두 번째 경우에 더욱 강력하게 안전벨트에 눌렸다. 이는 브레이크의 힘이 더 컸다는 뜻이다. 설명 동영상에도 이와 비슷한 내용이 들어갔다.

연구진은 참가자들을 네 그룹으로 나눈 다음 각각 다른 동영상을 보여주었다. 1번 그룹은 뉴턴 운동 법칙을 그저 읽어주는 설명 동영상을 보았다. 2번 그룹은 뉴턴 운동 법칙을 읽어준 다음 흥미로운 예시를 제시하는 동영상을 보았다(예를 들어 앞서 언급한 것과 같이 높은 속도로 달리다가 브레이크를 밟는 상황). 3번 그룹은 뉴턴 운동 법칙을 읽어주는 영상을 보았는데, 여기에는 물리역학에 대한 전형적인 오해를 해소하는 내용이 담겨 있었다(예를 들어 힘과 충격량이 같다는 오해). 4번 그룹은 교사와 학생이 질의응답을 하면서 학생이 잘못 알고 있던 사실을 바로잡는 내용의 동영상을 보았다.

그다음 연구진은 각각의 동영상을 본 참가자들이 어떤 지식을 얻었는지 알아보았다. 그 결과 3번과 4번 그룹은 동영상을 보고 혼란스러웠다고 답했다. 그리고 그들은 자신들이 얻은 지식이 1번과 2번 그룹에 비해 적을 것이라고 생각했다. 그도 그럴 것이,

1번과 2번 그룹이 본 동영상에서는 주제가 명확하게 설명되었기 때문이다(게다가 몇 가지 예시도 있었다).

그러나 마지막에 실시된 이해도 테스트에서는 다른 결과가 나왔다. 3번과 4번 그룹이 응용문제 풀이에서 1번과 2번 그룹보다 평균 점수가 높았다. 특히 실험 전에 뉴턴 운동 법칙에 대해 아는 것이 적었던 참가자일수록 더 발전한 모습을 보였다. 단, 아는 것이 적을수록 이해하기 쉬운 동영상에서 얻는 지식도 적었다. 더 명확하고 쉽게 지식을 전달하려고 할수록 그것이 헛된 노력으로 끝날 가능성이 높았다. 즉 학습하는 사람이 무언가를 배우는 과정에서 혼란과 자극을 느껴야 학습 효과가 좋았다.

이런 혼란과 자극은 이해 과정에서 아주 중요한 역할을 한다. 이해란 사람이 막다른 길에 도달하거나 전형적인 함정 혹은 오해에 걸려들었을 때, 한계를 경험함으로써 독자적인 생각 모델을 구축하는 과정이다.

그렇다면 우리는 왜 쌍방향의 지식 전달 방식을 자주 사용하지 않는 걸까? 2015년에 실시한 실험 결과, 이해하기 쉽고 모순이 없도록 정보를 제시하면 이해도가 얕팍한 수준에 머무르는 것으로 확인되었다. 떠먹여주듯이 정보가 전달되면 사람들은 자신이 그 내용을 다 이해했다고 착각한다. 내용에 모순이 전혀 없기 때문에 편안함마저 느낀다. 즉 지식의 안전지대를 구축하는 셈이다.

하지만 이런 경우에는 특정한 주제를 집중해서 파고들지 않았기 때문에 실질적으로 이해하는 내용이 적다. 사건이 어떻게 진행되는지만 알 뿐, 어떻게 진행되지 않는지는 모른다.

그러나 사건이 어떻게 진행되지 않는지를 알아야 비판적인 사고가 가능하다. 과학자라면 누구나 자신이 했던 거의 대부분의 실험과 시도가 실패로 끝났다고 말할 것이다. 그 과정을 거쳐야만 대상을 이해할 수 있기 때문이다. 과학적인 연구 결과가 구체적이고 명백해 보이는 이유는 과학자들이 성공한 실험 결과만 공개하기 때문이다.

역설적인 점도 있다. 우리는 대상을 간단하고 직접적으로 표현하기를 원하며, 모순은 피하고 싶어한다. 인터넷상에서는 어떤 주제를 아주 간결하고 명확하게 설명해 큰돈을 벌 수 있다. 하지만 연구 결과, 스스로 오류를 경험하는 것만큼 효과적인 학습법은 없었다. 타인의 오류에 대해 토론하면서 학습하는 방법(예를 들어 표준편차 같은 수학 원칙을 인식한 결과)이 두 번째로 좋은 학습법이었다. 스스로 오류를 저지른 적이 있는 실험 참가자들이 타인의 오류를 보고 배운 실험 참가자들에 비해 학습한 내용을 다른 문제에 더 잘 적용했으며 이해 수준도 깊었다. 연인이나 배우자의 생일을 기억하는 가장 좋은 방법은 한 번 잊어버리는 것이다. 다만, 두 번째 기회를 얻을 수 있는 사람에게만 좋은 방법임을 명심하라.

4단계: 확신은 마지막에!

누구나 알고 있듯이, 전 세계의 엔지니어들은 완벽주의자다. 그중 누구도 80퍼센트만 작동하는 설비를 만들지 않는다. 엔지니어들의 최대 적은 오류다. 물론 직업훈련소에서는 예외다. 그곳에서는 혼신의 힘을 다해도 실수할 수 있다.

연구진은 엔지니어들을 대상으로 실험을 진행했다. 먼저 1번 그룹에게는 실생활에서 얻은 실제 예시를 제시하고 문제를 바로잡게 한 다음 정답을 보여주었다. 2번 그룹에게는 곧바로 정답을 제시한 다음 실제 예시를 보여주었다. 똑같은 예시, 똑같은 정답이지만 제시한 순서가 달랐다. 2번 그룹에게는 우선 답을 제시하고 나중에 예시를 보여준 것이다. 그 결과 실제 예시를 먼저 접하고 끈질기게 해결에 매달린 1번 그룹의 문제 해결 능력이 더 높았다. 다만, 능력 향상을 위해서는 엔지니어들이 우선 문제를 해결하려고 노력한 다음에 반드시 올바른 답을 보여주어야 했다.

근거는 명확하다. 대상을 시험하고, 자신의 한계를 점검하고, 오류를 저지르고, 의견을 교환하고, 마침내 무슨 일인지 정확하게 아는 것이 매우 중요하다는 뜻이다. 사람은 자신의 생각 모델을 구체적으로 활용할 수 있을 때에만 대상을 이해할 수 있다. 이 분야의 수많은 연구 결과에 따르면 불명료함을 명료함으로 바꾸는 가장 좋은 방법은 직접 실험해봄으로써 대상 혹은 사건을 깊이 이해하는 것이었다. 수학뿐만 아니라 의학, 공학, 생물학 분야에서도 마찬가지였다.

슈투트가르트 기차역에는 1993년부터 헤겔의 명언이 쓰여 있다.

"틀리기를 두려워하는 것 자체가 틀린 것이다."

대상의 핵심을 이해하고 싶다면, 능동적이고 적극적으로 탐구하고, 때로는 실패하고 좌절할 위험을 감수해야 한다. 가만히 있어봐야 불확실함과 불명료함이 커질 뿐, 진전이 없다. 안정적인 교육환경에서는 실패하더라도 서로 도우며 다시 일어날 수 있다. 그리고 이것이 우리 뇌에서 발생하는 이해 과정이다.

유혹의 기술:
미래의 공부를 여는 탐험가들에게

몇 달 전 니더작센에서 열린 우수 학습 프로젝트 시상식에서 효과적인 교육법에 대해 강연한 적이 있다. 이 프로젝트는 로보틱스 워크숍부터 팅커링Tinkering(공작과 놀이를 접목해 학생들이 다양한 도구로 물건을 만들고 시행착오를 거듭하면서 자연스럽게 배우고 아이디어를 보완하게 하는 학습 방법 – 옮긴이)을 통한 비행기 제작과 에코시스템까지, 교육 분야의 광범위하고 다양한 아이디어들이 가득했다.

더욱 인상적이었던 것은 학생들을 위해 이런 아이디어를 떠올린 사람들이었다. 그들은 아주 열정적이었다. 이 교사들은 모두 자신의 프로젝트를 즐겁게 진행했고, 나는 이들과 함께라면 학생들이 얼마나 재미있게 학습할 수 있을지 어렵지 않게 상상할 수 있었다. 그리고 바로 이런 점 때문에 교육을 '사람을 상대하는 비즈니스people business'라고 부르나 싶었다. 학교에서든, 직장에서든, 강연장에서든, 저녁 모임에서든, TV에서든, 친구들 사이에서든, 지식을 '전달'하고자 하는 사람은 다른 사람들을 열광시켜야 한다.

세상 어디에나 교육 체제에 불만인 사람들이 많다. 교육 분야에서 대단히 높은 평가를 받고 있는 싱가포르에서도 마찬가지다. 사람들은 학생들에게 태블릿을 지급해야 하는지, 초등학교 과정을 6년으로 정해야 하는지, 3년씩 나뉜 학교 시스템이 효과적인지에 대해 끊임없이 논의한다.

그러나 지식이란 무엇인지 그리고 지식을 어떻게 전달해야 하는지에 대해 논의하는 일은 드물다. 심지어 어떤 학교에 갈지(혹은 자녀를 보낼지)는 고민해도 학교에서 무슨 일이 벌어지는지에는 관심이 없는 사람도 많다.

이 책에 언급된 이해의 원리를 활용하고 칠판과 프로젝터의 도움을 받으면 누구나 성공적으로 강의할 수 있을 것이다. 반대로 '이해'에서 중요한 것이 무엇인지 이해하지 못한 사람은 최고의 학교 시스템 내에서도 지식 전달에 실패한다.

그렇다면 타인을 이해시키려는 경우 어떤 실질적이고 유용한 방법이 있을까? 때로는 어떻게 하면 실패할지 생각해봐도 도움이 된다. 실패함으로써 대상 혹은 사건을 더욱 명확하게 배울 수 있기 때문이다(기억하겠지만, 우리는 비교를 통해 사고 범주를 구축한다).
유튜브 영상을 보다 보면 중간에 등장하는 광고가 본 영상의 내
용과 비슷할 때가 있다. 내가 '학습과 이해'에 대해 강연한 동영상
이 재생되기 전에 나오는 광고를 본 적이 있다. 광고는 전문적인
내용(예를 들어 세미나 발표 내용이나 논문)이나 지식을 어떻게 하면
가장 잘 요약하고 출처를 분석해서 문서화할 수 있는지를 설명하
고 있었다.

가장 중요한 조언 다섯 가지는 다음과 같다.

1. 효율성: 연대순으로 작성하지 말자. 시간에 쫓기거나 분명
   치 않은 점이 있으면 발표를 마칠 수 없다.
2. 정신적 태도: 기초 연구보다는 듣는 사람이 흥미를 느낄
   만한 분야에 대해 발표하자.
3. 중심 주제: 무엇을 하고 싶은지 미리 생각하자.
4. 인상 남기기: 발표문은 스스로를 위해서가 아니라 시험관
   이나 심사자들을 위해 작성하는 것이므로 교수가 중점을
   두고 있는 부분을 미리 고민한 다음 그에 맞게 작성하자.
5. 리서치 내용 최적화: 출처를 지나치게 많이 넣을 필요 없
   이, 처음부터 관련 있는 출처만 골라내자.

지금도 리포트나 논문을 쓰느라 머리를 싸매고 있을 학생들에

게 여러모로 도움이 되는 조언이다. 하지만 이것은 '이렇게 해서는 안 된다'는 경각심을 불러일으키는 내용이기도 하다. 중요하다고 언급된 출처를 먼저 본다고 해서 대상을 이해할 수 있는 건 아니다.

이것은 전형적인 독일인의 생각이다. '열 가지 아이디어를 내도 결국 사용되는 건 좋은 아이디어 두 가지라고? 그러면 애초에 두 가지 아이디어만 내고, 나머지 여덟 가지 아이디어는 생략하겠어!'라는 생각 말이다. 실제로 무슨 일이 일어나는지 정확히 이해하려면 여러 번의 시도를 거쳐야 한다는 사실을 고려하지 않은 생각이다. "평생의 짝을 만나기까지 평균 다섯 명의 이성을 사귄다고? 그럼 난 다섯 명을 사귈 시간을 아껴서 한번에 결혼 상대를 만날래!"라고 말하는 사람은 없다. 깨달음으로 가는 과정에서 우리는 필연적으로 수많은 '쓸데없는 것'을 생산하게 된다. 그래야만 목적지에 도달할 수 있다.

앞서 언급한 조언은 효율성을 최우선으로 삼은 결과물이다. 그런데 이런 방식은 대개 이해로 가는 길을 막곤 한다. 물론 우리는 무언가를 이해할 때는 구조를 생각하고 흥미로운 분야를 선택해야 한다(기초연구 분야도 흥미로울 수 있다).

하지만 효율성만 생각해서 논문을 심사하는 교수의 마음에 드는 글만 쓰려다 보면 당연하게도 대상을 이해하지 못하게 된다. A⁺를 받는다 하더라도 남이 요구하는 내용에만 집중하다 보면 결국 내 머릿속에는 아무것도 오래 남지 않는다. 계속 스스로 비판적으로 생각해야지, 타인이 비판해주기를 기대해서는 안 된다. 일반적인 시험 시스템에서는 타인이 대신 비판해주는 것이 효율적이겠지만 말이다. 지식은 한 장소에서 다른 장소로 옮긴 다음 마냥 저장해둘 수 있는 밀가루 포대가 아니다.

그러나 우리는 학습의 시작과 끝이 효율성이라고 굳게 믿으면서, 이에 따른 일말의 희망을 충족시키는 교육 체계 혹은 학습 체계에 넘어가기 쉽다. 즉 최단 시간 내에 많은 정보를 습득해서 가장 좋은 성적을 얻는 것을 목표로 하는 시스템 말이다. 결국 우리는 시험만 끝나면 공부한 내용이 기억나지 않는다거나 머릿속에 남는 것이 없다고 한탄하게 된다. 심지어는 무엇을 위해서 배웠는지조차 모를 때도 있다.

교육이란 유혹술의 최고 경지다

유혹이란 결국 사람들이 알지 못하는 대상에 흥미를 갖게 하는 기술이다. 그리고 교육의 근본원리 또한 유혹이다. 요즘에는 사람들을 유혹하기 위해 지식을 재미있는 요소로 포장하기도 한다. 재미있으면 이해하기 쉽다고 생각하기 때문이다. 그런데 학문적인 글에 포함된 유머가 과연 기억력을 높여주는지 연구한 결과, 실험 참가자들은 글의 내용(즉 지식)보다는 유머를 더 잘 기억했다.

유머에는 한계가 있다. 유머의 목적은 사람들이 어떤 주제에 관심을 갖고 열광하게 하는 것이다. 내 여동생이 이렇게 말한 적이 있다.

"〈코스모폴리탄〉에서 나온 달력을 봐. 남자 열두 명이 나오는데, 그중 친근하게 웃고 있는 사람은 세 명이라니까. 나머지 사람들은 고혹적이고 날카로운 눈빛으로 카메라를 노려보고 있다고. 왜냐하면 여자들이 원하는 건 광대가 아니니까."

못 믿겠다고? 직접 경험해보고 싶다면 누군가에게 '상대방을 유혹하는' 표정을 지어달라고 해보라. 남자든 여자든 행복하게 웃는 표정을 짓지는 않을 것이다. 이성을 유혹하는 기본원칙에 따르면 금방 마음을 열고 생글생글 웃는 사람은 '친구'의 범주에 들어가지, '연인'의 범주에 들어가지는 못한다. 유혹적인 시선 교환은 훨씬 깊고, 날카롭고, 다의적이다. 여기에는 은밀한 옅은 미소와 함께 어서 자신의 비밀을 파헤쳐달라는 은근한 요구가 들어간다. 스스로를 포장해서 상대의 기대감을 한껏 부풀리는 것이 유혹의 본질이기 때문이다. 지식도 마찬가지다.

물론 모든 상황에 보편적으로 통하는 말은 아니다(유머러스한 사람들이 잠재적인 연인과 금방 친해지기도 하니까). 하지만 유혹의 원칙은 어디에서나 찾아볼 수 있다. 이 원칙은 타인의 관심을 끄는 가장 성공적인 방법이기도 하다. 타인의 호기심을 유발하면서도 정보를 전부 공개하지 않고 비밀을 만들기 때문이다.

예를 들어 애플은 새로운 하드웨어를 개발할 때 절대 모든 스펙을 한꺼번에 공개하지 않는다. 처음에는 몇 가지 소문을 흘리고 키노트 영상을 공개한 다음 마지막에야 최신 기종 스마트폰을 터뜨린다.

마케팅 분야에서도 마찬가지다. 이 분야에서 가장 중요한 기본 원칙은 정보를 숨기는 것이다. "오는 9월에 큰 일이 벌어집니다! 기대하세요!"라고 말하는 식이다.

넷플릭스나 HBO 같은 스트리밍 플랫폼은 모든 드라마의 마지막 편에서 비밀을 밝히지 않음으로써 돈을 번다. 손에 땀을 쥐게 하는 긴박한 상황을 연출한 다음 갑자기 이야기를 중단시켜서 〈왕좌의 게임〉 팬들이 드라마를 '몰아보기'하게 한다.

이런 '수평적 스토리텔링'은 지난 몇 년 동안 우리의 시청 습관을 완전히 바꿔놓았다. 〈포르스트하우스 팔케프라우Forsthaus Falkenau〉(1989년부터 2013년까지 방영된 독일의 TV 드라마로, 총 24시즌 321개 에피소드로 구성된다 – 옮긴이)의 경우 1990년대에 방영된 시즌에서는 시즌이 끝날 때 모든 이야기가 종결되어 시청자들이 각 시즌을 따로 시청할 수 있었다. 하지만 요즘 방영되는 시즌제 TV 드라마는 그렇지 않다.

뉴스 방송의 표제나 유튜브 영상의 제목도 이 기술을 활용한다.

"이 남자는 강가에 서 있습니다. 곧 일어날 일은 그의 삶을 송두리째 바꿔놓을 것입니다."

이런 식으로 가장 중요한 정보를 숨겨서 시청자의 관심을 붙잡아놓는다. 그러나 교육 분야에서는 모든 것이 빠르고 단순하게 진행되어야 한다고 믿는 사람이 많다. 요점만 콕 집은 지식을 학습자들이 소화하기 쉽게 '한 입 크기'로, 복잡하지 않게 만들어 전달해야 한다는 것이다. 하지만 포장하지 않은 크리스마스 선물처럼, 지식을 효율적으로 전달해야 한다는 것은 멍청한 생각이다. 이런 식으로 해봐야 학습자는 스스로 탐구할 능력을 잃고 그저 지식 소비자로 전락할 뿐이다. 곧 모든 호기심이 사라진다.

왜 우리는 〈왕좌의 게임〉처럼 지식을 전달하지 않는 걸까? 왜 지식 전달이 끝나자마자 모든 것이 명확하게 밝혀져야 하는 걸까? 수업 시간을 흥미진진하고 긴장감 넘치는 시간으로 바꾸면 어떨까? 내가 아는 가장 뛰어난 교사는 이런 식으로 아이들을 가르친다. 그러려면 어떻게 해야 하는지 그리고 어떤 것을 피해야 하는지 이제부터 알아보자.

조세법의 매력을 높이자!

다항식 함수 분석이나 중세의 봉건 제도 혹은 바이마르 공화국의 문학에 관심이 있는가? 아마 그런 사람은 많지 않을 것이다. 그러나 정말로 재미없는 소득세법이나 의료보험제도 같은 분야와 비교하면 이쪽이 오히려 재미있을 것이다. 단조로운 과목을 공부하다가 지루해졌다면 자금세탁방지법 입법 세미나에 한번 가보라. 라틴어 동사의 불규칙 변화가 갑자기 쉬워 보일 것이다.

이것이야말로 엄청난 도전 과제다. 이렇게 재미없고 무미건조한 주제를 어떻게 세련된 방식으로 전달할 수 있을까? 이를 알아보기 위해 나는 앞서 설명한 모든 원칙을 따른 세미나를 계획하고 프랑크푸르트의 어느 금융 회사에서 세미나를 진행했다. 이회사는 매년 5만 일 이상에 걸쳐 세미나를 진행하는데, 주제는 대부분 '의료보험의 적용 방식과 시장에 나온 의료보험의 종류' 같은 것들이다. 그리고 이런 세미나는 보통 발표자가 무대에서 설명하고 질의응답을 하는 일반적인 방식으로 진행된다.

나는 생각했다. 방법을 완전히 바꿔서, 세미나에 참석하는 사람들이 능동적으로 함께 참여하게 하려면 어떻게 해야 할까? 참석자들에게 자신이 총리라면 질병에 걸린 국민이 안전하게 의료보장을 받도록 어떻게 할 것인지를 물어볼까? 아니면 자신이 비스마르크라면 산업화 시기에 의료보험 없이 죽어가는 독일 사람들이 의료 보장을 받게 하기 위해 그리고 그 비용을 지불하기 위해 어떻게 해야 할지 생각해보라고 할까? 결국 나는 참석자들에게 직접 의료보험을 구상해보게 했다.

대부분이 이미 사적 혹은 공적 의료보험에 대해 잘 알고 있었음에도 독일의 보험제도를 상세한 부분까지 꼼꼼하게 스스로 만들어본 사람은 거의 없었다. 하지만 상관없었다. 처음부터 의료보험의 목적과 개념을 인지했다면 말이다. 다음 단계에는 예를 들어 1인 가구로서 혹은 가족으로서 어떻게 보장을 받아야 하는지 생각하면서 의료보험 개념을 직접 적용해보게 했다. 시간이 지날수록 보험 해지 규정 혹은 세금 환급과 관련된 해석이 더욱 구체적이고 명확해졌다. 특별하거나 예외적인 경우를 잘 구성된 대본이나 온라인 동영상으로 보여주자 참석자들은 그 내용을 더 자세하게 추가할 수 있었다.

중요한 것은 바로 접근법이다. 세미나 진행자가 무대 위에서 지식을 일방적으로 전달하는 대신 참석자들이 어떤 문제나 과제를 직접 풀어보게 하는 접근법 말이다. 참석자들은 의견을 교환하고 서로 아이디어를 자극했다. 세미나 진행자에게 주어진 과제는 오로지 참석자들에게 물리적인 플랫폼을 제공하여, 어떤 주제를 적극적으로 탐구하고 혼란에 빠져들고 불명료함에 당황하게 만든 다음, 불명료함을 차근차근 풀어가게 하는 것이었다.

자금세탁방지 입법 세미나에도 이런 원칙이 적용될 수 있다. "여러분은 마피아 보스이고, 페이퍼컴퍼니를 만들어 자금의 출처를 은폐하려고 합니다. 어떻게 하시겠습니까?" 혹은 "여러분은 마피아 조직을 세우려고 합니다. 어떻게 하시겠습니까?"라는 질문을 던지는 식으로 말이다. 참고로 내가 들었던 가장 흥미로운 답변은 "경찰 조직을 먼저 만들겠습니다!"였다. 아무튼 세미나 진행자는 마지막에 어떻게 하면 현명하게 자금세탁방지 법안을 만들 수 있을지 답을 제시하면 된다.

이 교육법은 앞에서 이미 설명한 내용이다. 사람들을 교육하고 싶다면 주제를 이해하기 쉽게 효율적으로 전달해야 한다. 한편 사람들에게 무언가를 이해시키고 싶다면 이해의 세 가지 단계를 차근차근 밟아나가야 한다. 대상의 개념을 정리·분류하고, 대상을 탐구하고, 새로운 상황에 적용하는 것!

현대 교육이 강의를 바꾼다

핵심은 지식을 가볍게 소비되게 하는 것이 아니라 사람들 스스로 노력해서 이해하게 하는 것이다. 앞서 언급한 의료보험의 예는 지식 전달 과정을 반대로 바꾸는 수많은 예 중 하나일 뿐이다. 이때 중요한 것은 모든 단계가(탐구적이든 실습적이든) 제어되는 환경 속에 놓여 있어야 한다는 점이다. 맹목적으로 실수를 저지르고 거기서 배우라는 말이 아니다. 학창 시절 수학 선생님은 늘 이렇게 말했다.

"얘들아, 문제를 어떻게 해결해야 할지 모를 때는 일단 추측부터 하렴. 단, 맹목적이 아니라 의도적으로. 그리고 대상을 이해한 다음에 추측해야 해. 추측으로 토대를 다지고 나면 문제를 직접 해결할 수 있을 거야."

일본의 수학 수업 방식도 이와 비슷하다. 전형적인 서구의 수업 방식처럼 실수나 오류를 피하고 문제 풀이법을 명확하게 보여주는 대신, 일본에서는 교사가 새로운 문제를 제시하고 풀이 방법을 알려주지 않은 채 우선 학생들이 풀어보게 한다. 일단 제어된 환경에서 실패하고 나서 문제를 어떻게 풀어야 하는지 인지해야만 올바른 답이 어떻게 도출된 것인지 이해할 수 있다. 각기 다른 생각 모델을 대조하고 비판적으로 생각하고 생각을 새로운 문제에 적용한다. 이것이 바로 이해의 3원칙이다.

이를 실천하는 몇 가지 방법을 소개한다. 오늘날 흔히 사용되는 접근법이 바로 거꾸로 교실flipped classroom(전통적인 수업 방식과는 반대로, 학생들이 온라인으로 선행학습을 한 다음 오프라인에서 토론 등을 진행하는 수업 방식이다–옮긴이) 혹은 역진행 수업 방식이다.

거꾸로 교실의 원리는 간단하다. 이제 어디서든 위키피디아나 구글 또는 유튜브 등을 통해 디지털로 정보를 불러올 수 있다면 학교 수업만큼은 문제 풀이에 집중해야 한다는 것이다. 교사는 우선 숙제를 내주고 학생들이 다음 수업 시간까지 미리 준비해오게 한다. 학생들은 집에서 학습 주제나 문제가 담긴 동영상을 시청한다. 그런 다음 수업 시간에는 주제와 관련된 구체적인 과제나 예시를 직접 풀어본다.

좋은 아이디어이지만, 잘 짜인 학습법은 아니다. 이름은 거꾸로 교실이지만, 지식이 거꾸로 전달되는 것은 아니기 때문이다. 거꾸로 교실에서도 여전히 학생들은 이해하기 쉬운 설명(예를 들어 집에서 선행학습으로 시청해야 하는 동영상 등)을 먼저 들은 다음에 연습 문제를 푼다. 말하자면 오래된 와인을 최신형 와인병에 담은 것이나 마찬가지다. 나 또한 20여 년 전에 집에서 선행학습으로 교과서를 미리 읽고 학교에 가야 했다. 아날로그 형식의 거꾸로 교실이었던 셈이다. 오늘날에는 글이나 교과서가 동영상으로 바뀌었을 뿐이다.

거꾸로 교실을 다양하게 실험해본 결과, 학습 진행은 약간 향상되었지만, 비판적인 생각이나 학습에 미친 긍정적인 영향은 전통적인 수업 방식과 별반 다르지 않았다. 심지어 거꾸로 교실이 학생의 만족도에는 긍정적인 영향을 미치지 않았으며, 학습 효과 또한 전통적인 수업 방식에 비해 아주 조금 나아졌을 뿐이라는 연구 결과도 있었다. 그 이유는, 전통적인 지식 전달 방식을 탈피하지도, 학생들이 스스로 탐구하게도 못했기 때문이다.

학습 혹은 이해의 과정을 연구한 결과, 생산적인 실패, 스스로 만든 오류가 깊은 이해로 이어졌다. 이때 주의할 점이 두 가지 있다. 우선 과제, 문제, 수수께끼를 먼저 제시해야 한다. 둘째, 학생들의 집중력과 호기심을 불러일으킬 까다로운 문제는 반드시 그룹 과제로 만들고, 구체적인 답안과 교육 내용은 마지막에 제시해야 한다.

한 연구진이 거꾸로 교실 접근법을 대학의 진화생물학 혹은 생화학 전공과목(내가 생화학자라 아는데, 이 분야의 전공과목은 매우 어렵다) 수업에도 시도해봤다. 학생들은 대학이 준비한 강의 자료를 집에서 예습하고 왔다. 단, 수동적으로 동영상을 본 것이 아니라 능동적으로 질문에 답하면서 예습을 했다(기억하겠지만, 가장 효과적인 방법이 스스로 질문하고 답하는 학습법이다). 그리고 연구진은 소셜 미디어를 통해 학생들이 강의 전에 서로 이해력을 높일 질문을 보내도록 했다.

연구진은 학생들이 사이비 학문에서 주장하는 사실을 모으고 비판적으로 탐구한 다음, 부족한 부분을 찾아 동기들과 공유하게 했다. 간략히 말해, 학생들이 선행학습을 하면서 실제 강의 시간을 손꼽아 기다리게 만든 것이다. 그리고 실제 강의 시간에는 학생들이 각자 모은 선행학습의 결과물에 대해 토론한 다음 구체적인 예시에 적용했다.

이렇게 팀을 꾸려서 능동적으로 탐구하고, 직접 실험하고, 정보를 모은 결과는 다음과 같다. 참가 학생들은 거꾸로 강의가 끝난 다음 전문 지식을 갖추었을 뿐만 아니라 사건에 대한 비판적 탐구력과 새로운 문제에 대한 응용력도 높아졌다.

현대 교육은 미디어를 활용한다

2019년 9월, 여론조사 기업인 갤럽Gallup이 진행한 흥미로운 연구가 눈에 띄었다. 갤럽은 새로운 미디어가 교육 환경에서 어떤 역할을 할 수 있을지 알아보았다. 이 연구 결과는 요즘 추세를 분명히 보여주었다. 교육 분야에서 이러닝E-Learning은 점점 늘어났고, 전통적인 미디어는 점점 줄어들었다.

연구 결과, 설문조사에 응답한 3,000여 명의 교사 가운데 3분의 2 이상이 수업에 디지털 미디어(예를 들어 웹사이트, 앱, 온라인 튜토리얼, 게임, 동영상, 각종 프로그램 등)를 활용하고 있었다. 77퍼센트는 이러닝이 교육과정에서 실제로 도움이 되며, 효율적이라고 말했다. 한편 27퍼센트만이 이러닝의 품질을 판단할 수 있을 만큼 충분한 정보를 얻었다고 답했다.

대충 계산해보자. 모든 교사 중 4분의 3 정도가 이러닝이 효과적이라고 말했지만 그중 4분의 1만이 그 이유를 알고 있었다. 그렇다면 절반의 교사는 디지털 도구가 실제로 작동하는지, 전혀 혹은 거의 정보가 없는 상태에서 수업 시간에 활용하고 있다는 뜻이다. 말도 안 되는 일이다.

더욱 흥미로운 사실은, 이 연구에서 질문을 받은 교육기관의 교육 공무원들이 실제로 현장에서 근무하는 교사들보다 디지털 미디어의 가치를 더 높이 평가했다는 것이다. 이 역시 무지에서 비롯된 생각이다. 스마트폰 등의 기기를 강의에 적게 활용할수록 열정은 더 커진다. 강의에 활용되는 디지털 기술을 주제로 여러 실험을 실시한 결과, 이미 증명된 사실이다.

예를 들어 2017년에 미국 육군사관학교에서 노트북 사용이 학습 성과에 어떤 영향을 미치는지 조사한 결과, 학생들이 지정된 장소에 노트북을 두고 사용했을 때와 자유롭게 노트북을 들고 다니며 사용했을 때 모두 시험 성적이 떨어졌다. 연구진은 미국 같은 나라의 군사 양성소에서 훈련을 받는 사람들이라면 게으른 행동을 하거나 노트북으로 딴짓을 하지는 않을 것이라고 판단했다. 그리고 공부를 해야 하는 상황을 포함해 어떤 상황에서든 노트북 사용이 오히려 강력한 동기부여가 되리라고 생각했다.

다른 대학에서 실험을 진행한 결과도 같았다. 노트북으로 공부한 학생들의 학업 성과는 저하되었고 특히 남학생일수록 성적이 나빴다. 그리고 이미 학업 수행 능력이 좋지 않았던 학생 역시 학업 성과가 저하되었다.

그 이유는 어떤 정보를 인쇄물로 받아들이는 것과 디지털 화면으로 받아들이는 것에는 큰 차이가 있기 때문이다. 예를 들어 전자책을 읽는다고 치자. 전자책 속에서는 내용의 공간적, 시간적인 순서가 뒤죽박죽이다. 역사책을 종이 책으로 읽은 사람과 전자책으로 읽은 사람을 비교한 결과, 종이 책으로 읽은 사람이 역사적인 사건을 시간 순서대로 배열하는 능력이 더 뛰어났다. 물론 전자책은 디지털 형태이기 때문에 한 공간에 훨씬 많은 내용이 저장되고, 애니메이션 그래픽 덕분에 내용이 훨씬 풍부해지기도 한다. 그런데 연구 결과, 디지털 텍스트를 읽은 경우 그래픽 효과 없이 글만 읽은 사람의 이해도가 더 높았다.

디지털 기술을 비판 없이 무분별하게 사용해서는 안 된다는 사실을 보여주는 연구 결과다. 그렇다면 실제 교육 현장에서는 어떨까? 2018년에 여러 연구들을 분석해본 결과, 모바일 디지털 기기가 짧은 기간 동안에는 학습 성과 향상에 긍정적인 영향을 미쳤다(적어도 자연과학, 수학 등의 분야에서는 말이다). 다만 효과는 오래 지속되지 않았다.

1년 이상 지속된 디지털 기기의 학습 효과를 연구한 결과, 무작정 디지털 기기를 활용한 경우가 전통적인 학습 도구를 활용한 경우에 비해 학습 성과가 좋지도 나쁘지도 않았다. 그 이유가 무엇인지는 아직 밝혀지지 않았다. 어쩌면 '쿨함의 오류coolness fallacy'가 이유일지 모른다.

초반에는 새로운 기술이 학생들의 흥미를 끌고 교육에 신선한 바람을 불러일으킨다. 깊이 들여다보면 전통적인 강의와 전혀 다를 바가 없는데도 말이다. 하지만 학생들은 유튜브 동영상을 보면서 과제를 해결하는 것이 '쿨하다'고 생각한다.

그러나 동기부여는 오래가지 않는다. 디지털 기기를 이용한 학습 효과는 시간이 지날수록 점점 사라지고, 우리는 점차 새로운 기술이 학습과 이해의 근본 원리를 뿌리째 뒤흔들 혁명적인 도구는 아니라는 점을 알아차린다. 이는 이미 여러 연구와 실험을 통해 잘 알려졌다. 여러분 또한 이 책에서 이미 읽은 내용이다. 테스트와 질의응답을 통해 학습하고, 스스로 정보를 분류하고, 인터리빙(중간에 휴식을 끼워 넣는) 방식으로 이해하고, 능동적으로 설명하고, 실수와 오류를 활용하고, 여러 명이 의견과 아이디어를 나누는 근본 원리 말이다.

이는 스마트폰 앱에서는 볼 수 없는 모습들이다. 교육의 디지털화에 투입된 수십, 수백억 달러를 고려하면(전 세계 이러닝 시장의 규모는 약 1,900억 달러에 이른다) 실망스러운 결과다. 다시 말하면 아주 잘 구성된 교과서가 일반적인 학습 앱보다 낫다.

디지털 교육의 효과가 기대만큼 높지 않은 이유 중 하나는 사람들이 디지털 시스템의 장점을 제대로 활용하지 못하기 때문이다. 강의 시간에 모바일 기기를 활용하는 다양한 방식을 비교해보면 다음과 같은 사실을 알 수 있다. 모바일 기기를 정확하게 사용하면, 학습 능률 향상에 다소 긍정적인 효과를 얻을 수 있다. 모바일 기기의 장점은 바로 사용자가 개인으로서 그리고 쌍방향으로 학습할 수 있다는 것이다. 여럿이 함께 과제나 수수께끼를 해결해야 할 때는 모바일 기기를 활용하는 편이 좋다.

얼마 전에 나는 학생들(혹은 학습 욕구가 있는 모든 사람)을 위한 퀴즈 앱을 개발한 개발자 팀을 만났다. 그들이 만든 앱은 시험과 연관된 상식 문제를 제시한다. 다만 이 앱을 사용하는 사람들은 수동적으로 질문에만 대답하는 것이 아니라 스스로 질문을 만들어야 한다. 그리고 다른 사용자와 함께 그룹을 만들어 서로 출제한 문제를 풀어본다. 중요한 것은 사람들이 퀴즈를 풀 때보다 스스로 문제를 만들 때 더 많은 내용을 학습한다는 사실이다. 이런 식으로 타인과 협력해 게임하듯이 학습하면 학습 과정에 도움이 된다.

우리는 디지털화된 세상에 다소 긴장하고 있지만, 수천 년 동안 뇌가 활동한 방식을 디지털 기기는 도저히 따라오지 못한다. 따라서 미래의 교육 또한 내가 이미 언급한 근본적인 원리에 따라 진행되어야 한다. 거기에 더해 미래에는 **아날로그 방식이 더 중요해질 것이다. 사람들은 아날로그 방식에 돈을 지불할 것이다.**

지금도 나는 몇몇 유명 대학의 강의를 온라인으로 들을 수 있다. 하지만 돈은 지불하지 않는다. 나는 좋은 교육에 돈을 지불한다. 내가 돈을 지불하는 대상은 쉽게 디지털화할 수 없는 것들이다. 예를 들어 의견 교환이나 그룹별 협업 같은 것들 말이다. 이 책에 소개된 예들을 보면 협업이 얼마나 중요한지 알 수 있다. '건강보험 워크숍'은 디지털화할 수 없는 부분에 초점을 맞춘다. 도발적인 질문을 던지고, 사람들이 협력하게 하고, 정답을 밝히고, 곧이어 실제 사례에 적용해보게 한다. 이것이 교육의 미래다.

그렇다고 앞으로 심화 학습에 디지털 미디어를 활용해서는 안 된다는 말은 아니다. 오히려 디지털과 아날로그 심화 학습을 번갈아 활용하는 편이 좋을 것이다. 이해의 근본 원칙을 지키기만 한다면 디지털 형식으로 예습과 복습을 하는 것도 도움이 된다(예를 들어 디지털 기술의 도움을 받아 미니 테스트를 실시한다든가, 질문을 만들어보는 식이다). 즉 디지털 교육으로 아날로그 교육을 대체하는 것이 아니라 기존의 아날로그 교육에 디지털 교육을 더하는 방식이 교사가 교단에서 강의하는 전통적인 형태의 교육 방식을 능가할 것이다.

그런데 어떤 실험 결과, 디지털 방식과 아날로그 방식을 합한 '하이브리드' 방식으로 학습한 참가자들이 고전적인 방식으로 학습한 참가자들보다 심한 피로를 느끼는 것으로 드러났다. 그러나 여러분이 이미 이 책을 읽으면서 눈치챘듯이, '사서 고생해야' 대상을 이해할 수 있다.

그래서 미래의 교육은 여러 갈래로 나뉠지도 모른다. 비용이 적게 들고 언제 어디서나 디지털 형태로 습득할 수 있는 내용은 마치 패스트푸드 같은 이러닝 형태로 제공될 것이다. 반면 더 깊이 들어가고 교육비가 비싼 아날로그 방식의 교육은 엘리트들에게 제공될 것이다. 벌써 많은 대학이 강의를 온라인으로 제공하고 있다. 이런 온라인 강좌의 두 번째 단계는 스마트폰과 같은 모바일 기기에 최적화되어 많은 사람이 최대한 자유롭게 교육에 접근할 수 있게 하는 것이다. 세 번째 단계는 온라인 강좌를 사용자에 맞게 개인화하는 것이다. 아마존이나 스포티파이 또는 유튜브가 고객들에게 제품을 추천하는 것처럼, 교육 프로그램 또한 개인 맞춤형으로 제시될 수 있다.

전문 인력 수용에 한계를 느낀 대학과 기업은 앞서 언급한 것과 같은 유형의 교육을 최대한 저렴하게 널리 퍼뜨리기 위해 노력하고 있다. 1,000만 명이 온라인 강좌 하나를 들으면, 한 사람당 1달러만 내도 많은 돈이 모인다. 대학이나 기업은 이 자금을 활용해서 광범위한 분야의 전문가와 지금껏 대학이나 기업이 접근할 수 없었던 인력을 채용할 수 있다.

구글이 미국에서 온라인 학습 프로그램을 시작한 것도 놀라운 소식은 아니다. 2019년에 이 프로그램이 만들어지자마자 7만 5,000명이 등록했다. 이런 방식으로 대학이나 기업은 IT 업계를 지배하는 30대 백인 남성이 아닌, 다른 인구 집단과 접촉할 수 있다. 계산은 간단하다. 이런 교육 제안을 점점 넓혀서 전 세계적으로 200만 명이 넘는 사람들이 교육 혜택을 받게 하면 그중 겨우 10퍼센트만이 프로그램을 성공적으로 이수한다고 하더라도 20만 명이나 되는 미래의 IT 인력이 탄생하는 셈이다. 부수적으로 나머지 90퍼센트의 사람들에게는 무료에 가까운 교육을 제공할 수 있다. (구글이 만든 교육 프로그램은 한 달에 50달러가량을 내야 한다. 다른 직업교육 프로그램에 비하면 아무것도 아닌 수준이다.)

디지털 교육은 개인화된 교육을 더욱 보편화할 것이다(특히 여태까지 고등교육에 대한 접근이 제한되어 있던 지역에서). 아주 바람직한 일이다. 그런데 디지털화할 수 없기 때문에 미래에 더욱 비싸질 교육을 활용하는 엘리트들도 있다. 디지털화가 불가능한 교육이란 바로 타인과의 교류다. 이런 엘리트들은 "많은 사람이 무료로 온라인 교육을 받든 말든, 우리는 아날로그 프리미엄 교육에 기꺼이 돈을 지불하겠다"고 말한다.

그래서 디지털 기업이 우후죽순 생겨나고 있는 캘리포니아에서도 모든 아이가 예외 없이 아날로그 학교에서 수업을 받는다. 빌 게이츠나 스티브 잡스도 자녀들의 스마트폰 사용을 엄격하게 제한했다. 게다가 현재 실리콘밸리의 교육 트렌드는 아날로그다. 사람들이 디지털 기기의 사용을 제한한 방식에 돈을 지불하고 있는 것이다. 물론 과장일 수도 있다(캘리포니아에서 이런 일이 처음이었을 리는 없다).

현대 교육은 놀도록 둔다

캘리포니아 대학교 버클리 캠퍼스에서 '성공적인 팀은 어떻게 만들어지는가'라는 주제로 강의를 들은 적이 있었다. 이 강의는 교수가 강단에서 진행하는 방식이 아니었다. 그뿐만 아니라 성적도, 기말고사도, 과제도, 교과서도 없었다. 대신 이 강의에는 게임,

그것도 엄청나게 많은 게임이 있었다.

수강생들은 그룹을 지어 탑을 쌓거나 나무블록으로 균형을 맞추거나 각설탕으로 '창의적인 무언가'를 만들거나 장애물 코스를 지나 물통을 가장 빠르게 옮기는 방법을 고안해내야 했다. 게임에서 이기면 점수를 받고, 게임에서 져도 패배 요인 등을 분석하면 점수를 받았다. 수업 방식은 늘 똑같았다. 수강생들은 매번 새로운 그룹을 짜서 이를 악물고 문제를 해결해야 했다.

목표는 수업을 마치고 나서 성공적인 팀이 어떻게 만들어지는지, 팀 내에 어떤 장애물이 생길 수 있는지, 훌륭한 팀 리더는 어떻게 만들어지는지, 그룹 내의 갈등을 어떻게 해결할지를 설명하는 것이었다. 이런 내용은 자기계발서만 읽어도 알 수 있는 것들이지만, 실제로 실천하기는 그리 쉽지 않은 일이다.

게다가 사람들은 혼자일 때보다 여러 명일 때 더 멍청해지기 쉽다. 실제로도 사람들이 타인과 함께 문제를 해결할 때 IQ가 10 정도 낮아졌다. 집단사고 효과groupthink effect라고 불리는 이런 현상이 발생하는 이유는 여러 가지다. 그룹으로 뭉치면 사람들은 문제 해결보다 다른 갈등 해소, 예를 들어 팀원들을 조용히 만드는 일에 에너지를 집중한다. 이 강의를 들으면서 까다로운 문제를 시간 내에 풀어야 한다는 압박 속에서 그룹을 이루면, IQ가 10 정도 낮아진다는 것이 무슨 뜻인지 뼈저리게 느낄 수 있었다.

게임, 즉 놀이는 성공적인 학습 놀이가 어떤 것인지 정확히 알아야 빛을 발한다. 2018년에 어떤 연구진이 교육 환경에서 자주 활용되는 놀이를 조사한 결과, 가장 자주 등장한 요소는 사람들이 얻어야 할 점수, 게임 진행을 나타내는 기호나 레벨, 다른 사람과 자기 자신을 비교할 수 있는 순위였다. 이 세 가지 요소가 있어야 사람들은 재미를 느낀다.

무언가를 하면 대가를 받는 접근법이 성공적인 학습으로 이어진다니, 조금 부정적으로 들린다. 마치 사람을 조련하는 것처럼 느껴지기 때문이다. 그러나 이런 방법을 활용했을 때의 효과는 비교적 적고, 오래 이어지지도 않는다. 장기적으로 보면 학습 놀이를 적용한 추가 교육을 실시하는 것도 전통적인 강의 형식과 똑같은 효과를 보인다.

오해하지 마시길. 모든 수강생(예를 들어 대기업의 모든 직원)을 하나의 강의에서 가르치는 것이 불가능하고 학습 목표가 명확하다면, 게임, 퀴즈, 퍼즐, 수수께끼를 활용하는 것도 의미가 있다(디지털 형식이어도 상관없다). 독일의 한 소상공인은 이런 방식으로 7만 명이 넘는 직장인들에게 매년 상품학 등을 강의했다. 이미 사용되던 교육 방식에 사람들이 다른 기업 직원들과 게임을 할 수 있는 쌍방향 퀴즈 앱을 추가한 것이다. 배워야 할 내용이 명확할 때(예를 들어 강의 주제가 '회계'나 '지점'일 때)는 게임을 활용하는 방식이 큰 도움이 되었다. 그러나 한 가지 주제를 두고 강사가 설명하고 학생들이 받아 적는 방식의 강의는 이루어지지 않았다.

게임에서 늘 이겨야 한다는 생각은 실리콘밸리에서 일하는 젊은 IT 전문가이자 게임광들만의 전유물이다. 사람들이 가상 환경에서 줄곧 올바른 단어를 사용해야 하는 게임이나 다른 사람과 퀴즈 대회를 하는 게임을 개발하는 데도 이유가 있다. 아이들이 놀이를 통해 배우는 모습을 보면 놀이나 게임이 가장 효율적이고 성공적인 학습법인 듯하다.

물론 맞는 말이지만, 그래도 아이들이 실제로 노는 모습을 자세히 살펴볼 필요가 있다. 정말 재미있는 놀이를 할 때는 승패가 전혀 상관없다. 집에 다섯 살 아이가 있는 사람이라면 내 말에 곧장 반박할지도 모른다. 그 나이의 아이들은 눈에 불을 켜고 이기려 들기 때문이다.

하지만 내 말을 조금만 더 들어보시길. 나의 어머니는 아직까지도 내가 네 살일 때 이기고 싶은 마음에, 분노에 차서 물어뜯어 버린 카드 세트를 보관하고 있다. 벌써 30년이 지났는데도 내 잇자국이 선명하다. 그럼에도 나는 정말 재미있는 놀이라면 승패는 상관없다고 생각한다. 진짜 재미있고 흥미로운 놀이(배울 수 있을 뿐만 아니라 이해할 수 있는 놀이)를 할 때는 애초에 이긴다는 개념 자체를 적용할 수 없기 때문이다. 레고, 플레이모빌, 장난감 자동차, 나무 블록, 인형, 공룡 장난감 등을 갖고 놀 때 '이긴다'는 개념을 적용할 수 있을까?

새로운 지식을 얻을 수 있는 놀이의 끝은 열린 결말이다. 중요한 것은 최대한 높은 점수를 얻기 위해 게임 규칙을 완벽하게 따르는 것이 아니다. 게임을 하면서 스스로 규칙을 세우고, 테스트를 하고, 친구들과 함께 시도해보는 것이 중요하다. 자녀가 플레이모빌로 놀 때, 얼마나 자주 가정법을 사용하는지 들어보라. "만약 이렇게 하면 어떨까?"라는 생각, 컴퓨터는 절대로 할 수 없는 생각 말이다.

현대 교육은 교사를 자유롭게 한다

어떤 프로젝트에서 특별히 좋은 성과를 내고 상을 받게 되었다. 시상식은 하노버에서 열렸다. 시상식에서 수상 소감을 말하고 무대를 내려오다가 상을 받은 교사들이 자신의 프로젝트에 얼마나 감격해하는지를 새삼 깨달았다. 그 자리에 있던 모든 수상자는 교사들에게 더 많은 자유와 가능성이 주어지기를, 그래서 새로운 교육법과 강의법을 개발할 수 있기를 바랐을 것이다. 미래의 교사들은 정보를 최대한 쉽게 제시해야 한다는 과제를 짊어져서는 안 된다. 그들의 역할은 학생들이 좋은 방식으로 교육을 받고 앞으로 나아가도록 도와주는 것이다.

호기심을 자극하고 영감을 만들어내야 하는 직업은 많지 않으며, 자신의 영감을 쉽게 잃어버리는 직업 또한 많지 않다. 교사로 일하는 내 친구는 "난 지금 30대 중반이고 교사야. 내가 원하기만 하면 향후 30년 동안 지금과 똑같은 일을 할 수 있어"라고 말했다. 이런 일이 가능한 직업이 오늘날 얼마나 되겠는가?

현실에는 이직, 인수합병, 사업 모델 전환, 파산, 신설 등이 빈번하다. 다시 말해 많은 사람이 자기 자신을 새롭게 발견할 가능성이 무궁무진하다는 뜻이다. 교사들도 우물 밖으로 나와 연수 또는 재교육을 받거나 학교를 옮기거나 새로운 강의법을 시도해야 한다. 그리고 이런 일들이 더욱 쉽게 이루어져야 한다.

교사들도 6년에 한 번 안식년을 갖고 다시 대학에 가면 어떨까? 학교나 대학만이 아니라 기업에 가서 사람들을 가르쳐보면 어떨까? 나는 교사란, 천연자원이 나지 않는 나라에서 가장 중요하고 소중한 자원이라고 생각한다. 독일 땅에서는 기름이 나지 않는다. 대신 우리에게는 번뜩이는 아이디어를 가진 현명한 사람들이 있다. 그렇기 때문에 지식이 만들어지는 곳을 파헤쳐야 한다.

나는 운이 좋게도 정말 뛰어난 교사들과 함께 일하면서(내가 선생님들에게 배웠다고 하는 대신, 함께 일했다고 말하는 이유는 훌륭한 선생님들은 늘 학생들을 자신과 똑같은 눈높이에서 대하기 때문이다) 그들로부터 깨달은 것이 있다. 바로 교사들이 수업 시간에 학생들에게 자유를 주어, 대상을 시험·탐구하고 스스로 지식을 구축하게 하는 것처럼 교사들에게도 다른 분야를 둘러볼 자유가 주어져야 한다는 것이다. 그래야 교사들의 열정이 깨어난다.

독일뿐만 아니라 싱가포르 사람들도 자국의 교육 시스템에 만족하지 못한다. 그렇기 때문에 국가에서는 무엇보다도 교사들에게 투자와 지원을 아끼지 않는다. 싱가포르에서는 교사들이 매년 100시간 이상 연수를 받으며, 새로운 트렌드와 교육 가능성을 배운다. 일주일에 두 시간가량이다. 전 세계의 학급당 평균 학생 수는 24명이지만 싱가포르의 평균은 36명이다. 학생 수는 세계 평균보다 약간 많지만 싱가포르 정부는 교사들에게 더 많이 투자한다. 교사들에 대한 투자가 결국 좋은 교육으로 이어지는 것이다.

2017년에 교사들에 대한 연수를 비교 분석해본 결과(연구진은 핀란드, 싱가포르, 오스트레일리아, 캐나다, 미국의 사례를 비교했다), 가장 결정적인 성공의 열쇠가 밝혀졌다. 교육 체계가 뛰어난 국가의 교사들은 꾸준히 연수 기회가 주어졌고 탄탄한 네트워크를 통해 서로 교류했으며 새로운 교육제도를 만들기 위해 협력할 수도 있었다. 이들은 서로 배우면서 자신의 교육 방침을 계속 점검했다. 게다가 해당 교사들은 학생들로부터 끊임없이 수업에 대한 평가와 피드백을 받고 개선된 모습을 보였다.

물론 학생들의 평가에 크게 비중을 두어서는 안 된다. 연구 결과, 학생들로부터 가장 좋은 평가를 받은 교사가 좋지 않은 평가를 받은 교사에 비해 장기적으로는 좋은 지식을 많이 전달하지 못했다. 교육이란 때때로 조금 귀찮고 어려워야 한다. 지식을 전달할 때는 '바람직한 어려움'이 필요하다고 했던 것, 기억나는가?

앞서 언급한 것처럼, 연구 결과는 교육이 전 세계적인 경쟁으로 변했다는 사실을 보여준다. 지식은 이 세상에서 가장 중요한 자원이다. 가장 뛰어난 연결성이 아니라 가장 뛰어난 지식이 중요하다.

내 동생은 화학공학을 전공했다(여학생에게는 매우 드문 전공 분야다). 그것도 이름난 대학에서 매우 뛰어난 성적으로 말이다. 이렇게 좋은 대학을 좋은 성적으로 졸업해도, 해외 대학에 원서를 내면 모든 국가에서 모인 우등생들과 경쟁해야 한다. 그러므로 자신의 능력치(말하자면 지식과 이해력)를 오랫동안 높은 수준으로 유지해야 한다.

이런 능력은 교육에서도 중심이 되어야 한다. 결국 교육자란 지식 사회에서 대단히 중요한 역할을 하는 사람이다. 좋은 교사는 가장 이상적인 유혹의 예술가이고, 우리의 호기심을 변호하는 변호인이며, 우리를 새로운 지식으로 이끄는 안내자다. 나는 버클리의 놀이 강좌에서 좋은 교사의 정수를 배웠다.

"보스는 가라고 말하고, 리더는 가자고 말한다."

좋은 교사도 마찬가지다.

5달러의 비밀:
이해는 어떻게 세상을 바꾸는가

미국 스탠퍼드 대학교에서 10여 년 전에 있었던 일이다. 창업 관련 수업을 듣던 학생들이 상당히 교묘한 과제를 받았다. 학생들을 여러 팀으로 나눈 다음 팀마다 5달러를 주고 두 시간 내에 최대한 많은 수익을 내라고 했던 것이다. 이런 과제를 받으면 사람들은 우선 두 시간을 어떻게 사용할지 생각할 것이다. 각 팀은 나흘 후에 동기들 앞에서 어떤 성과를 냈는지 프레젠테이션해야 했다.

여러분이라면 5달러로 두 시간 안에 무엇을 할 것인가? 양동이, 세제, 스펀지를 사서 세차 서비스를 제공하겠는가? 작은 빵과 소시지를 조금 사서 샌드위치를 만들어 팔겠는가? 아니면 FC 바이에른이 다음 축구 시합에서 이기는 쪽에 돈을 걸어서 판돈을 따겠는가? 물론 이런 방식으로도 어느 정도 이익을 얻을 수는 있을 것이다. 하지만 이런 방법은 엄청난 도약이 아니다. 이 과제에서 가장 뛰어난 성과를 낸 팀들은 두 시간 안에 600달러 이상을 벌었다. 그들은 속임수가 무엇인지, 중요한 점이 무엇인지 이해했다.

한 팀은 5달러가 아무런 가치 없는 자원이라는 점을 알아채고는 다음과 같은 의문을 품었다.

"돈은 단 한 푼도 없다고 치자. 그리고 빈 시간이 두 시간 있다면 무슨 일을 할 수 있을까?"

해답은, 5달러와는 전혀 상관없이 잠재적인 고객의 문제를 해결해주는 것이었다. 이 팀은 캘리포니아 서쪽 해변에 예약하기가 매우 어려운 레스토랑이 한 곳 있다는 사실을 확인했다. 그래서 해당 레스토랑에서 가장 인기가 좋은 자리를 토요일 저녁 시간에 예약해두었다가 그 자리를 원하는 사람에게 팔았다. 값비싼 레스토랑을 찾는 사람들이라면 지불 능력이 높을 것이고, 학생들의 아이디어에 '낚일' 가능성도 높았다.

하지만 이보다 대단한 성공을 거둔 팀이 있었다. 그 팀은, 돈은 물론 시간에도 신경 쓰지 않았다. 사실 많은 기업이 스탠퍼드와 같은 최상위권 대학에서 훌륭한 학생들을 스카우트하고 싶어한다. 그래서 그 팀은 기업에게 학생들 앞에서 3분 동안 프레젠테이션할 기회를 650달러에 팔았다.

이 재미있는 실험은 수많은 매체에서 다뤄졌고, 스탠퍼드의 '글로벌 이노베이션 토너먼트Global Innovation Tournament'의 시발점이 되었다. 이 토너먼트에는 여러 팀이 참가하여 똑같은 창의력 과제를 풀면서 자신의 기업가 정신을 과시한다.

아무튼 앞선 실험에서는 두 가지 사실이 눈에 띈다. 우선 다양한 교육을 받은 스탠퍼드 학생들에게도 이 과제를 창의적으로 푸는 것은 쉽지 않았다. 둘째, 가장 뛰어난 아이디어는 진정한 의미를 이해했을 때 생겨난다. 우리가 알아본 이해의 세 가지 단계가 이번 실험에서도 중요한 성공의 열쇠였다.

문제를 정리하고 분류할 수 있었던 팀은 이 실험에 각기 다른 자원(시간, 돈, 프레젠테이션)이 존재한다는 사실을 인지했다. 각 자원의 인과관계에 주목한 팀은 왜 각기 다른 접근법이 저마다 많든 적든 간에 성공 가능성이 있는지 깨달았다. 그리고 지식을 전달하고 서로 다른 생각의 스키마를 연결한 팀이 진정한 성공을 거두었다.

이 강의에서 가장 중요한 목표는 아하 모멘트였다. 아하 모멘트는 갑자기 발생해 새로운 문제를 해결해준다. 앞으로의 삶에서 5달러를 두 시간 안에 가장 많이 불려야 하는 과제는 다시 나타나지 않을 것이다.

그러나 이 과제를 해결하면서 생겨난 생각의 스키마(너무 당연한 것과 거리를 두고, 대상을 탐구하고, 새로운 관점에서 해결책을 찾는다)

만 있다면 모든 문제를 성공적으로 해결할 수 있을 것이다. 사실이 실험도 굉장히 비효율적이었다. 참가자들이 며칠 동안 해답을 고민하게 했고, 그렇게 찾은 해답은 대부분 오답이었기 때문이다. 그럼에도 이 실험에서 얻은 깨달음은 매우 효과적이었다.

새로운 아이디어를 창조해내는 능력은 교육제도나 나이 또는 지능과는 전혀 상관이 없다. 중요한 것은 그가 대상을 적극적으로 탐구하도록 격려를 받았는지다. 그러나 안타깝게도 오늘날 우리는 대개 정반대로 행동하고 있다. 우리는 사람들이 오류 없이 정확하게 생각하도록 격려하고, 고정관념을 깨거나 생각의 스키마를 이례적인 방식으로 연결할 때만 창의력이 솟아난다는 사실을 과소평가한다. 물론 완전히 낯선 방식으로 생각하는 것은 번거롭지만 아이디어를 만들어내는 유일한 방법이다.

흔히 생각하는 것처럼, 아이들이 학교에서 수업을 받을 때 정말로 창의력이 억제되는지 알아보기 위해 2019년에 실험이 진행되었다. 그 결과, 뛰어나고 새로운 아이디어를 떠올리는 데는 나이도 성별도 지능도 상관없었다.

더욱 흥미로운 점이 있다. 수업 시간에 실제로 여러 아이들의 창의력이 감소했지만, 어떤 아이들의 창의력은 오히려 향상되었다. 특히 규칙을 자주 어기고 다소 공격적인 행동을 하는 아이들의 창의력이 높아졌다. 그렇다고 문제아처럼 굴라는 말은 아니다. 어떤 대상에든 의문을 품고 쉽게 만족하지 않아야 한다는 뜻이다.

어떤 교육 체제 혹은 기업 내에서든, 사람들이 우리에게 정확하게 작동하기를 요구한다면 그들은 결국 생각을 완전히 뒤집는 아이디어를 기대하지 못할 것이다. 몇 년 전에 진행된 실험에서 발도르프 학교(교과서 없는 수업, 성적 없는 성적표, 에포크 수업, 내면의 소리를 몸으로 나타내는 오이리트미 활동 등을 특징으로 하는 대안학교 – 옮긴이)에 다니는 어린이들과 일반 학교에 다니는 어린이들의 창의력에는 별반 차이가 없다는 점이 밝혀졌다.

그러나 가장 큰 공통점은 가장 불만이 많은 아이들이 가장 창의적이었다는 것이다. 즉 불만족은 불명확함과 근본적으로 비슷하다. 그리고 불명확함은 이해력 함양에 아주 중요한 원리다. 모든 것이 명확하고 만족스럽다면 대상을 능동적으로 탐구하고 새로운 것을 발견해낼 필요가 없기 때문이다. 만족하는 사람은 질문을 던지지 않고, 그냥 모든 것이 물 흐르듯 흘러가도록 내버려둔다. 이런 상황에서는 대상의 근본을 파헤치기가 어렵다.

이해의 속임수 정리하기:
우리는 왜 다른 사람의 말에 귀 기울여야 할까

2000년에 지멘스Siemens는 전 세계 통신 시스템 시장을 지배하고 있었다. 이 회사의 전문 분야는 유선 통신망 인프라 등 '정보와 통신 네트워크'였다. 당시 지멘스는 매출이 114억 유로, 수익이 7,000만 유로에 달했다. 2005년에는 지멘스의 정보통신 사업 분야 매출이 138억 유로까지 성장했다. 2000년대의 통신 시스템 사업은 빠르게 성장하는 시장이었기 때문에 지멘스의 성장 또한 아무도 막을 수 없을 것처럼 보였다. 그러나 1년 후인 2006년, 지멘스의 정보통신 사업은 몰락하고 말았다. 지멘스는 완전히 무너졌고 주도권은 노키아Nokia로 넘어갔다. 5만 3,000여 명의 직원들이 일자리를 잃었고 지멘스는 위기에 처했다.

100억 유로 이상을 벌어들이며 기술 시장을 이끌던 거대 기업이 하룻밤 만에 무너진 이유가 무엇일까? 이 회사는 새천년의 전환기에 이루어진 통신 시스템의 발전을 이해하지 못하고 경쟁자들에게 짓밟혔다. 게다가 다른 통신 시스템을 도입할 적절한 기회가 왔을 때 다른 사람들의 말에 귀를 기울이지 않았다. 지멘스는 아주 오래전부터 사용하던 회선 교환 방식을 고수했다. 전화 교환원이 통화 연결을 도와주던 시대에 사용한 것과 비슷한 방식이었다. 이 방식의 장점은 통화 품질이 매우 우수하고 시간 지연이 없다는 것이다. 지멘스는 '통화 상대방과 한 방에 있는 것처럼 느껴질 정도로 가장 우수한 통화 품질, 명료한 음질'이라는 말로 광고했다.

그런데 다른 회사는 당시 새롭게 등장한 인터넷을 통해 데이터를 전송하는 기술을 개발했다. 이 방식으로는 데이터를 빠른 속도로 전송하거나 작게 분해해 각기 따로 보낼 수도 있었다. 이런 네트워크 통신을 개발한 회사가 바로 시스코시스템스Cisco Systems다. 이론적으로는 이 방식으로 전화 통화를 하면, 대화 내용을 작은 조각으로 잘라서 데이터 연결선을 통해 보낼 수 있다. 단점은 통화 품질이 좋지 않고 소리가 명료하지 않으며 약간의 시간 지연이 발생한다는 것이다.

지멘스가 몰랐던 점은, 고객들에게 통화 품질은 별로 중요하지 않았다는 사실이다. 상대방의 말을 대강 알아들으면 되는 것이었다. 우리는 일상생활에서 각종 소음과 함께 살아간다. 그러니 통화 품질이 지나치게 뛰어날 필요도, 이유도 없다. 시스코의 기술로 통화를 하면 적당한 품질로 대화를 나눌 수 있을 뿐만 아니라 동시에 데이터도 전송할 수 있었다. 즉 통화를 하면서 동시에 인터넷 서핑을 할 수 있었던 것이다. 이런 활용성 덕분에 네트워크 통신 기술은 엄청나게 성공했고 지멘스의 기술은 몇 개월 만에 완전히 밀려났다.

운명의 장난 같은 이야기다. 이미 1980년대에 시스코의 설립자들이 똑같은 아이디어를 지멘스에 제시한 적이 있었기 때문이다. 시스코 설립자들은 지멘스 담당자들에게 투자할 생각이 있느냐고 물었다. 지멘스 담당자들은 무뚝뚝하게 대꾸했다.

"그 기술이 어떻게 작동한다는 겁니까? 그게 가능하다면 우리가 벌써 개발했겠죠."

게다가 또 다른 운명의 장난이 발생했다. 지멘스는 무너져가던 통신 사업 부문을 노키아에 팔았고, 노키아는 그보다 조금 앞서 새로운 휴대전화의 프로토타입을 개발했다. 바로 터치스크린과 앱이 있는 휴대전화, 스마트폰이다. 애플이 아이폰으로 전 세계 스마트폰 시장을 지배하기 전에는 노키아의 제품이 시장을 지배하고 있었다. 그러나 노키아의 간부들은 디자인 부서의 아이디어를 완전히 무시했다. 당시에는 전통적인 휴대전화로도 이미 많은 돈을 벌고 있었기 때문이다. 하지만 7년 후에는 노키아에도 끝이 다가왔다.

여기서 우리는 다시 한 번 확인할 수 있다. 육상선수가 최고점에 도달하고 나면 그다음에는 힘이 빠져서 느려질 수밖에 없다는 것을. 어쨌든 지멘스는 지금도 2000년대 중반의 세 배에 달하는 이윤을 얻고 있다. 더 강력해져서 돌아온 셈이다.

앞에서 각기 다른 화가의 화풍을 분류하고 대조했던 상상 실험을 기억하는가? 비슷한 그림들을 한데 묶어서 보는 사람들은 새로운 그림을 올바른 그룹으로 분류하기가 어렵다. 변한 것을 눈치채지 못한 채, 자신의 생각이 효율적이고 올바르게 연결되어 있다고 믿기 때문이다. 사람은 대상을 탐구하고 다른 것과 비교할 때만 새로운 아이디어를 떠올릴 수 있다.

물론 말은 쉽지만, 실제로는 어려운 일이다. 새로운 관점을 마주하면 우리는 대개 깜짝 놀라서 주춤하기 마련이다. 새로운 아이디어를 거절했던 지멘스나 노키아의 간부들처럼 말이다. 그들의 입장이 되어보자. 누군가가 급진적이고 새로운 아이디어를 가져와 기존 비즈니스 모델의 근간을 흔든다. 새로운 아이디어를 곧장 받아들이면, 자신이 지금까지 몸담고 있던 비즈니스 모델은 틀린 것이었다는 뜻이 된다.

과학적 실험에서도 사람들이 관점을 바꾸기가 얼마나 어려운지 이미 증명되었다. 연구진은 실험 참가자들에게 유해하지 않은 전문적인 글(예를 들어 비타민제는 건강에 좋다)과 정치적인 주장(예를 들어 낙태는 근본적으로 합법이어야 한다)을 보여주었다. 그런 다음 참가자들이 자신의 입장을 정하면 반론을 제기했다. 예를 들어 비타민이 체내에서 전부 흡수되는 것이 아니기 때문에 비타민제는 건강에 별 도움이 되지 않는다는 반론 말이다.

흥미롭게도 참가자들은 정치적이지 않으며 전문적인 증거로 뒷받침되는 경우에만 자신의 관점을 바꿨다. 논제가 정치적이고 개인적일수록, 반대 의견을 더욱 강하게 거부했고 자신의 의견을 완고하게 고집했다.

뇌과학 덕분에 우리는 머릿속에서 특히 고집 센 부위가 어디인지 알고 있다. 바로 편도체와 뇌섬엽(혹은 섬피질Insular cortex)이다. 뇌섬엽은 자아 인식을 구축하는 부위이고, 편도체는 거부 반응을 전달하는 부위다. 달리 말하면, 사람이 개인적으로 심하게 공격받았다고 느낄수록 논쟁에 참여할 가능성은 낮아진다. 옳은 사실조차 그냥 무시해버리거나 자신의 의견을 고집하는 데만 사용했다.

같은 연구에서 밝혀진 또 다른 사실은, 사람들이 다른 뇌 부위를 활성화했을 때는 의견을 바꾸었다는 것이다. 바로 우리가 자기 자신에 대해 생각할 때, '만약'을 상상할 때, 어떤 문제를 마주치고 뒤로 물러서거나 새로운 인상을 받았을 때 활발해지는 신경망이다. 그러니 여러분은 새로운 의견을 듣거나 새로운 제안을 받으면 일단 귀담아듣고 아주 잠깐 동안 기다리면서 그 아이디어의 긍정적인 면을 찾아보아야 한다. 새롭게 얻은 의견과 여러분의 시각을 비교해보라. 그러지 않으면 여러분은 노키아, 코닥Kodak, 야후Yahoo, 블랙베리Blackberry, AOL, 아타리 등 몰락해버린 기업들의 전철을 밟게 될 것이다.

이해의 속임수에 대한 원인 연구:
스스로를 새로 발견하는 방법

좋은 아이디어는 대개 특색이 있다. 좋은 아이디어는 갑자기, 아무렇지 않게 나타나기에 우리는 "왜 여태까지 이 생각을 못 했지?"라고 놀라게 된다. 애플이 뛰어난 아이디어로 스마트폰 시장을 지배하고 아마존이 전자상거래 시장을, 구글이 검색엔진 시장을, 페이스북이 소셜 미디어 시장을 지배하는 것도 당연하다. 하지만 오늘날 만들어지는 모든 기반이 미래에도 옳으리라는 보장은 없다. 그러니 늘 묻고 따져야 한다. 우리는 스스로가 가장 똑똑하다고 생각하지만, 귀담아듣지 않고 따지지 않으면 50년 안에 남들의 비웃음을 사게 될 것이다.

지난 20년 동안의 경제사는 모두가 절대 실현되지 않으리라고 생각했지만 결국은 실현된 여러 예들로 설명 가능하다. 예를 들어, 화상전화가 그렇다. 1990년대 말에 ISDNIntegrated Services Digital Network(종합 정보 통신망)이 세상에 나오면서 전 세계의 통신 회사가 화상전화 광고에 나섰지만 오늘날 이 기술은 틈새시장에 머물고 있을 뿐이다. 구글은 2013년에 스마트 안경인 구글 글래스Google Glass를 선보였지만 아직까지 시장을 석권하지 못했다. 연료 전지 자동차는 이미 1990년대에 만들어졌지만 아직까지 비현실적인 존재로 남아 있다.

몇 년 전에 내가 처음으로 책을 냈을 때가 생각난다. 당시에는 전자책 리더기라는 유령이 서점가를 떠돌고 있었다. 그때만 해도 사람들은 머지않은 미래에 모든 사람이 전자책만 읽고, 종이책 시장과 서점은 완전히 무너질 것이라고 생각했다. 그러나 결과는 달랐다. 내 전작은 판매량의 10퍼센트만이 전자책으로 팔렸다. 전체 도서 시장에서 전자책이 차지하는 비중은 5퍼센트 남짓이며, 계속 비슷한 수준에 머물고 있다. 스마트 TV도 마찬가지다. 사람들은 거실에서 웹캠이 달린 TV 앞에 앉아 있고 싶어하지 않는다. 3D TV 또한 몇 년 전에 인기를 끌었지만 시장을 지배하지는 못했다.

오늘날 우리는 성공을 예측하기 힘든 혁신적 기술이 도래할 세상을 살고 있다. 예를 들면 자율주행 자동차가 그렇다. 완전 자율주행 자동차가 시장에 출시될지는 아무도 모른다. 제품의 성공과 실패를 결정하는 것은 자동차 회사의 개발 부서가 아니라 시장이기 때문이다. 자율주행 자동차 또한 앞서 언급한 제품들과 비슷한 길을 걸을 가능성이 높다. 거기에는 몇 가지 근거가 있다.

몇 년 전에 전문가들이 이론적인 시뮬레이션을 했던 적이 있다. 완전 자율주행 자동차만이 도로 위를 달린다면 도로의 교통 상황이 어떻게 변할지를 알아본 것이다. 그 결과, 도시 전체가 보행자 전용 구역이 되었다. 완전 자율주행 자동차만이 달리는 세상에서는 보행자가 왕이기 때문이다.

안전을 위해 프로그래밍된 자동차는 보행자가 다가오면 멈출 수밖에 없다. 보행자들은 이 사실을 알고 있기 때문에 언제나 자동차보다 우선적으로 길을 지날 수 있다. 이런 상황에서 신호등이 무슨 필요가 있겠는가? 차도 한가운데 서서 친구와 잠시 수다를 떨어도 아무런 문제가 없다. 자동차가 알아서 멈추고는 사람을 피해 돌아갈 테니까. 이런 식으로 우리는 자율주행 자동차를 이동수단의 먹이사슬 최하위로 떨어뜨린다.

어린 시절 친구들과 '벨튀 놀이'를 한 적이 있다. 남의 집 초인

종을 누르고 도망치는 놀이다. 어쩌면 미래에는 자율주행 자동차 앞으로 뛰어들어 차가 브레이크를 밟게 하는 놀이가 유행할지 모른다. 꿈같은 생각이 아니다. 2019년에 승차 공유 업체 우버^{Uber}가 발표한 바에 따르면, 보행자 등이 일부러 우버의 자율주행 자동차 앞을 막아서거나 억지로 그 앞에 끼어드는 경우가 적지 않았다. 결국 미래의 자율주행 자동차들은 태생부터가 희생양이다.

물론 완전히 다른 미래가 그려질 수도 있다. 앞으로 30년 안에 우리는 모두 자율주행 자동차를 타고 목적지까지 편안하게 갈지도 모른다. 중요한 것은 미래는 아무도 모른다는 사실이다. 다만 어떤 아이디어는 실현되고 어떤 것은 실패하는 진정한 이유를 이해한다면 우리는 성공할 수 있을 것이다.

그렇기 때문에 우리는 언제나 '나의 관점'으로만 생각해서는 안 된다. 이전 글에서 확인했듯이, 우리 뇌는 원칙적으로 스스로를 다른 상황이나 다른 사람의 입장에 놓아봐야만 인과관계를 파악할 수 있다. 그러지 않으면 왜 대상이 그렇게 작동했는지 이해할 수 없다.

260만 명이 넘는 팔로어를 보유한 인스타그램 인플루언서 아리아나 르네도 마찬가지다. 르네는 2019년에 자신만의 티셔츠 브랜드를 만들고자 했다. 수백만 명이 넘는 온라인 팬들이 있으니 판매는 문제없을 터였다. 그런데 르네는 티셔츠를 서른여섯 장도 팔지 못했다. 아마도 팔로어들의 입장을 고려하지 않았기 때문일 것이다. 이처럼 자기중심적인 생각은 진정한 이해를 방해한다.

이 책에서 나는 이해력을 높여줄 여러 가지 기술을 소개했다. 그중 가장 강력한 전략이 바로 생산적으로 실패하기와 곧바로 이어지는 피드백의 조합이다. 이 전략은 현실의 인과관계를 파악하는 동시에 새로운 생각의 길을 여는 데 도움이 된다. 이렇게 통제된 방식으로 실패하면 대상을 제대로 이해할 힘을 기를 수 있다. 교사라면 새로운 정보를 전달할 때 이 방식을 활용해야 한다. 기업에서도 마찬가지다. 다만 기업의 경우, 피드백이 교사가 아니라 시장으로부터 나온다. 좋은 아이디어를 탄생시키는 스승은 우리가 실수했을 때 더 나은 방식이 무엇인지 조언해주는 주변 사람들이다.

오늘날 어느 누구도 버스를 개발하지는 않을 것이다. 안전성이 없고, 제어도 힘들고, 수지가 맞지 않기 때문이다. 버스에 깔린 근본 아이디어는 이렇다. 사람들이 거대한 자동차 하나에 타고는 정해진 자리 없이 대충 서거나 앉아서 사고가 벌어지기 쉬운 길을 내달린다. 이 거대한 자동차는 도심을 가로지르거나 전원의 한적한 길을 달린다. 버스에는 안전벨트 대신 손잡이와 기둥이 있지만 탑승자 수를 제한하지는 않는다. 그럼에도 버스는 지금도 길 위를 달리고 있다. 아니, 대중교통이 확충되면서 오히려 버스 수는 늘어났다.

100퍼센트 안전하게 프로그래밍한 자율주행 자동차 개발자들에게는 모욕이다. 그들은 보행자가 나이 든 사람이나 어린아이일 경우 자율주행 자동차가 어떻게 대처해야 하는지 도덕적인 고민을 한다. 버스에 오른 수천 명의 사람들이 안전벨트를 하고 있지 않다는 사실에는 전혀 신경 쓰지 않으면서 말이다. 얼마나 이론적이고 철학적인 논쟁인가? 버스가 이렇게 성공적인 대중교통 수단이 되리라고 과거의 사람들이 상상이나 했을까? 오늘날 우리는 왜 자율주행 자동차가 금빛 미래라고 생각하는 걸까?

사고의 오류가 발생할 수도 있으니 조심해야 한다. 원인을 연구한다고 해서 늘 깨달음을 얻는 것은 아니다. 성공적인 사례만 연구하고, 실패하거나 모순된 사례는 무시한다면 깨달음을 얻을 수 없다. 그래서 여기서는 비즈니스계의 실패 사례를 몇 가지 보여주었다. 우리는 승리했을 때보다 실패했을 때 더 많은 것을 배우기 때문이다.

한 가지 조언을 덧붙이면, 여러분이 경제적인 혹은 사회적인 발전을 이해하고 싶다면 사람이나 기업 또는 국가 등이 실패한 예를 찾아보라. 물론 쉬운 일은 아니다. 사람은 생존자 편향 survivorship bias(생존한 혹은 성공한 사람이나 기업에 집중해서 상황을 잘못 판단하는 오류 – 옮긴이) 때문에 결국에는 성공하리라는 착각에 빠지기 쉽다.

구글 검색창에 '실패한 사람들'이라고 검색해보라. 그러면 실패한 사람들이 아니라 실패를 딛고 결국에는 성공한 사람들이 검색될 것이다. 월트 디즈니, 스티븐 스필버그, J. K. 롤링의 이야기를 읽은 사람들은 어쩌면 실패가 성공에 포함된 것이라고 생각할지도 모른다. 말도 안 되는 이야기다. 실패해도 좋다고 말하는 사람들이 가장 자주 입에 담는 것이 "다시 시도하라. 다시 실패하라. 더 나은 실패를 하라"다. 그런데 사실은 사뮈엘 베케트Samuel Beckett가 이 격언을 다음과 같이 바꿨다는 사실을 알고 있는 사람은 많지 않다.

"다시 시도하라. 다시 실패하라. 더 나은 시도를 하라. 혹은 더 나쁜 시도를 하라. 더 크게 실패하라. 계속해서 더 크게 실패하라. 역겨워질 때까지."

우리는 넌더리가 날 때까지 계속 실패할 수 있다. 실패는 좋은 것이 아니기 때문에 일부러 실패하려는 사람은 없다. 하지만 한 번 실패한 사람은 더 나은 시도를 하려면 어떻게 해야 할지 이해할 기회를 얻는다. 다음 단계에서 또다시 실패하고, 또다시 이해할 기회를 얻으면 된다. 실패는 때때로 성공보다 재미있다. 그러나 성공은 훨씬 아름답다.

성공은 때때로 우리가 깨달음으로 가는 길을 막기도 한다. 모든 것이 잘 굴러가면 의문을 품고 탐구할 필요가 없기 때문이다. 묻고 탐구해야 이해가 시작된다. 달리 말하면 이기기만 하는 사람은 아무것도 이해할 필요가 없다. 그러니 우리는 실패하거나 쇠퇴하더라도 침착해야 한다. 오늘의 애플이 내일의 노키아가 될지 누가 알겠는가?

이해의 속임수 '스키마로 생각하기':
스스로에게 영감을 주는 방법

수많은 실패 사례를 살펴보았다면 이제 다시 성공 사례로 돌아가 보자. 코비 브라이언트는 북미 프로농구 리그인 NBA에서 최고 득점 순위 3위에 오를 정도로 대활약을 펼친 '레전드' 선수였다. 주특기는 페이드어웨이 슛이었다. 상대 선수의 수비를 피해 뒤쪽으로 점프하면서 쏘는 슛이다. 브라이언트가 말했듯이 페이드어웨이 슛은 평형상태를 유지할 수 없기 때문에 쉽지 않은 슛이다.

브라이언트는 2014년에 〈뉴욕타임스〉와의 인터뷰에서 그럼에도 페이드어웨이 슛을 구사하는 이유를 설명했다. 그는 언젠가 TV에서 치타가 먹잇감을 사냥하는 모습을 봤다고 한다. 치타는 가장 빠른 속도로 달리면서 지그재그로 급격하게 방향을 트는데도 몸의 균형을 잃지 않았다. 그 이유는 방향을 바꿈과 동시에 꼬리로 중심을 잡았기 때문이다. 그 모습에서 영감을 얻은 브라이언트는 슛을 던지면서 넘어지지 않도록 한쪽 다리를 쭉 뻗었다. 그의 경기 사진을 찾아보면 어색하게 다리를 뻗은 모습을 자주 볼 수 있다. 치타 덕분이다.

이해와 아이디어 개발을 위한 첫 번째 단계가 탐구하는 것이고 두 번째 단계가 설명하는 것이라면, 세 번째 단계는 생각의 스키마를 조합하는 것이다. 어떤 생각의 스키마를 다른 문제에 적용할 때마다 놀라운 결과가 나타난다. 2017년부터 독일의 항공사인 루프트한자Lufthansa의 파일럿들과 외과 의사들이 서로에게 도움을 주기 위해 협력하기 시작했다. 파일럿과 외과 의사들이 똑같은 문제를 마주하고 있었기 때문이다.

그들은 모두 대단히 위계적인 구조 안에서 엄청난 압박에 시달리면서도 재빠른 의사결정 능력과 판단력에 비판 능력까지 갖추고 있어야 했다. 하지만 이들도 인간이기 때문에 실수를 한다. 2018년에 독일에서 의사의 실수로 인해 사망한 사람은 88명이다. 그러니 파일럿의 생각 스키마와 의사의 생각 스키마를 활용해서 서로를 돕지 않을 이유가 없다.

무엇을 연결하고 조합하는지는 상관없다. 각기 다른 생각 스키마를 하나로 만드는 것이 중요하다. 생각 스키마를 연결하고 조합하는 것은 여러분이 이미 어떤 생각 스키마를 구축했다는(즉 이해했다는) 사실을 전제로 한다. 그렇다면 여러분은 창의적인 사람이 될 수 있다.

예를 들어 이 책은 곧 끝난다. 여러분은 지금 당장 책을 덮어버리고 어떻게 하면 대상을 더 잘 이해할 수 있을지 그리고 타인에게 더 현명한 방식으로 지식을 전달할 수 있을지 떠올려볼 수 있다. 여러 방법이 떠오른다면 여러분은 이 책을 이해한 셈이다.

어쩌면 여러분은 이 책으로 성가신 파리를 쫓아내거나 기울어진 책상의 다리를 받칠 수 있다. 아니면 이 책을 난로의 불쏘시개로 쓸 수도 있다. 이제 여러분은 이 책으로 무엇을 할 수 있는지 이해했을 것이다. 여러분이 내 책을 불쏘시개로 쓴다고 해도 나는 아무런 유감이 없다.

"창의성은 그저 사물을 연결하는 것이다."

스티브 잡스의 말이다. 물론 반만 사실이다. 이 말은 사람들이 서로 연결할 사물 여러 개를 이미 갖고 있음을 전제로 하기 때문이다. 잡스는 학창 시절에 서예 강좌를 들은 적이 있었다. 서예는 디지털 서체가 우후죽순 생겨나던 당시에는 더 이상 큰 가치나 매력이 없는 예술 분야였다. 그러나 남의 눈을 끄는 서체를 만들어내고 대중이 원하는 디자인 제품을 탄생시킨다는 아이디어는 몇 년 후에 매킨토시 컴퓨터에서 구현되었다.

이처럼 생각 스키마를 연결하는 것은 창작자들뿐만 아니라 엔지니어들에게도 꼭 필요한 일이다. 엔지니어들은 "형태는 기능을 따른다"고 말한다. 그럼에도 엔지니어들 또한 자신이 속한 우물 밖으로 고개를 내밀 능력을 갖춰야 한다. 몇 년 전에 엔지니어들을 조사한 결과, 새로운 아이디어가 만들어지는 데는 전문 지식보다 완전히 새로운 지식, 즉 새로운 생각 스키마가 중요한 역할을 했다.

그래서인지 나는 지금껏 비전문가로부터 도움을 받지 않은 연구 프로젝트는 본 적이 없다. 치타든 파일럿이든 서예든, 모든 새로운 생각의 스키마는 어떤 문제를 예상치 못한 시각에서 바라보고 혼자서는 절대 도달하지 못했을 해답을 제시해준다. 이것이 제대로 작동할지는 다음 문제다. 획기적인 아이디어를 만들어내는 첫걸음은 언제나 생각 스키마를 연결하는 것이다.

나는 엔지니어 집안에서 자랐다. 그래서 '가만히 앉아서 머리나 굴리는 일'을 하는 것에 죄책감이 들 때도 있다. 엔지니어들이 이 세상을 만들고 바꾸었기 때문이다. 사람들이 어떻게 새로운 비즈니스 모델을 만들고 개선하고 적용할지를 이해한 사람은 몽상가들이다. 우리는 바로 이런 생각, 드넓은 일반교양이라는 배경을 깔기 전에 대체 어떤 일이 일어나고 새로운 해답이 어떻게 발견되는지 우선 이해하는 힘이 필요하다.

구글을 설립한 래리 페이지와 세르게이 브린은 처음부터 최고의 프로그래머가 되려고 했던 것이 아니라 그저 사람들이 이 세상의 지식에 더 빠르고 쉽게 접근할 방법을 만들고자 했다. 말하자면 대중이 원한 것은 전 세계의 지식을 담은 카탈로그였다.

아마존은 사람들의 습성을 이해했다. 인간은 게으르다. 그래서 아마존은 게으른 대중의 습성에 맞는 새로운 비즈니스 모델을 구상했다. 페이스북은 사람들이 호기심이 많고 사회적으로 인정받기를 원한다는 사실을 이해하고 소셜 미디어라는 비즈니스 모델을 만들었다. 코드 몇 줄을 프로그래밍한 다음 사람들이 그 서비스를 무료로 이용하게 만든 것이다.

중요한 것은 아이디어와 이해다.

그것으로 우리는 세상을 바꾼다.

역자 후기

　수업시간에 선생님이 스치듯이 이야기한 야사는 뇌리에 박혀 사라지지 않는데 시험 보기 전에 분명히 복습했던 내용은 갑자기 기억에서 지워진 것 같은 경험 혹은 어떤 분야를 전혀 몰라 애를 먹다가 어느 순간 퍼뜩 깨닫고 '내가 별 것도 아닌 일 때문에 고생했네'라고 생각한 경험은 누구에게나 있을 것이다. 왜 우리는 어떤 내용은 오래 기억하고 어떤 내용은 금방 잊어버리는 걸까? 잘 모르던 내용도 갑자기 깨우치게 되는 이유는 무엇일까?

　우리 뇌는 생각보다 부지런하고 생각보다 게으르다. 그리고 매우 똑똑하지만 생각보다 함정에도 자주 빠진다. 그래서 우리는 보지 않은 것도 보았다고 착각하거나 본 것도 보지 못했다고 생각한다. 계속 들여다보던 내용을 도무지 깨우치지 못하다가 어느 순간 문득 "유레카!"를 외치기도 한다. 그 이유는 뇌가 다양한 방식으로 정보를 처리하고 저장하기 때문이다. 그렇다면 오래 기억해야 할 내용을 머릿속에 오랫동안 저장하는 방법을 알면 학습 능률을 높일 수 있지 않을까? 우리 뇌는 서랍이 아니다보니 정보를 지정된 장소에 정해진 형태로 저장하지 않는다. 뇌에 저장된 정보는 말하자면 언제든 변형 가능한 말랑말랑한 상태다. 따라서 이 정보를 잘 주물러서 내가 가장 잘 이해하고 기억할 수 있는 형태로 만든 다음 저장한다면 학습 효과를 높일 수 있을 것이다.

바로 그 방법이 이 책에 담겨 있다. 우리가 흔히 뇌과학이라고 부르는 분야는 사실 신경과학에 속한 하위 분야다. 뇌 자체가 신경망으로 이루어져 있을 뿐만 아니라, 뇌가 우리 몸의 모든 부위와 신경으로 연결되어 있기 때문이다. 신경과학자인 저자 헤닝 벡은 이 책에서 뇌의 구조와 각 부위가 하는 일 그리고 여러 신경망이 협력해 정보를 처리하고 기억을 만들어 저장하고 그것을 다시 불러내는 모든 과정을 알기 쉽게 설명한다. 신경망이 하는 일이 바로 말랑말랑한 정보를 주물러 뇌에 입력하는 것이고, 신경망이 일하는 방식을 이해하면 우리는 마치 기억술사처럼 학습한 내용을 기억할 수 있다.

저자는 학습에서 가장 중요한 것이 무언가를 이해하는 일이라고 말한다. 무언가를 이해한 사람은 그 내용을 다시 이해하지 않을 수 없다. 우리는 외운 내용은 까먹어도 이해한 내용은 다시 이해하지 않을 수 없다. 그리고 무언가를 이해한다 혹은 이해했다는 건 배운 내용을 언제, 어디에서, 어떻게든 응용하고 활용할 수 있다는 뜻이기도 하다. 그것이 배움의 궁극이다. 어떤 분야에서든 마찬가지다.

이때 정보를 받아들이는 과정이 순탄하기만 할 필요는 없다. 때로는 시행착오를 거듭할 때 더 나은 이해 과정이 일어나기도 한다. 이 세상에 존재하는 수많은 지식을 기억하려고 노력할 필요도 없다. 어떤 정보나 대상을 올바르게 탐구하고 이해하는 방법을 체득한다면 우리는 아무리 생소한 주제를 마주쳐도 금방 배울 수 있다. 물론 쉬운 과정은 아니다. 다른 사람이 대신 해줄 수 있는 것도 아니다. 그런 의미에서 이미 자의로 이 책을 읽은 독자들이라면 그 과정에 한 발자국 더 가까이 다가선 셈이다.

이 책의 도움으로 우리가 접하는 지식과 일상생활 속 아하 모멘트가 이해의 과정을 거쳐 세상을 바꿀 아이디어가 되기를 희망한다.